Rudolf Hirsch
Die merk-
würdigsten
Fälle des
R. H.

Rudolf Hirsch
Die merk-
würdigsten
Fälle des
R. H.

Ausgewählte
Gerichtsreportagen

Verlag Tribüne Berlin

ISBN 3-7303-0035-0

© Verlag Tribüne Berlin 1986
1. Auflage 1986
Lizenz 2 · 611/86 · LSV 7002
Printed in the German Democratic Republic
Umschlaggestaltung: Klaus Herrmann
Satz und Druck: Tribüne Druckerei Berlin
Buchbindearbeit: Tribüne Druckerei Berlin
Best.-Nr. 686 544 8
00800

Zum Geleit

Wie der Zeuge in einem arabischen Bus gezeugt wurde

Von Februar 1950 an habe ich Gerichtsreportagen geschrieben, erst jeden Tag in der »Täglichen Rundschau«, dem damaligen Organ der sowjetischen Militäradministration, und ab 1. Januar 1954 jede Woche in der damals neu gegründeten »Wochenpost« meinen Beitrag unter der Spalte »Als Zeuge in dieser Sache«. Von 1977 bis zum Mai 1981 nur noch jede zweite Woche.

Wie ich dazu gekommen bin, wollen manche Leute wissen. Es begann an einem Sonnabend im Jahre 1944, als niemand etwas von der Gründung einer »Täglichen Rundschau« oder gar einer »Wochenpost« ahnte, da fuhr ich mit einem Freund von Tel Aviv nach Jerusalem. Wir waren eine kleine Gruppe deutscher Antifaschisten, die sich vorgenommen hatte, nach dem Krieg in Deutschland für ein besseres Deutschland zu wirken. Von Tel Aviv fuhren wir nach Jerusalem, der hochgebauten Stadt, nein, wir gingen vorerst zu Fuß vom jüdischen Tel Aviv in die arabische Schwester- oder, besser gesagt, Mutterstadt Jaffa; denn am Sonnabend oder Sabbat fährt aus religiösen Gründen kein »jüdischer« Autobus. Wir mußten uns in den arabischen Bus setzen. Auf dieser Fahrt sprach mein Freund, ein begeisterter Leser der Kriminalliteratur, über einen Kriminalroman, der antifaschistische Tendenzen zeigte, und er meinte, so etwas müßten wir auch einmal machen.

Ich war damals als Schnitt- und Absatzfräser in einer kleinen Sandalenfabrik tätig, und während des Winters, der sich dort durch Dauerregen bemerkbar macht, schloß mein Fabrikant die Bude. Ich hatte also keine Arbeit, setzte mich hin und schrieb. Und als ich nach vielen Jahren, endlich, 1949 nach Deutschland zurückkam, hatte ich das Manuskript eines Kriminalromans bei mir, »Das gefälschte Logbuch«, das dann 1956 erschien.

Zurückgekehrt also 1949 in den Teil meines Vaterlandes, wo die Verderber der Menschheit ausgeschaltet waren, endgültig und mit aller Konsequenz, wollte ich mich wieder meinem Fach, der Herstellung und Verbreitung von Schuhen aller Art, zuwenden. Ein guter Freund meinte, wenn ich schreiben könne, solle ich nicht bei den Leisten bleiben, gute Schuhmacher gäbe es genug, Poeten seien seltener. Es hat sich herausgestellt, daß dies ein Irrtum war.

Bei einem Vortrag, den ich in den ersten Tagen in Berlin hörte, sprach Anna Seghers über junge Schriftsteller. Sie sagte damals, ein Neuling auf dem Gebiet der Literatur solle es nicht mit einem großen Roman versuchen, er könne sich erst einmal auf dem Gebiet der Reportage betätigen. Das fand ich einleuchtend. Und zufällig traf ich in diesen Tagen auf der Straße eine Cousine – ich hatte sie seit fast zwanzig Jahren nicht gesehen, sie war bei der »Täglichen Rundschau« beschäftigt. Und ich fragte, ob dort nicht vielleicht ein Gerichtsreporter gesucht werde, ich wolle mir Stoff für einen deutschen Kriminalroman besorgen und die neuen Verhältnisse erst einmal studieren.

Wenn ich darüber nachdenke, muß ich bekennen, noch eine andere Erfahrung hat mich in diese Richtung gewiesen. In den Jahren der Emigration in Tel Aviv lernte ich einen Mann kennen und schätzen, Doktor Ludwig Barbasch, einen liebenswerten, grundehrlichen Genossen, einen Rechtsanwalt der Roten Hilfe aus Berlin, der mich jeden Freitagabend besuchte und mir oft seine sehr klugen, oft sehr sonderbaren Theorien über den Zustand der Welt beibringen wollte. Er hatte in seine Anwaltspraxis einen jungen Rechtsanwalt mit aufgenommen, Hans Litten. Die Anwaltspraxis Barbasch-Litten war in Berlin bekannt. Vor 1933 hatten sie viele Genossen der kommunistischen Partei verteidigt, mit großem Elan und großem Erfolg. Sofort nach dem Reichstagsbrand wurden Ludwig Barbasch und Hans Litten verhaftet. Nach schweren Mißhandlungen wurde Ludwig Barbasch von den Nazis entlassen unter der Bedingung, sofort nach Palästina auszuwandern. Hans Litten, der in einem Prozeß Hitler als Zeugen vernommen und bloßgestellt hatte, wurde nach qualvollem Marty-rium, das vier Jahre, elf Monate und eine Woche dauerte, im Konzentrationslager Dachau in den Tod getrieben. Die Erzäh-lungen und Berichte von Ludwig Barbasch haben meinen spä-teren Weg mitbestimmt.

Ich ging also zur »Täglichen Rundschau«; und erstaunlich, dort suchte man gerade einen Gerichtsreporter. Ich begann zu schreiben und wurde gedruckt. Die sonderbaren Aufgaben ei-nes Gerichtsreporters kamen meinen Neigungen und Fähig-keiten entgegen. Ein richtiger Reporter wäre ich nie gewor-den; denn ich bin schüchtern, ich kann fremde Leute nicht ausfragen.

Bei Gericht hatte ich nur zuzuhören, dort fragen der Rich-ter, die Schöffen, der Staatsanwalt, der Verteidiger, ich brau-che nur meinen Reim darauf zu machen.

Oft werde ich auch gefragt: Haben Sie denn nicht Jura stu-diert? Nein, von Jurisprudenz verstehe ich gar nichts, von Schuhen hingegen eine Menge.

Klassenkameraden am Realgymnasium in Krefeld dichteten einmal in einer Schülerzeitung über mich: »Mathematik und Lockenbrennen lernt man bei dem Rudolf kennen.« Meine Klasse und meine Kameraden habe ich verlassen, sie sind zum großen Teil durch Hitler vor dem Krieg verdorben, im Krieg gestorben, einige von ihnen sind davongekommen. Sie leben als getreue Söhne ihrer Klasse – als Fabrikanten, Geschäfts-leute, Amts- und Landgerichtsdirektoren oder Anwälte ihrer Klasse in meiner Heimatstadt. Der Streit, ob meine Locken künstlich oder natürlich sind, ist auch müßig geworden durch Verlust des Beweismaterials.

Das einzige, was mir an diesem Versehen noch bedeutungs-voll erscheint, ist die Würdigung meiner mathematischen Be-gabung. Diese Fähigkeit, in logischen Kategorien zu denken, hat mir geholfen, auf dem knappen Raum, der einem Ge-richtsreporter zusteht, Menschen und ihre Konflikte darzu-stellen. Seit Begründung der »Wochenpost«, also seit 1954, bin ich dabeigewesen. Nicht als kühler, registrierender Berichter-statter; ich habe immer versucht, ein wenig mitzufühlen und mitzudenken und, wie es Aufgabe und Pflicht jeden Bürgers unserer Republik ist, mitzulenken.

In diesem Buch finden Sie Geschichten aus meinen vier Bänden »Als Zeuge in dieser Sache« und »Zeuge in vielen anderen Sachen«, »Zeuge in Sachen Liebe und Ehe« und »Zeuge in neuen Liebes- und Ehesachen«.

Von diesen vier Büchern gab es auch einmal eine Auswahl in zwei Bänden, die hießen »In Sachen Liebe und Ehe« und »Das Erste Beste«.

Hier ist nun aus alldem eine noch strengere Auswahl getroffen worden. Es sind also »Die merkwürdigsten Fälle des R. H.«, alles wahre Geschichten, die ich in den Gerichtssälen miterlebt habe in den Jahren 1950 bis 1966.

Der Doppelsinn, der in dem einen Titel »Das Erste Beste« steckt, ist mir durchaus bekannt. Ich habe ihn in Kauf genommen. Ich handle also, wie der gelehrte Jurist sagt, mit bedingtem Vorsatz. Die meisten meiner Geschichten, und ich glaube gerade diejenigen, die heute noch Herzklopfen verursachen, entstanden so. Ich ging in die erste beste Verhandlung hinein und berichtete darüber. Das mag keine wissenschaftlich prognostische Methode sein, aber durch die Menge der berichteten Fälle ist es ein repräsentativer Querschnitt durch unsere Justizpraxis geworden und auch ein Einblick in die Tätigkeit Westberliner und westdeutscher Gerichte.

Diese meine Reportagen sind vom Alltag für den Alltag geschrieben, für den Tag, für den Jour, und im allgemeinen sind journalistische Arbeiten kein Rheinwein, der durch Liegenlassen besser wird. Aber einige meiner Geschichten, so glaubt mein Verleger, und so glaube auch ich, haben durch das lange Lagern an Klarheit noch zugenommen, sie können auch zur Klärung beitragen. Sie sind historische Geschichten geworden: Wie es im Anfang unserer Gesellschaft, unseres Staats, zuging, welche Fehler die Menschen machten und welche Fehler die Justiz machte, und daraus ablesbar, welche Erfolge erreichten wir in dieser kurzen Zeit, die Menschen und die Justiz.

Heute wissen die meisten Leute nicht mehr, wie es mit den Lebensmittelkarten zuging, als »Das wenig tapfere Schneiderlein« von einem Fehler in den anderen hineinstolperte.

»Nur ein Plakat«: ein Streiflicht, wie es noch im Jahre 1954 in einigen Gegenden auf dem Lande aussah, eine Schilderung jetzt längst historisch gewordener Verhältnisse – es ist gut, sich daran zu erinnern. Fälle wie »Der Tanz um den Ball« und »Bagatelle« können auch heute noch geschehen, aber sie würden in Schieds- und Konfliktkommissionen behandelt, sie würden heute nicht mehr mit Bestrafung und Urteil beendet, sondern höchstens mit einer gesellschaftlichen Rüge oder, allerschlimmstens, mit einer Bußgeldzahlung.

Das neue Strafgesetzbuch von 1968 hat viele der hier kritisierten überalterten Strafgesetzbestimmungen beseitigt. Ich erinnere an den berüchtigten Paragraphen 175, die Bestrafung homosexuell veranlagter Menschen, an den Paragraphen 218, das generelle Verbot der Abtreibung, Strafbestimmungen, die die Menschen in schwerste Konflikte brachten, die Erpressungen ermöglichten, Strafbestimmungen, die Straftaten hervorriefen. Räuber können heute nicht mehr sagen: Wir haben ja nicht bei Nacht und nicht auf öffentlichem Wege, nicht auf einer Straße, nicht in der Eisenbahn, nicht auf einem öffentlichen Platz, nicht auf offener See und nicht auf einer Wasserstraße geraubt, wir waren ja nur Räuber bei Tag, im Wald und auf der Heide, also wir sind keine schweren Räuber. Schwerer Raub ist heute klar und richtig formuliert und läßt keine Sophistereien zu.

»Tragödie des Alltags« – der Fall würde heute nicht mehr vor Gericht behandelt, denn diese Frau befand sich in einer für sie ausweglosen Situation, sie verletzte wohl eine Strafrechtsbestimmung, aber nach dem heutigen sozialistischen Strafrecht ist ein Mensch in dieser Lage von jeder Bestrafung ausgeschlossen.

Im großen und ganzen sind unsere Richter in den Fragen der Sexualmoral nicht mehr so streng wie die Richter, die ich in »Hohes Amt und hoher Podest« kritisiert habe. Auch die Ausbildung unserer Richter ist gründlicher geworden. So schnell kann man nicht mehr Richter und Staatsanwalt werden, wie es damals war, als ich »Stimme und Herz« schrieb. Das Hochschulstudium wird jetzt durch eine lange Praktikantenzeit ergänzt.

Wir mußten in den ersten Jahren schnell neue Richter und Staatsanwälte ausbilden und einsetzen, weil wir die alten Juristen aus der Nazizeit nicht übernehmen konnten und nicht übernehmen wollten. Die Bundesrepublik und Westberlin sind den anderen Weg gegangen, die alten Richter und Staatsanwälte sind geblieben, in ihrem Geist und in ihrer Praxis werden dort die neuen Juristen ausgebildet. Die Folgen sind bekannt und werden auch hier beschrieben. Sie, die sich historisch längst überlebt haben, sind praktisch noch Gegenwart, gespenstisch, aber real.

In einem Anfall von Leichtsinn schrieb ich 1958 im Vorwort zu meinem ersten Reportageband: »Ich gehöre also zu den Leuten, die mit viel Fleiß und Vergnügen den Ast absägen, auf dem sie sitzen ..., denn ein Gerichtsreporter trägt ein wenig dazu bei, daß Verbrechen seltener werden.«

Der Ast aber ist zäher, als ich damals dachte. Wohl sinkt die Kriminalität, aber nicht so, wie ich es mir vorgestellt hatte. Das Verbrechen aus Not, das haben wir beseitigt, aber mit dem Wohlstand steigen die Ansprüche. Die Ansprüche steigen oft schneller als der Verdienst. Aus Brotmangel stiehlt keiner mehr, wohl aber, weil er einen Bungalow begehrt.

Wissenschaftlich festgestellt – vielleicht verursacht durch gute Ernährung und gesunde Lebensweise – ist eine erstaunliche Tatsache: junge Menschen reifen in unserer Zeit körperlich schneller heran als früher. Körperlich also sind sie erwachsen, in ihrem geistigen Habitus aber sind sie halbwüchsig. Und sehr oft verdienen diese jungen Leute, nach unserem Grundsatz »gleicher Lohn für gleiche Arbeit«, so viel wie ein Familienvater. Hieraus entstehen Konflikte, Sexual- und Alkoholdelikte.

Und dann gibt es noch ein weiteres Ergebnis unserer so vorbildlichen Sorge für Mutter und Kind. Es wachsen bei uns junge Leute mit Hirnschäden heran, die bei fehlender staatlicher und medizinischer Betreuung die Kinderjahre nicht überleben würden. Sie sind geistig nicht sehr entwicklungsfähig und erreichen selten den Abschluß der achten Klasse. Diese jungen Menschen haben es schwer, eine Lehre mit Erfolg zu beenden. Sie werden Hilfs- oder Transportarbeiter, sie lassen sich leicht leiten, aber auch leicht verleiten.

Die Schließung der Staatsgrenze 1961 hat manche Konfliktursache beseitigt. Viele Straftaten, die vor 1961 in unseren Gerichten behandelt werden mußten, sind nur zu verstehen, wenn man bedenkt, daß der Übergang von unserem Berlin nach Westberlin jederzeit möglich war. Wir müssen aber auch bedenken, daß viele dem Verbrechen zuneigende Menschen seither nicht mehr in den Westen gehen, dorthin, wo der Nährboden für Straftaten so viel besser bestellt ist.

Das alles sind Gründe, warum der Ast so zäh ist; das habe ich inzwischen dazugelernt. Ich weiß aber auch heute, daß Wohlstand allein nicht ausreicht, damit der Ast der Kriminalität vom Baume fällt. Die Menschen, die jetzt in unserem Staat leben, haben sich Wohlstand und viel Freizeit erarbeitet. Sie haben jetzt Zeit, auch mehr Mittel und Muße, die Schönheit des Lebens, die Kunst, die Natur, den Sport, die Musik und die Literatur zu genießen, aber auch Zeit, Kenntnisse und Erkenntnisse zu gewinnen.

Und auch Zeit, sich in einer ruhigen Stunde mit Problemen der Jahre 1950 bis 1966 zu beschäftigen. Und deshalb hier:

»Die merkwürdigsten Fälle des R. H.«

Der Liebe Erwachen

Erstes Erlebnis
1961

»Die Einsamkeit ist eine schöne Sache, aber man braucht einen, der einem sagt: Die Einsamkeit ist eine schöne Sache.« Der große französische Romancier Honoré de Balzac hat dies einmal geschrieben.

Der junge Mann Hans-Jürgen war einsam. Er war tatsächlich allein, allein in der großen Stadt Berlin. Von seinen Eltern war er weggezogen; er wollte nicht mit seinen zwei jüngeren Brüdern in einem großen Zimmer gemeinsam wohnen. Er störte sie, sie störten ihn. Hans-Jürgen hat einen großen Hang zum Basteln; Radioapparate und andere elektrische Geräte brachten Nachbarn ihm zur Reparatur. So kam es, daß er sich schon mit 18 Jahren ein eignes kleines Zimmerchen, eine Kochstube, besorgte und ganz für sich allein wirtschaftete.

Mit dem Beruf war es bei ihm ein eigentümlich Ding. Er hatte nach Schulschluß als Rohrleger beim VEB Tiefbau begonnen, aber er hielt nicht durch. Die Arbeit wurde – das war keine faule Ausrede – körperlich für ihn zu schwer. Er nahm keine andere Lehrstelle an, wurde Bote in einem Verlag, Weihnachtsaushilfe bei der Post, Hilfsarbeiter in einem Lampengeschäft; gerade dort hoffte er, seinen Neigungen zu den Dingen der Elektrizität entsprechend, sich weiterentwickeln zu können. Aber auch das glückte ihm nicht. Als Vermessungsgehilfe bei der Reichsbahn blieb er über ein Jahr und wurde dort mehrfach wegen seines Fleißes und seiner Geschicklichkeit ausgezeichnet. Aber auch dort war seines Bleibens nicht, weil er als Beifahrer in der Großmarkthalle mehr Geld bekam.

Auf die Frage des Richters – denn unser sympathischer, jetzt 19jähriger, etwas blasser, schmaler junger Mann mit dem unreinen Teint, mit den vielen Pickeln, ist Angeklagter –, warum er denn keine erneute Lehre angenommen habe, gibt er ausweichende Antworten. Er behauptet, er sei durch Kameraden verleitet worden, mehr Geld zu verdienen.

Den wahren Grund verschweigt er. Aber seine Mutter erzählt ihn dem Gericht. Es zeigt sich hier, wie gut es ist, auch in einem sogenannten Erwachsenenverfahren die Eltern eines jugendlichen Angeklagten als Zeugen zu laden und zu hören, auch wenn sie zu der Tat selber nichts aussagen können.

Die Mutter sagt, Hans-Jürgen habe damals mehr Geld verdienen müssen, weil sein Vater zu dieser Zeit in Haft war. Also auch das ist ein Pluspunkt für Hans-Jürgen.

In seinem Zimmer ist er viel allein. Seinen Hausstand hält er selber in guter Ordnung. Er kauft sich schon neue Möbel. Im Sommer nimmt er sein Zelt und bleibt draußen im Grünen, in Grünau, und fährt morgens in die Stadt zur Arbeit. Mit Mädels hat er, wie er selber sagt, nicht viel im Sinn. Auch hier hilft die Aussage der Mutter. Hans-Jürgen leidet seit frühen Jahren an einer Furunkulose und fühlt sich im Umgang mit Mädchen gehemmt; er glaubt, er gefalle ihnen nicht.

Er gefiele ihnen doch, er gefällt ihnen bestimmt, weil er wirklich ein angenehmer junger Mann ist. Aber leider gefiel er einem Mädchen besonders gut. Es kommt eines Tages mit Freunden und Freundinnen, flüchtigen Bekannten, näheren Schulkameraden zu Hans-Jürgen auf sein Zimmerlein. Und Elke bleibt allein länger. Und kommt wieder. Elke, ein großes, kräftiges Mädchen mit gewandten Manieren, gefällt ihm. Aber sie ist erst 13 Jahre alt.

Die Eltern Elkes erfahren, daß das Schulkind öfter bei einem 18jährigen und jetzt 19jährigen jungen Mann zu Besuch ist. Sie kommen zu ihm aufs Zimmer, warnen ihn. Und sie warnen auch Hans-Jürgens Eltern. Während dieser Bekanntschaft geht mit dem Mädel eine Wandlung vor. Sie ist nur noch sehr selten in der Schule anzutreffen. Im letzten Jahr soll sie 67 Tage unentschuldigt gefehlt haben. Mehrmals geht die Mutter Elkes zu Hans-Jürgen. Der beteuert, seine Freundschaft mit Elke sei ganz harmlos. Aber sie ist es keineswegs. Elke erzählt davon ihren Freundinnen in der Schulklasse. So erfahren es die Lehrer, der Staatsanwalt muß einschreiten.

Elke kommt in ein Jugendheim. Hans-Jürgen muß sich vor Gericht verantworten, denn eine Dreizehnjährige ist nach dem Gesetz ein Kind. Beziehungen zu einem Kind sind ein Verbrechen, das grundsätzlich mit Zuchthaus bestraft wird.

Elke führt sich heute im Heim musterhaft. All das, worüber die Mutter im letzten Jahr zu klagen hatte, ist verschwunden. Ist der Schaden wieder gutgemacht, den das erste, zu frühe Erleben in ihr anrichtete, oder spielt sie eine allzu fromme Helene, die recht bald ihre Freiheit wiedererwerben möchte?

Die Monate der Untersuchungshaft haben bei Hans-Jürgen schon ihre Wirkung getan. Er hat sein schweres, sehr schweres Verbrechen eingesehen. Die Strafe von sieben Monaten Gefängnis wurde deshalb bedingt ausgesprochen, und schon zum Osterfest ist Hans-Jürgen wieder in Freiheit.

Er wird die viel zu junge Elke und sie wird den für sie viel zu alten Hans-Jürgen bald vergessen. Sie werden die Wahrheit eines etwas bitteren Sprichwortes erkennen, daß nämlich die Liebe die Zeit und die Zeit die Liebe vertreibt. Weil ihre Liebe nur ein Zeitvertreib war.

Die Mitschuldigen
1961

Uralte Vorstellungen beherrschen noch immer die Menschen, viele Menschen. Das ist in den meisten Fällen völlig harmlos. Die Freude über das Antasten eines Schornsteinfegers, die Angst vor dem Freitag, dem 13., der Schrecken beim Anblick einer den Weg kreuzenden schwarzen Katze, all das sind unsinnige, durch den Verstand nicht zu erklärende Empfindungen.

Es sind Atavismen, Rückstände alter, längst widerlegter, aus der Zeit der Götzendiener stammender Vorurteile, überliefert von Urväterzeit her, und die wenigsten Menschen wissen, woher diese Vorstellungen kommen. Diese überkommenen und überholten Schrecken und Freuden mögen den einzelnen erheben oder stören, sie sind für das Zusammenleben der Menschen unbedeutend.

Es gibt indes Vorurteile, die genauso überliefert und überholt sind wie diese lächerlichen, albernen, die aber gefährlicher sind, die bei den betroffenen Menschen auch Qual, Furcht und Schrecken verbreiten, sie sogar zum Verbrechen führen können. Mit einem Vorurteil dieser Art muß ich mich heute beschäftigen, mit der Angst vor der Schande, Mutter eines unehelichen Kindes zu werden.

Vor vielen Jahren war diese Furcht berechtigt. Die Ehe galt als Sakrament, und ein junges Mädchen durfte vor der Ehe keinen Freund haben – wenn, dann nur in aller Heimlichkeit. Der Vater eines unehelichen Kindes hatte viele Möglichkeiten, sich vor seinen materiellen Verpflichtungen zu drücken; die Mutter war meist auf sich allein gestellt. Vom Elternhaus verfemt und verbannt, mußte sie für sich und das Kindchen sorgen; Kinderkrippe und Kindergärten waren kaum vorhanden. Die Furcht vor der Schande war also wesentlich bedingt durch die Furcht vor dem Elend, vor dem Hunger.

Es ist klar, für Mutter und Kind ist es das beste, auch heute, wenn ein Mann und Vater für beide mitsorgt, wenn er mithilft bei der Erziehung. Aber direkte materielle Sorgen braucht sich heute keine ledige Mutter mehr zu machen. Der Vater wird zur Unterstützung herangezogen, und die Unterstützungssätze sind sehr hoch. Wenn er nicht auffindbar oder nicht zahlungsfähig ist und die Mutter allein nicht genug verdient, übernimmt der Staat die Vaterstelle, finanziell gesehen.

Die Mütter werden auch durch Kindergärten und -krippen von vielen Sorgen entlastet. Die gesetzliche Gleichstellung von ehelichen und außerehelichen Kindern versucht das alte barbarische Vorurteil über uneheliche Geburt von Mutter und Kind zu nehmen. All das trägt dazu bei, die Furcht vor der sogenannten Schande wegzuräumen, aber beseitigt ist diese Furcht noch nicht ganz. Bei manchen älteren Menschen und Eltern nicht. Und das beeinflußt auch das Handeln der jungen Menschen.

Nennen wir sie Helga, das frische Mädel, sehr scheu, sehr zurückhaltend, sehr still. In der Schule ist sie nicht ganz mitgekommen, nur bis zur siebenten Klasse. Ihre Eltern sind geachtete Menschen, arbeitsam, in einer unserer großen Bezirksstädte; sie wächst wohlbehütet auf, der Vater hat einen sehr schweren Beruf, er arbeitet auf dem städtischen Schlacht- und Viehhof. Seine Arbeit bedingt, daß er etwas derb ist, sein Temperament ist aufbrausend, ganz besonders, wenn er nach seiner anstrengenden Tätigkeit einige Glas Bier getrunken hat. Aber er ist kein Trinker, er ist eben nur unbeherrscht. Und Mutter und Tochter sind oft eingeschüchtert. Es sollen dann, wenn ihm etwas quergeht, auch Gegenstände durch die Luft geflogen sein.

Helga fürchtet ihn sehr, die Mutter fürchtet ihn ein wenig, aber auch die Furcht vor der Mutter ist bei Helga ziemlich groß.

Als Helga die Friseurlehre beendet hatte und in der theoretischen Prüfung durchfiel, traute sie sich nicht nach Hause, sie irrte bis Mitternacht durch die Straßen der Stadt. Einen Freund hatte Helga nicht gehabt, über die Fragen der Liebe und des Verhaltens vor ihr war nie in der Familie gesprochen worden oder nur in der negativsten Art. So sagte der Vater: »Komm mir bloß nicht mit einem Kind nach Hause, dann fliegst du.«

In einem Kino lernte Helga einen jungen Mann kennen. Sie kennt allerdings nur den Vornamen; ich glaube, sie kennt auch den richtigen, aber darüber schweigt sie.

Der junge Mann holt sie öfter in seinem Wagen ab. Einmal geht sie in seine Wohnung mit; kurz darauf erfährt sie, daß er verheiratet ist. Sie bricht die Beziehungen ab.

Sie ist schwanger geworden; sie verbirgt es vor der Mutter, und die läßt sich täuschen. Der Meister und die Kolleginnen fragen sie mehrmals, aber sie leugnet ab, daß sie ein Kind bekäme.

Sie geht zu keinem Arzt und zu keiner Beratungsstelle, immer hoffend, ein Wunder würde eintreten. Einen Monat, bevor sie es angenommen hat, setzen die Wehen ein. Abends bei Tisch zu Hause täuscht sie ein Unwohlsein vor und geht in ihr Zimmer. Sie schenkt einem Kind das Leben – sie ist völlig unvorbereitet –, das Leben, das sie dem Kind sofort wieder nimmt.

Am anderen Morgen kann Helga nicht aufstehen. Die Mutter entdeckt im Bett Blut, und noch einmal täuscht sie die Mutter, sie behauptet, im zweiten Monat gewesen zu sein. Sie habe ihre Schwangerschaft unterbrechen lassen. Die Mutter ruft einen Arzt, der ordnet die sofortige Überweisung in ein Krankenhaus an. Dort wird eine Geburt festgestellt. Die Mutter wird benachrichtigt und findet auch das tote Neugeborene. Auch die Mutter hat Angst vor dem Vater.

Erst erzählt sie, Helga habe eine Blinddarmentzündung; nachdem sie das tote Kind gefunden hat, sagt sie die Wahrheit.

Vor Gericht sind beide Eltern sehr schuldbewußt; auch der Vater sagt, natürlich hätte er das Kindchen großgezogen, vielleicht hätte er erst geschimpft und sich dann damit abgefunden, sich sogar darüber gefreut.

Helga war einige Monate in der Untersuchungshaft, jetzt arbeitet sie wieder als Friseuse. Das Gericht sprach hier im Sinne der Staatsratserklärung Recht. Zehn Monate Gefängnis wegen Kindestötung wurden bedingt ausgesprochen, eine Bewährungszeit von drei Jahren wurde Helga auferlegt.

Die schwere Tat hätte nie geschehen dürfen, hätte nicht zu geschehen brauchen, wenn die Eltern verstanden hätten, ein echtes Vertrauensverhältnis zu ihrer eigenen Tochter herzustellen. Eine Tat, so schlimm, daß sie Helga in ihrem ganzen Leben nie ganz überwinden wird, ein Verbrechen, töricht und unnötig, weil es unnatürlich ist.

Die Eltern müssen mit ihren Kinden rechtzeitig über die heiklen Dinge sprechen. Wenn sie es unterlassen, können sie leicht mitschuldig werden, wie es Helgas Eltern wurden, nicht vor dem Gesetz, aber von ihrem Gewissen, an einer Tat, die nicht wiedergutzumachen ist.

Die Wandlung
1961

In ihrem Leben hätte nichts schiefgehen dürfen. Denn Gittas Lebensweg schien gesichert. Ein wenig verschlossen war sie schon als Kind, das liege, so sagte man, an ihrem »ostpreußischen« Charakter. Im Sprachlichen habe ich nichts davon bemerkt. Das wenige, was sie sagte, hatte eine mecklenburgische Färbung.

Ja, sie, die als Kind Umgesiedelte, ist im Mecklenburgischen aufgewachsen. In dem weiten, welligen Land mit seinen träge fließenden Bächen, seinen verträumten Seen, seinen zuverlässigen, soliden Menschen und seinem ausgezeichneten Rindvieh. Dort, in der Schule, war Gitta die Beste. Schon mit 16 Jahren ging sie in das damalige Institut für Lehrerbildung. Und nach vier Jahren hatte sie das Diplom in der Tasche.

Ihre Familie war in das demokratische Berlin verzogen. Und hier bekam sie auch ihre erste Anstellung. Ihr wurde die Klasse der Kleinsten übergeben. Und die junge, frische, herbe, blonde Gitta hatte nun die Anfänger in das große weite Reich der Wissenschaft und Künste einzuführen. Sie, die selber gerade die Kinderschuhe ausgetreten hatte. Einer Kollegin schloß sie sich eng an, die auch aus dem schönen Mecklenburg stammte; sie, die beiden, sind die Jungen, die auch manchmal zusammen tanzen gehen. Was sie vor den älteren Kollegen verheimlichen müssen; denn die finden das pädagogisch nicht schicklich.

Wir aber zittern nicht um Gitta und ihre Freundin. Beide sind ehrliche, begeisterte FDJler. Gitta hat schon den Antrag gestellt, als Kandidatin in die Partei der Arbeiterklasse aufgenommen zu werden. Ihr älterer Bruder ist ein angehender Wissenschaftler, der gerade bei der Volkspolizei seinen Dienst tut. Er hat ein wachsames und liebendes Auge auf die kleine Schwester, er betreut sie. Und auch den Vater, den alten blinden Herrn mit dem ganz unverfälschten ostpreußischen Dialekt. Es hätte nicht schiefgehen können und dürfen.

Und doch. Einmal in einem Lokal fordert sie ein junger Mann auf, ein eleganter, schöner, schwarzhaariger, mit den besten Umgangsformen, der beste Tänzer. Er ist herübergekommen zu uns, er ist ein großer Fachmann auf dem Gebiet der Glasherstellung. Er hat schon hochbezahlte Arbeit in der Stralauer Glashütte. Gitta verliert ihr Herz an diesen, ihren ersten Mann. Sie hat gerade eine eigene Wohnung bekommen, und Alfred zieht schon nach acht Tagen Bekanntschaft zu ihr.

Sie stellt ihn auch dem Bruder vor. Auch er ist eingenommen von dem jungen Mann. Er erkundigt sich bei dem zukünftigen Schwager, was er arbeitet. Das wird beantwortet. Wieviel er verdiene? Sehr viel, sagt er. Aber er sagt nicht, wieviel. Und nach diesem ersten Gespräch pumpt dieser Alfred seinen künftigen Schwager noch rasch um zwanzig Mark an. Ein junger Mann, gerade zu uns herübergekommen, sagt sich der große Bruder, kann in Geldverlegenheiten geraten, und gibt ihm die Summe.

Zum gemeinsamen Haushalt steuert Alfred nichts bei. Allerdings übernimmt er die Kassenführung und nimmt auch Gittas Gehalt. Er geht mit Gitta in ein Möbelkaufhaus, und beide sehen sich um, wie sie sich künftig einrichten werden. Sie müssen etwas anzahlen, dann bekommen sie einen Kredit. Aber es ist kein Geld da. Gitta pumpt eine ältere Kollegin um 200 Mark an und liefert sie an Alfred ab. Die 200 Mark verschwinden, die Möbel werden nicht gekauft.

Diese erste Summe hat Gitta noch im guten Glauben gepumpt, aber als Alfred weiter Geld verlangt, weiß sie ja schon, was mit ihm los ist. Doch sie will den Mann halten. Für ihn bittet sie die Aufwartefrau ihrer Schule um weitere 100 Mark; angeblich auch, um Möbel zu kaufen. Natürlich bekommt die junge Frau das Geld. Sie ist doch als so zuverlässig bekannt.

Die Kollegen aber bemerken jetzt, daß Gitta sich verändert hat. Sie ist nicht mehr so eifrig, so pünktlich, so liebevoll und nicht mehr so vergnügt. Man weiß, daß sie sich Geld borgt. Es wird mit ihr gesprochen. Die Freundin warnt sie vor dem Mann, der so merkwürdige Neigungen hat, der tatsächlich nur zwei Tage gearbeitet hat, der viel trinkt, der den großen Mann markiert. Der aber auch erklärt, daß er nicht im demokratischen Berlin bleiben wird.

Die junge Kollegin hilft ihr aus, als sie nichts mehr zu essen im Hause hat. Sie empfiehlt ihr, sich in den Ferien zur Pionierrepublik zu melden, damit sie, Gitta, von diesem Mann loskomme. Aber alles, was freundschaftlich versucht wird, ist umsonst.

Gitta trennt sich nicht. Auch als er ihr den Mantel stiehlt und versetzt, als er dem Bruder 50 Mark und ein Radio stiehlt. Sie bittet sogar den Vater unter einem nichtigen erlogenen Vorwand um Geld. Alles für ihn, für Alfred.

Der Bruder erkundigt sich bei der Volkspolizei, was eigentlich mit Alfred los ist. Ihm wird gesagt, er sei früher einmal Strichjunge gewesen, er war Zuhälter, an ihm ist kein gutes Haar. Es ist längst beschlossen, daß ihm im demokratischen Berlin kein Zuzug gegeben wird. Aber Gitta, die das alles erfährt, hält weiter an ihrem Alfred fest.

In dieser Zeit geht sie sogar noch zur HO, leiht sich auf ihren ehrlichen Namen zwei Fahrräder. Um eine Radtour zu machen. Schon am nächsten Tag hat Alfred die Räder verscherbelt. Sie greift in die Kasse für Schulspeisungen, sie nimmt daraus 23 Mark. Alles für Alfred. Er wird ausgewiesen. Und eines Tages ist auch Gitta verschwunden.

»Drüben« ist es nicht viel anders. Gitta bekommt Arbeit, nicht sehr hoch bezahlte. Meist muß sie ihn ernähren. Trotzdem heiratet sie ihn.

Der Bruder aber, obwohl enttäuscht, bleibt mit Gitta brieflich in Verbindung. Er bittet sie zurückzukommen. Und es dauert zwei Jahre. Eines Tages steht Gitta vor seiner Tür. Sie ist schwanger, und wohl in Sorge um das kommende Kind, hat sie den schweren Schritt getan. Sie weiß, daß Alfred nie ein Vater sein wird. Er kommt auch nicht, wie er es versprochen hat, nach. Einmal wollte er nicht, und dann wurde er drüben in einer anderen Sache verhaftet. Gittas Scheidung läuft schon. Nach kurzer Zeit hat sie bereits wieder hier Arbeit in einem Kinderhort.

Wegen der Republikflucht ist kein Strafantrag gestellt worden. Gitta ist freiwillig und reumütig gekommen. Sie ist nur des Betrugs an der Putzfrau in Höhe von 100 Mark und der Unterschlagung von 23 Mark angeklagt. Bei allem anderen ist die Schuld Gittas nicht nachzuweisen.

Drei Menschen treten in diesem Verfahren als Zeugen auf. Die eine ist die Freundin, die Lehrerin, die mit dabei war, als Gitta Alfred kennenlernte. Nach ihrer Aussage tritt sie auf Gitta zu. Ohne daß irgend jemand sie stört, sprechen sie leise miteinander, vertraulich, während des Prozesses. Die Freundin sagt, daß Gitta jederzeit bei ihr willkommen ist, trotz alledem.

Als nächster der Bruder, der mit seiner Frau gekommen ist, die beide die schwangere Gitta aufgenommen haben, die bei ihnen wohnen bleibt, bis sie wieder auf eigenen Füßen steht. Und als dritte eine junge, schöne Frau, selber hochschwanger, die mit ihr jetzt als Hilfspflegerin in dem Kinderhort arbeitet. Und sie gibt ihr das beste Zeugnis. Von Frau zu Frau und von Mutter zu Mutter spricht sie so liebevoll von ihr, wie es sonst wohl nur eine Schwester tun kann.

Und dann das Plädoyer des Staatsanwalts. In einer langen Rede weist er ihr alle, alle Sünden nach. Es ist bitter. Aber er hat auch hinter seiner scharfen Brille ein Auge für die guten Seiten Gittas. Und zum Schluß erwähnt er die Staatsratserklärung und den Paragraphen 9 Absatz 2 des Strafrechtsergänzungsgesetzes.

Er sagt, Gittas Schuld sei für den Betrug und die Unterschlagung erwiesen, aber eine Bestrafung brauche nicht zu erfolgen, weil nach ihrer Tat im gesamten Verhalten eine grundlegende Wandlung eingetreten sei. Es sei zu erwarten, daß sie die sozialistische Gesetzlichkeit nunmehr achten wird. Und als er zu diesem Schluß kommt, da sitzen sie alle mit verweinten Augen, die Richterin, die Schöffin, die Protokollführerin, als ob der Staatsanwalt die Todesstrafe beantragt hätte. Es weinen auch die Schwägerin, die Lehrerin und die Kollegen aus dem Hort.

Und es weint auch die Richterin, die während der Verhandlung sehr hart mit ihr gesprochen hat und einige Male mit der Faust auf den Tisch schlug.

Ich glaube, das war alles nur Tarnung, denn jeder der Richter hatte längst innerlich das Verzeihen beschlossen, eine Schöffin war schon vor der Hauptverhandlung in den Kindergarten gegangen und hatte sich dort umgetan. Sie hatte gesehen, wie Gitta mit den Kindern umging. Sie hat sich überzeugt, wie gut sie ihre Arbeit macht.

Das allerdings brauchte die Schöffin nicht zu tun, das steht nicht wortwörtlich im Staatsratsbeschluß. Aber das ist damit gemeint.

Wie sollen Kinder den Eltern Freude machen?

1962

Ein eigentümlicher Liebreiz geht von der 16jährigen Lore aus, keiner im Saal kann sich dem entziehen. Sie ist von kleiner Statur, hat große, verschleierte Augen aus schwarzem Anthrazit mit langen Wimpern. Schwarzlockig ist ihr Haar, ein trauriges Lächeln liegt über dem leicht geschminkten Mund. Sie ist kein Kind mehr und will keins mehr sein. Aber die Umwelt, vor allem die Eltern, nehmen davon keine Kenntnis. Die, die täglich mit ihr zusammen sind, bemerken die Veränderungen am wenigsten.

Stumm bleibt der schöne Mund der kleinen Lore mit dem traurigen Lächeln, das den Herrn Staatsanwalt erstaunt. Lore macht von ihrem Recht, die Aussage zu verweigern, Gebrauch. Denn ihre Eltern sind beschuldigt, ihr nicht rechtzeitig Hilfe geleistet zu haben, als es um ihr Leben ging.

Die Mutter ist aus härterem Holz geschnitzt als die Tochter, aus ganz anderem. Sie hat die kleine Lore und ihre jüngere Schwester mit in die Ehe gebracht. Später kamen noch zwei Geschwister hinzu, das Kleinste ist geistig ein Sorgenkind. Der neue Vater der kleinen Lore ist nicht das, was im deutschen Märchen ein Stiefvater ist, bestimmt nicht. Für ihn ist Lore seine Tochter. Aber sie ist nicht seine Tochter. Er hat in seinem Betrieb als technischer Angestellter einen sehr guten Ruf; die Mutter hat eine Halbtagsbeschäftigung. Beide sind fleißig und gut beleumundet.

Die Harmonie im Leben der Familie ist gestört. Lore arbeitet und muß den Verdienst von drei Wochen abgeben. Das hat zweifellos auch zu Spannungen geführt. Die Kleidung für sie kaufen die Eltern, und in dieser Hinsicht ist unsere kleine Schönheit sicher anspruchsvoller als die Mutter. Aber auch sonst besteht kein Vertrauen zu den Eltern; der Vater, der manchmal gerne trinkt, schlägt oft nicht nur mit der Hand, auch mit dem Stock. Und er meint vor Gericht: »Ich habe Prügel bekommen, mir haben sie nicht geschadet.« Der Lore aber haben sie geschadet, denn sie erzählt der Mutter nichts mehr von ihren Geheimnissen, ihren Heimlichkeiten. »Was ich dir erzähle, sagst du ja doch dem Papa.«

Schon mit 14 Jahren ist Lore mit einem Jungen befreundet. Gegen ihn ist nichts einzuwenden; wenn die Eltern etwas Nachteiliges über ihn wüßten, hätten sie es bestimmt dem Gericht erzählt. Von ihrer Tochter sprechen sie nicht gerade sehr schonungsvoll, sie sei eine Herumtreiberin, behaupten sie, sie käme manchmal eine Viertelstunde später als zehn Uhr nach Hause. Sie halte sich auch nicht sauber; Dinge, die eine Mutter vor allem vor fremden Menschen selten vorbringt. Aber hier klingt das unglaubwürdig, es soll nur das eigene Versagen, das eigene Verhalten erklären und entschuldigen.

Denn der Hauptgrund, warum zwischen Mutter und Tochter keine Liebe herrscht, ist tiefer. Lore verkehrt im Hause der Eltern ihres Freundes. »Und wenn sie von dort kommt, ist sie immer verändert«, sagt die Mutter. »Sie ist uns entfremdet«, behauptet die Mutter, und das ist der wahre Grund, warum die Eltern der Lore ihre erste Liebe verleiden, sie ihr verbieten, ihr nicht mehr gestatten wollen, den Freund zu sehen und ihn zu treffen.

Eines Tages kommt Lore nicht nach Hause. Sie hat die Berufsschule geschwänzt und bleibt die Nacht aus. Die Mutter macht um drei Uhr nachts eine Vermißtenanzeige bei ihrem Polizeirevier; sie sagt aber nicht, wo sie ihre Tochter vermutet; sie ahnt, daß sie sich bei der Großmutter des Freundes aufhält.

Am nächsten Abend läßt die Mutter ihre Tochter von einem anderen Polizeirevier aus der Wohnung der künftigen

Schwiegeroma herausholen. Am nächsten Morgen, so droht die Mutter der Tochter, soll es nun zu einer großen Aussprache kommen.

Aber am nächsten Morgen steht Lore nicht auf. Die Mutter versucht, sie um sieben Uhr zu wecken, doch vergeblich. Die Mutter glaubt, Lore simuliere den Schlaf, aber auch auf den nassen Lappen reagiert sie nicht. Die jüngere Schwester sagt nun der Mutter, Lore habe am Abend ein schweres Schlafmittel eingenommen, das der Arzt dem Vater verschrieben hatte. Die Eltern glauben, es seien nur anderthalb Tabletten im Röhrchen gewesen.

Aber dann findet die Mutter einen Abschiedsbrief. Lore schreibt, daß sie aus dem Leben scheiden wolle, »weil ich Angst habe, daß Ihr mich in ein Erziehungshaus steckt. Damit Du und Papa Ruhe hast. Wenn es nicht im guten geht, muß es im bösen gehen.«

Merkwürdig ist die Reaktion der Eltern. Die Mutter geht gegen halb neun Uhr ins Polizeirevier, um dort zu melden, daß die Tochter wieder da ist. Der Leiter bittet sie zu einer Aussprache, um sie zu beraten. Er will die Gründe von ihr wissen, die Lore veranlaßten, das Elternhaus zu meiden.

Erst im Laufe der Unterhaltung zeigt die Mutter dem Leiter des Polizeireviers den Abschiedsbrief. Sofort schickt er einen Volkspolizisten in die Wohnung, um dort zu helfen. Der Vater will ihn erst nicht in Lores Schlafzimmer lassen, aber der junge Volkspolizist setzt sich durch. Er sieht die Schlafende, er faßt ihre Hand, sie ist merklich kühl. Sofort alarmiert er einen Arzt, und dieser läßt Lore in ein Krankenhaus bringen. Erst am nächsten Tag, durch die Wirkung der Gegenmittel, ist Lore überhaupt ansprechbar. Sie hat zweifellos weit mehr als anderthalb Tabletten genommen. Ihr Leben war in ernster Gefahr.

Lore wird nun nach der Genesung mit Einwilligung der Mutter in ein Heim gegeben. Aber inzwischen hat sich alles versöhnt. Ich bin davon überzeugt, daß weder der Vater noch die Mutter an eine ernste Gefahr geglaubt haben, sie wollten nicht daran glauben. Trotzdem ist es unnatürlich, daß sie nicht sofort beim Auffinden des Abschiedsbriefes einen Arzt bestellt haben. Daß sie es unterlassen haben, ist eine unterlassene Hilfeleistung, eine strafbare Handlung.

Das Gericht sprach auch beide schuldig. Es ließ es bei vier

Wochen Gefängnis bewenden; diese wurden nur bedingt ausgesprochen, und die Bewährungszeit ist auf ein Jahr festgesetzt.

Lore will wieder nach Hause zurück. Sie hat die Eltern
durch ihre Aussageverweigerung geschont. Die Eltern wollen
sie wieder bei sich haben. Es war zu einer ernsten Krise gekommen, zu einer Vertrauenskrise mit fast tödlichem Ausgang.

Wann werden diese Eltern lernen, daß Kinder nicht Kinder
bleiben, daß sie ein eigenes Leben begründen wollen? Gewiß,
Kinder sollen den Eltern Freude machen. Die größte Freude
der Eltern sollte es sein, daß ihre Kinder gute, liebevolle, selbständige und tüchtige Menschen werden, und das können sie
nur sein, wenn sie auf eigenen Beinen stehen.

Kleine Studie über eine kleine Sünderin
1965

Sie spricht sehr leise. Wie ein
Mensch, der aus einer schweren
Krankheit auf dem Weg der Genesung ist. Auch die ständigen
Ermahnungen der Richterin nüt-
zen nichts. Nach einer energischen Aufforderung, doch endlich lauter zu sprechen, wird der
erste Satz wohl kräftiger und be-
stimmter vorgetragen, aber dann
fällt sie schon wieder zurück in ein Flüstern wie ein Beicht-
kind, das eine Sünde nur dem Priester erzählen will; die Umwelt soll nichts davon erfahren.

Achtzehn Jahre alt ist Christine, und die erste schwere
Krise in ihrem Leben hat sie hinter sich, wahrscheinlich auch
die erste große Liebe, die sie völlig aus der Bahn geworfen
hat, so sehr, daß sie schuldig wurde und nun Beichte ablegen
muß, nicht unter der Verschwiegenheit des Beichtgeheimnis-
ses, sondern in einer öffentlichen Verhandlung vor drei Richtern, einem Staatsanwalt, einer Protokollführerin; und auf den
Bänken im Zuhörerraum sitzt der Vater, sitzen die Kollegen
aus dem alten und die Kollegen aus dem neuen Betrieb und
an einem provisorischen Pressetisch außerdem noch ein neu-
gieriger Reporter.

Christine ist kein schönes Mädchen, nicht einmal das, was

man geheimhin hübsch nennt. Sie ist groß und gut gewachsen, aber nicht graziös, dafür sind ihre Füße etwas zu groß. Markant an ihr sind die starken Backenknochen, und sie trägt eine große, dunkel eingefaßte Brille. Ich bin überzeugt, dieses etwas ungewöhnliche Aussehen hat das Mädchen in ihren Entwicklungsjahren belastet. Sie wäre lieber eine Blonde, Blauäugige, Langbeinige geworden, eine, der alle Jungen voll Begierde nachblicken. Doch im Vertrauen, so wie sie ist, sieht Christine interessant aus. Ich glaube, und das ist ihr Fehler, sie weiß es nicht. Nur eine Andeutung gab es, daß sie sich geistig ihrem Äußeren entsprechend entwickelt. Sie war in ihrer FDJ-Funktion für Kulturarbeit verantwortlich. Aber hat sie mehr getan als nur Theaterkarten organisiert?

Christine hat ein vorbildliches Elternhaus. Für sie wurde nach der Schulzeit eine gute Lehrstelle bei der Reichsbahn besorgt. Sie sollte dort Stenographie lernen, hatte aber mit der Rechtschreibung einige Schwierigkeiten. Eine Krankheit war der willkommene Anlaß, die Lehre aufzugeben; die ältere Schwester sorgte dafür, daß sie bei der HO Lebensmittel als Hilfsverkäuferin anfangen konnte mit dem Ziel, später den Facharbeiterbrief zu erwerben.

In dieser Zeit geriet sie in einen Kreis von Jugendlichen. Das Mädchen lernte dort seinen ersten Freund kennen. Das soll ein leichtsinniger junger Mann gewesen sein. Sie liebte ihn, sie wollte ihn für sich gewinnen. So ließ sich Christine ihr schönes braunes Haar blond färben, kaufte sich teure Kleider, ein Paar Schuhe für fast hundert Mark. Sie wollte etwas sein, was sie nicht sein konnte, leichtfüßig und leichtlebig.

Als Hilfsverkäuferin hatte sie ein Nettoeinkommen von 256 Mark. Hundert Mark mußte sie zu Hause abgeben, für 156 Mark konnte sie sich kaufen, was sie wollte. Alle vierzehn Tage mußte das Haar nachgeblondet werden, und zweimal in der Woche traf sie sich mit ihrer Clique in einem Jugendklub draußen an der Peripherie der Berliner Großstadt. Und Christine bestellte fleißig Wein. Und sie kaufte Kinkerlitzchen, wie sie selber sagte, die jetzt blonde Christine, die imponieren wollte, sich aber nur ramponierte.

Zu Hause war sie auch nicht immer ganz ehrlich gewesen. Sie hatte der Mutter schon einmal gespartes Geld für einen Fernsehapparat weggenommen, auch dem Vater, der Schwester. Aber Diebstahl unter Verwandten ist nur dann strafbar, wenn von den Geschädigten ein Strafantrag gestellt wird.

Nun sind erblondete Haare, teure Kleider, exquisite Schuhe und viele Kinkerlitzchen, zweimal in der Woche Wein und Tanz im Kreise fröhlicher Leute Dinge, die unbestreitbar für 156 Mark im Monat nicht zu bestreiten sind. In diese Zeit fiel noch ihr achtzehnter Geburtstag; den feierte Christine mit achtzehn jungen Leuten und gab dafür vierzig Mark aus.

Christine griff, wenn sie allein war im Laden, in die Kasse. Es fing mit fünf Mark an; das war Geld, das sie einem ihrer Freunde schuldete, der auf Bezahlung drängte. Aber diese fünf Mark Fehlbetrag wurden nicht bemerkt, und es ging wie in der Liebe und beim Wein, der Appetit wuchs beim Essen. Sie nahm immer wieder, sie nahm auch einmal fünfunddreißig Mark, die eine Kundin irrtümlich in dem Laden hatte liegenlassen und die von Christines ehrlichen Kolleginnen in einer Kassette für die Kundin aufbewahrt wurden. Jetzt wurden die Kolleginnen der Verkaufsstelle aufmerksam, und die Volkspolizei hatte es nicht allzu schwer, Christine als Diebin zu ermitteln. Im ganzen hatte sie 265 Mark genommen, die sie jetzt zurückerstatten will, zurückerstatten muß.

Wohl aus Scham blieb Christine nicht mehr in der HO. Sie wurde in einem großen Werk der Elektroindustrie in der Produktion angenommen, und als in der Technologie eine Schreibkraft fehlte, meldete sie sich, um ihre schon erworbenen Kenntnisse in Stenographie anzuwenden. Dort ist man mit ihr zufrieden, die FDJ-Gruppe und eine ältere Kollegin, mit der sie zusammenarbeitet, sind bereit, die Bürgschaft zu übernehmen und dafür zu sorgen, daß sie sich auf Abendschulen weiterbildet. Ich glaube, sie hat das Zeug dazu, bei einigem Fleiß eine gute Sekretärin zu werden.

Christine wird auch in der FDJ wieder mitmachen und, wie schon erwähnt, sich der Kulturarbeit widmen. Ihr Haar ist wieder dunkel, aber zu tief schwarz und zu künstlich schnell gefärbt, und vielleicht deuten die hellrosa Fingernägel auf die Zeit, in der sie blond und leicht und leichtsinnig sein wollte und mit ihren etwas zu großen, aber elegant beschuhten Füßen auf kriminelle Abwege geriet.

Die innere Wandlung bei ihr ist deutlich, vielleicht auch ein wenig dick aufgetragen wie die schwarze Haarfarbe. Der öffentliche Tadel, bei dem es das Gericht bewenden ließ, wird alles wieder ins rechte Lot bringen.

Um Jugendsünden

Zwei Spieler
1960

Wie sich die Bilder gleichen, wie sind sie doch verschieden! 15. September 1960, 11 Uhr, im Saal 101 in Berlin-Moabit, im Westsektor.

16. September 1960, 9 Uhr, im Saal 184 in Berlin-Mitte, in der Littenstraße, im demokratischen Berlin. In beiden Fällen steht ein junger Mann vor Gericht, der aus Spielleidenschaft strauchelte.

Hermann aus Charlottenburg ist 23 Jahre alt. Beruf? Schüler. Schon das ist verwunderlich. Er ist ein großer blonder Mann von angenehmsten Umgangsformen, hoher Stirn mit Geheimratsecken, bewandert in der Kunst, Freunde zu gewinnen und Menschen zu beeinflussen. Alles scheint bei ihm wohlgeordnet. Die Mutter hat ihren Mann im Krieg verloren, ist zum zweitenmal verheiratet, und Hermann lebt im Haus des Stiefvaters. Er bezieht seine Waisenrente, die so lange läuft, bis er seine Berufsausbildung beendet hat.

Hermann hat die Gabe, seine Berufsausbildung auf das unglaublichste auszudehnen. Er will höchst lobenswerterweise Medizin studieren, aber das Abitur hat er nicht geschafft. Er scheiterte an der Versetzung nach Oberprima. Nun versucht er seit vier Jahren, auf Privatschulen und mit Abendkursen die Oberprimareife und danach das Abitur nachzuholen. Sein Eifer auf der Abendschule ist zweifellos etwas gehemmt durch seine Leidenschaft. Allabendlich sitzt er, der Waisenrentenempfänger und Schüler, in den Ramsoclubs in Westberlin. Er spielt. Bei Freunden hat Hermann Spielschulden in Höhe von

2 000 Mark. Die glaubt er nur tilgen zu können, wenn er weiterspielt. Und er spielt immer weiter. Aber das ist eine Fehlrechnung.

Hermann verschafft sich Geld. In allen großen Buchhandlungen Westberlins erscheint er und gibt sich als Medizinstudent aus. Er braucht sich nicht auszuweisen. Er kauft wissenschaftliche Werke. Er verkauft sie sofort weiter, denn er hat seine Einkäufe nur auf Teilzahlung getätigt. Manchmal ohne Anzahlung, manchmal mit einer geringen. Der »Student« bekommt Kredit in Höhe bis zu 500 Mark. Selten schaut er sich die Bücher überhaupt an. Die Antiquariate in Westberlin sind bereit, ihm die Sachen gegen bar abzunehmen. Er erzielt aber höchstens 30 Prozent des Anschaffungswertes.

Vor Gericht wird nicht lange gefragt, wie er das alles bewerkstelligt. Der junge Mann ist – wie man das so schön nennt – in vollem Umfang geständig.

Den Schaden in Höhe von 4 900 DM gibt er auch ohne weiteres zu. Das Gericht hat keine Zeugen geladen. Kein Buchhändler wird vernommen, auf welche Sicherheit hin er diesem jungen Mann die wertvollen Werke aushändigte. Einige andere Dinge müssen auch noch kurz besprochen werden. Hermann hat ein Tonbandgerät von der Jungen Union bekommen und unterschlagen; einem Pfarrer hat er Geld abgeschwindelt, dem hat er gesagt, er müsse an einem religiösen Kongreß in Köln teilnehmen; einen arabischen Studenten und eine Rentnerin betrügt er um 30 und 50 DM.

Alles gibt Hermann liebenswürdig zu. Das ist ein Angeklagter, den das Gericht liebt. Er macht keine Schwierigkeiten, also macht das Gericht ihm auch keine Schwierigkeiten.

In einer halben Stunde sind die Dinge in der höflichsten Form durchgesprochen. Nach einer Dreiviertelstunde hat er das Urteil in der Tasche: Neun Monate Gefängnis, Haftentlassung auf Bewährung, es wird ihm ein Bewährungshelfer zugeordnet, es wird ihm aufgetragen, nach Möglichkeit den Schaden wiedergutzumachen.

Kein Zeuge braucht gehört zu werden, kein Hinweis wurde dem jungen Mann gegeben, wie er sich in der Zukunft zu verhalten hat. Der Richter und der Staatsanwalt: korrekt, höflich, unverbindlich, unbeteiligt ihren Dienst ausübend.

Um 12 Uhr kann der Wachtmeister die nächste Sache aufrufen.

Die Spielhöllen bleiben, das Gericht kann nichts dagegen machen, denn sie zahlen hohe Steuern. Jeder Kaufmann ist auch gegen Verluste aus dem Abzahlungsschwindel versichert. Die Versicherungskonzerne leben sehr gut davon, denn der ehrliche Mann muß die Risikoprämien mitbezahlen. Daß dadurch die Kriminalität steigt, die Jugend vor die Hunde geht … Der Richter und der Staatsanwalt zucken die Achseln. Sie tun ihre Pflicht, klagen an und verurteilen. Sie können die Kriminalität nicht beseitigen, sie können sie höchstens registrieren.

Freddy ist 20 Jahre alt, er ist kleiner als Hermann, genauso intelligent wie er. Auch er ist in vollem Umfang geständig. Mehr noch, er hat sich selbst der Volkspolizei gestellt. Seine Jugend war schwieriger; die Ehe seiner Eltern zerbrach. Ein von beiden ungeliebtes Kind, wurde er hin und her gezerrt. Freddy landete im Kinderheim. Da er nie sonntags von seinen Eltern abgeholt wurde, war er unglücklich, heimatlos. Er riß oft aus.
Als Vierzehnjähriger türmt er nach Westberlin. Seine Erlebnisse sind erschütternd. Erst bleibt er viele, viele Wochen im Flüchtlingslager, dann wird er nach Westdeutschland in ein Jugendheim ausgeflogen. In die Oberschule wird er nicht aufgenommen, weil Freddy sich weigert, am Religionsunterricht teilzunehmen. Dann kommt er in ein kirchliches Kinderheim; ohne Glauben muß er beten. Er sieht mit an, wie ein frommer Bruder einen Kameraden mit der Mistgabel mißhandelt. Er versucht sich, sechzehnjährig, als Bergmannslehrling. Seine Konstitution hält das nicht aus. Dann arbeitet er als Konditorlehrling.
Es zieht ihn wieder nach Hause. Er stiehlt dem Konditormeister Geld, will über Hamburg zu uns, verspielt aber das Geld im Automatensalon. Dann versucht er, zu Fuß die Grenze zu überschreiten, aber die westlichen Sicherungsbeamten lassen ihn nicht durch. Es gelingt ihm aber doch.
Den heimatlosen Jungen nimmt eine Familie auf, er wird wie das eigene Kind behandelt. Mit der drei Jahre älteren Stiefschwester freundet er sich an. Seine Pflegeeltern ebnen ihm den Weg. Er wird als Student der Arbeiter-und-Bauern-Fakultät an der Musikhochschule angenommen.
Erst ist er eifrig im Studium, dann aber locken ihn immer wieder die Spielautomaten drüben im Westsektor; das Stipen-

dium wird verspielt. Und dann vergreift er sich an einem Postsparbuch, das er gemeinsam mit der Stiefschwester für ein Moped angelegt hat. Freddy hebt alles allein ab und verspielt es restlos. Dann vergreift er sich an einem zweiten Sparbuch seiner Stiefschwester. Die Pflegeeltern verlieren nicht die Geduld, aber sie besorgen dem Jungen in Berlin ein möbliertes Zimmer. Dort bestiehlt er seine Wirtin; er traut sich nicht mehr zu ihr zurück. Er steht wieder vor den Pflegeeltern. Die Pflegemutter gibt ihm die gestohlene Summe, um die Wirtin zu versöhnen. Aber wieder wandert dieses Geld in die verfluchten Apparaturen, die Spielautomaten. Erst jetzt, da er sich keinen Rat mehr weiß, da er ausweglos dasteht, stellt er sich der Volkspolizei.

Die Verhandlung vor dem Stadtbezirksgericht Mitte war für Freddy nicht bequem. Erst wurden seine Straftaten durchgesprochen und dann viele, viele Stunden lang die Frage, wie er sich seine Zukunft vorstelle. Auch sein Verteidiger, Prof. Dr. Kaul, half ihm nicht, mit einem einfachen Reuebekenntnis bequem über die Runden zu kommen. Es wurde im wahrsten Sinne des Wortes Gerichtstag gehalten, ein ganzer Tag wurde dafür verwandt, alle Probleme gründlich und ernsthaft durchzusprechen.

Freddy schwankt zwischen Landwirtschaft, Musik und Pädagogik. »Landwirtschaft«, so wurde ihm gesagt, »wohl, weil das so modern klingt. Und Pädagogik? Sie wollen andere erziehen und vergessen das wichtigste Prinzip: Erziehung ist nichts, Vorbild ist alles.«

Ihm wurde vom Staatsanwalt, vom Gericht und von seinem Verteidiger klargemacht, daß die Grundlage allen geordneten Lebens in der Familie, in der Arbeit und auch in der staatlichen Gemeinschaft das gegenseitige Vertrauen ist. Freddy war ergriffen, ehrlich ergriffen. Wenn er erwartet hatte, durch einen prominenten Verteidiger einfach durch die schwere Gerichtsverhandlung zu kommen, dann hatte er sich getäuscht. Aber wenn er gehofft hatte, daß ihm wirklich geholfen werde, dann wurde er nicht enttäuscht.

Die ersten Schritte nach seiner Haftverschonung hat Freddy schon getan. Er hat sich unter die Patenschaft einer Kreispionierorganisation gestellt. Hier wurde ihm gesagt, wie er beginnen soll.

Er arbeitet in einem großen Werk in einer sozialistischen

Brigade; er hat sich ehrenamtlich in die Pionierarbeit einge-
schaltet und gibt Kurse in Tischtennis, in Schach und in Musik. Er hat weiter eine Stütze an seiner Pflegemutter, einer
Pädagogin, einer tief überzeugten Genossin, die ihm fast zuviel verzieh und ihm auch heute noch verzeiht.

Das Gericht verurteilte Freddy zu sechs Monaten Gefängnis. Nicht bedingt, wie er erwartet hatte, aber man wird ihn
mit der Verbüßung der Haft verschonen. Das Gericht will weiter über seine Arbeit und seine gesellschaftliche Tätigkeit informiert werden.

Wenn auch Täter und Straftat in beiden Fällen ähnlich sind,
ja selbst wenn das Strafmaß nicht sehr verschieden ist, dann
gibt es doch einen großen Unterschied. Verschieden ist die
Funktion des Gerichts in beiden Teilen Berlins.

Als Angeklagter mag es bequemer sein, sich in Moabit zu
verantworten; zu bequem.

Mit der Bequemlichkeit ist aber niemandem gedient. Nicht
der Gesellschaft und nicht dem Täter.

Die bürgerliche Gesellschaft nimmt das Verbrechen als etwas Gottgegebenes, Unveränderliches hin.

Die sozialistische Gesellschaft ist von der Wandelbarkeit
der Menschen fest überzeugt.

Sünden des Vaters
1961

An dem Mädchen Ursel ist gesün-
digt worden von ihrem eigenen
Vater, und dieses erste Erleben
hat so manches in der Seele der
jetzt Siebzehnjährigen vergiftet.
Die Gesellschaft hat die Pflicht, sich ganz besonders viel
Mühe mit ihr zu geben, und das Kreisgericht, oben in den
Bergen des Thüringer Waldes, hat viel Geduld. Es tat mehr als
seine Pflicht, es prüfte auch sehr genau die Umgebung, in der
die kleine Ursel jetzt lebt; das Gericht glaubte nicht, es genüge, daß sich nur das junge Mädchen ändern sollte.

Die schwache Mutter hat sich von ihrem Mann scheiden lassen. Sie ist selber kränklich, nicht sehr tüchtig und kann wenig
helfen; Ursel hat Freundinnen gefunden, ältere, zwanzigjährige, mit viel Erfahrung und wenig Arbeitslust. Mit der einen
ist sie eines Tages losgefahren. Sie wollten, so sagen sie beide,
zwei junge Männer suchen, die sie in ihrem Städtchen ken-

nengelernt hatten und die angeblich bei der Polizeieinheit in Eisenach angestellt waren.

Sie wissen nicht einmal die richtigen Namen. Zwei andere junge Männer werden auf die beiden Mädchen, die sich ein Hotelzimmer gemietet haben, aufmerksam.

Sie verleben nun einen vergnüglichen Abend zusammen. Die Mädchen nehmen die Männer mit aufs Zimmer. Und da es so lustig zugeht, bringen die zwei Männer noch zwei Freunde mit. Es geht in diesem Hotelzimmer in der Januarnacht ziemlich hoch her. In Eisenach hat sich schon die Kunde von den beiden freundlichen Damen verbreitet, und um Mitternacht steht ein Haufen junger Leute vor dem Hotel; sie werfen Schneebälle gegen das hellerleuchtete Zimmer.

Jetzt erst merken die Wirtsleute, was eigentlich los ist. Sie weisen die fremden Männer hinaus, und die beiden Damen müssen am nächsten Morgen das Hotel verlassen.

Die beiden Mädchen haben kein Geld. Sie waren nicht aus Erwerbsgründen, sondern aus Abenteuerlust unsolide geworden. Und weil sie keinen roten Heller in der Tasche hatten, verschwanden sie am nächsten Morgen ganz früh und ließen die Hoteltür und die Hotelrechnung offen. Freundliche Autofahrer nahmen sie nach Erfurt mit. Sie wollten vom Roten Kreuz dann Geld für die Heimreise haben, aber die Geschichte der Mädchen war ein wenig anrüchig. Die Volkspolizei übernahm den Heimtransport der Mädchen.

Im März stand Ursel nun allein vor dem Jugendgericht. Dort ging man sehr gelinde mit ihr um. Ihr wurde die Weisung erteilt, sofort eine geregelte Arbeit aufzunehmen, die Hotelrechnung zu begleichen und eine Geldbuße von 25 Mark zu zahlen. Vor allem aber wurde ihr aufgetragen, künftig den Umgang mit dieser ihrer Freundin und einer anderen ganz zu meiden. Ihrer Mutter wurde die Familienerziehung anvertraut, eine Rechtspflicht, die die Mutter ohnehin schon hat, aber der Mutter wurde ganz besonders vom Gericht ans Herz gelegt, die Arbeitsweise und den Umgang ihrer Tochter sorgfältig zu überwachen.

Im Juni stellte die Mutter den Antrag an das Gericht, die Heimerziehung für ihre Tochter anzuordnen, da sie sich nicht mehr durchsetzen könne. Die Weisung des Gerichts war nicht befolgt worden. Am Tage aber vor dem Termin zahlte die Mutter rasch die 25 Mark Buße und wollte nun von ihrem Antrag gar nichts mehr wissen. Das Gericht aber, das die Geldbuße von der Tochter, nicht von der Mutter verlangt hatte, mußte feststellen, daß auch alle anderen Weisungen nicht befolgt waren, und ordnete Heimerziehung an.

Die Mutter aber wurde nun energisch. Sie zog nur wegen ihrer Tochter aus dem größeren Städtchen in den kleineren Ort, und beide wurden in einer landwirtschaftlichen Produktionsgenossenschaft angestellt. Sie übernahmen zusammen mit einer zweiten, jüngeren Tochter die Pflege des Kuhstalls. Die Mutter legte gegen das von ihr angestrebte Urteil Berufung ein. Der Kreisstaatsanwalt, der die Bemühungen der Mutter und den endlich erwachten Arbeitseifer der Tochter sehr sorgsam registrierte, veranlaßte den Bezirksstaatsanwalt, die Berufung zu unterstützen. So wurde das Urteil aufgehoben und die Sache zur nochmaligen Prüfung an das Kreisgericht zurückverwiesen. Nun kam der Fall zum viertenmal vor Gericht zur Sprache. Jetzt mußten sehr genau die Arbeit und die Freizeit der kleinen Ursel geprüft werden.

Man glaube nicht, daß das überflüssig war, nicht nur, weil der Beschluß über die Heimerziehung aufgehoben wurde; es stellte sich in der Verhandlung heraus, daß die Produktionsgenossenschaft die Mutter und die Töchter nicht als Mitglieder aufgenommen hatte, sie aber nach Arbeitseinheiten bezahlte. Kurzum, sie verdienten weit weniger, als wenn sie als Lohnarbeiter tätig wären, weil sie ja keinen Anspruch auf die Jahresausschüttung hatten.

Der Kreisstaatsanwalt versprach der Mutter, daß er sich eingehend mit der LPG in Verbindung setzen würde. Weiter klagte die Mutter, daß der Bürgermeister der Ortschaft ihr keinen Zuzug gebe, daß sie alle nur als Besuch gemeldet seien. Auch hier wird der Staatsanwalt den Bürgermeister auf das Gesetzwidrige seiner Tat hinweisen.

Es ist schwer für die Mutter, in die Gemeinschaft der Alteingesessenen aufgenommen zu werden. Noch schwerer ist es für Ursel, die endlich ein gutes Leben begonnen hat. Gerade in diesen kleinen Orten sind die Menschen zäh. Sie hängen an Vorurteilen, an Gewohnheiten, sie haben ein tiefes Mißtrauen gegen Neuhinzuziehende.

Der Kreisstaatsanwalt kann der Familie wohl Wohnrecht verschaffen, und vielleicht kann er die Mitglieder der LPG veranlassen, beide als ihre Mitglieder aufzunehmen.

Wenn das nicht gelingt, wird er für sie den ihnen zustehenden gesetzlichen Lohn fordern können. Aber eines kann er nicht: Er kann nicht die Zuneigung befehlen, das sozialistische Verhalten der »Alteingesessenen« zu den Neuen.

Aber es besteht für Ursel und die Mutter Hoffnung. In der Genossenschaft gibt es einen zweiten Vorsitzenden, der wegen seiner guten Jugendarbeit, wegen seiner vorbildlichen Unterstützung des polytechnischen Unterrichts staatlich ausgezeichnet wurde. Er sollte sich gerade um diese gefährdete Jugendliche besonders kümmern. Denn solche Auszeichnung ist verpflichtend. Und er sollte bedenken, daß die Sünde des Vaters nicht an Ursel gerächt werden darf – wie im Alten Testament, im Gegenteil: Hier ganz besonders ist Nachsicht am Platze.

Das unterbrochene Vorbild

1962

Der Bauer, der sein Land vor der Aussaat düngt, handelt so, wie er es von seinem Vater gelernt hat oder wie es ihn auf der landwirtschaftlichen Schule gelehrt wurde. Erfahrungen von Generationen und Erkenntnisse von Wissenschaftlern wendet er an. Sein vernünftiges Handeln entsteht durch Nachahmung und Erziehung. Wenn ich diese Sätze schreibe, dann kann ich das nur, weil sich vor mehr als zweitausend Jahren die Buchstabenschrift aus der Bilder- und Wortschrift entwickelt hat und weil mir langsam neben anderem auch diese Fähigkeit beigebracht wurde. Bei all diesem Handeln wird auch der Reiz geweckt, alten Erkenntnissen neue hinzuzufügen, der Verstand entwickelt sich.

Aber es ist eben nicht nur Erziehung, was den Menschen zum Handeln veranlaßt. Jeder weiß, dem Menschen sind auch Triebe eigen, die unabhängig von Erziehung, unabhängig vom Vorbild den Menschen beherrschen: Hunger, Durst, Schlaf, Liebe. Unser Tun und Lassen wird bestimmt durch das Zusammenwirken dieser Triebe, die Erziehung und den Verstand und, das ist selbstverständlich, durch die gesellschaftlichen Zustände der Umwelt. Die Kräfte, die geistigen und die körperlichen, entscheiden, in welchem Verhältnis diese Triebe, die Erziehung und der Verstand das Tun des Menschen beeinflussen. Die Nachahmung der Sprache, des Mutterlautes, ist das erste. Der Kindergarten, die Schule, die Universität, die Lehre, die Gesellenjahre, die Abendkurse, all das dient dem Zweck, uns das Wissen und die Fähigkeit der Älteren, Erfahrenen zu vermitteln und die eigene Urteilskraft zu schärfen. Und ein jeder sollte sich bemühen, den überlieferten Erfahrungen neue hinzuzufügen.

So gesehen, ist die Erziehung ein ständiger Prozeß: solange ein Mensch sich mit dem anderen unterhält, solange er fernsieht oder liest, solange er lebt, hört er nicht auf, sich zu bilden. Schlecht ist es, wenn dieser Prozeß unterbrochen wird, schlimm bei einem jungen Menschen, dessen geistige Kraft unter der Norm liegt.

Frau Gerti, die Mutter des 14jährigen Klaus, ist in dritter Ehe mit Herbert verheiratet. Sie ist eine stattliche, große Erscheinung, die hellblonden Locken sollen sie jünger machen, als sie mit ihren 40 Jahren ist und aussieht. Ihre erste Ehe ging in die Brüche, der zweite Mann starb. Frau Gerti hängt sehr an den beiden Söhnen aus erster Ehe. Der Älteste ist ihr schon vollkommen entglitten; beim zweiten, Klaus, muß sie es auch befürchten.

Sie ist im Beruf tüchtig; früher war sie Prokuristin einer Privatfirma, heute arbeitet sie im gleichen Betrieb wie ihr Mann, ihr dritter Mann, Herbert. Dort ist sie Hauptsachbearbeiterin, sie betreut nebenbei und ehrenamtlich höchst fachkundig die Betriebsbibliothek. Gerti hat den Leserkreis ständig erweitert, sie versteht es, den Kollegen, die schwer körperlich arbeiten, die richtigen Bücher zu empfehlen.

Über ihren jetzigen Mann, Herbert, kann ich in ähnlich erfreulicher Weise berichten. Er hat sich heraufgearbeitet, nachdem er einmal völlig am Boden lag. Vom Transportarbeiter zum Meister für technische Geräte hat er sich entwickelt. Er hat in seinem Betrieb den Durchbruch bewirkt, den Durchbruch zur Mechanisierung. Dreimal wurde er Aktivist. Herbert hat auch das Vertrauen seiner Kollegen; er ist Mitglied der Abteilungsgewerkschaftsleitung, und lange Zeit war er auch ihr Vorsitzender. Auch er ist zum drittenmal verheiratet; wie wir wissen, mit Frau Gerti.

Das Sorgenkind ist Frau Gertis Sohn aus erster Ehe, Klaus. Vielleicht hatten ihn die drei Väter mit ihren verschiedenen Erziehungsmethoden völlig verwirrt. Ein so häufig wechselndes und unterbrochenes Vorbild ist gefährlich. Er ist auch schon in einigen Kinderheimen gewesen. Er hat keinen Kontakt mehr zu seiner Mutter. Klaus ist geistig auch etwas zurück. Er besucht eine Sonderschule, gehört aber dort zu denen, die am besten begreifen. Klaus steht, wie ein Psychologe sagt, auf der Grenze zwischen dem geistig Normalen und dem Verstandesschwachen, für den die Sonderschule eingerichtet ist.

Aber der Vierzehnjährige ist auch von den besonders befähigten Pädagogen der Sonderschule nicht zu bändigen. Er bestiehlt die anderen Kinder, belästigt mit seinen 14 Jahren schon die Mädchen. Der Mutter hat er einmal 200 Mark aus dem Schlafzimmer entwendet. Die Reaktion der Mutter: Sie bringt ein Sicherheitsschloß an der Schlafzimmertür an.

Diese Familie besuchte häufig auch noch einen unehelichen Sohn des Stiefvaters Herbert, der im Westen wohnt. Ständig brachten sie Schundliteratur mit. Beide Eltern, im Leben tüchtig und dem Fortschritt zugewandt, lesen diesen Dreck mit Begeisterung – auch die Mutter, die so gut die Betriebsbibliothek verwaltet. Sie versuchen die Schmöker vor ihrem Sohn zu verbergen, heben sie im Schlafzimmer auf; und das Schlafzimmer ist, wie wir wissen, mit einem Sicherheitsschloß versehen. Aber der Klaus kennt die Schwäche der Eltern, und es gelingt ihm auch, Schundhefte an sich zu bringen.

Die Lehrer der Sonderschule bestellen die Eltern zu sich. Sie empfehlen, Klaus in Heimerziehung zu geben, weil sie nicht mehr mit ihm fertig werden. Die Mutter sagt nein. Sie hofft, ihn noch selbst erziehen zu können; der Vater wäre vielleicht für eine Heimerziehung zu haben gewesen. Aber er befürchtet, seine Zustimmung würde von Klaus und auch von seiner Frau als eine stiefväterliche Handlung angesehen werden. Klaus bleibt also bei den Eltern.

Genau nach dem Vorbild des – bei den Eltern gestohlenen – Schundromans »Der Sohn des Banditen« geht er heimlich, ohne Komplicen, auf Raub aus.

Er schleicht sich um Mitternacht aus seinem Zimmer, aus der Wohnung der Eltern und bricht zweimal in einem Berliner Untergrundbahnhof ein. Dort stiehlt er Fahrscheine und Fünferkarten im Werte von sechstausend Mark. Einen Teil der Beute verstreut er auf der Straße, um den Verdacht auf andere zu lenken.

Er steigt auch eines Nachts in den Betrieb ein, in dem seine Eltern arbeiten, und stiehlt dort über tausend Mark. Das Geld ist später nicht mehr aufzufinden; er will es nur für Eis und Süßigkeiten ausgegeben haben.

Klaus kennt alle Einbrechertricks, er hat sie aus den Lehrbüchern für Verbrechen, aus den Schundromanen, entnommen. Zehn nächtliche Einbrüche sind ihm nachzuweisen.

In dem Verfahren gegen Klaus wurde festgestellt, daß er noch nicht die Reife eines vierzehnjährigen Jugendlichen hat. Er kann zu keiner Strafe verurteilt werden, die Heimerziehung wird angeordnet. Nun kamen die beiden Eltern vor Gericht wegen Vernachlässigung ihrer Aufsichtspflicht. Es war sehr schwer für beide, ihre Erziehungsfehler einzusehen.

Die drei Väter haben das natürliche Vorbild des Jungen verwirrt. Deswegen vielleicht ist der Junge heute noch nicht auf der Höhe seines Alters. Bei einem solchen Kind müssen die Eltern in ihrer Lebensführung besonders achtsam sein. Wenn Worte und Taten der Eltern nicht miteinander übereinstimmen, wenn, wie hier, öffentlich das gute Buch propagiert und heimlich der Dreck gelesen wird, dann geht das Vorbild, dann geht das, was man Autorität nennt, völlig vor die Hunde. Das Kind sucht sich andere Vorbilder, es wird möglicherweise Menschen nachahmen, die das Verbrechen verherrlichen. Hier wäre es notwendig gewesen, Klaus schon rechtzeitig in Heimerziehung zu geben.

Das Gericht sprach beide, die Mutter und den Stiefvater, schuldig, aber es ließ es bei einem öffentlichen Tadel bewenden.

Und wenn durch die öffentliche Erörterung ihres Verhaltens andere Eltern gewarnt werden, dann hat dieses Verfahren sein Ziel erreicht.

Ein Junge und seine Filmrolle

1959

Sein Gesicht ist bekannt. Was junge Menschen oft für ihr großes Glück halten, ist ihm zum Unglück ausgeschlagen.

Der fünfzehnjährige Junge steht schon zum zweiten Male vor der Jugendrichterin und den Schöffen, zum zweiten Male, nachdem er den »Sheriff Teddy« gespielt hat. Zugegeben, zu Hause war nicht alles zum besten. Der Vater, ein besonders tüchtiger, gewissenhafter Arbeiter, der materiell gut für die Familie sorgt, trinkt mehr, als für ihn und seine Familie gut ist. Zum Jungen ist er streng, kann ihm aber durch sein Verhalten kein Vorbild sein. Und so sind alle seine strengen Verweise fruchtlos. Die Mutter sucht die Schroffheit des Vaters durch eine blinde Liebe auszugleichen. Das Resultat: ein haltloses, übernervöses Kind.

Als die DEFA ihn unter vielen Bewerbern für die Hauptrolle aussuchte, war die Schulleitung gegen seine Mitwirkung, weil sie sich um den wenig gefestigten Jungen Sorge machte. Die Eltern, die Mutter besonders, wünschten nichts sehnlicher, als ihren Jungen auf der Leinwand, die für sie die Welt bedeutet, zu sehen. Das Referat Jugendhilfe/Heimerziehung wurde nicht gehört. Der Junge brachte ein halbes Jahr in Babelsberg zu; das warf ihn völlig aus der Bahn.

Die DEFA stellte ihm einen Privatlehrer, aber die Anstrengung und die Aufregung brachten ihn so aus dem Häuschen, daß er zweimal einen sehr ernst zu nehmenden Zusammenbruch erlitt. Dann aber eignete er sich die Rolle des Sheriff Teddy so an, daß er sich mit ihm identifizierte, mit dem Jungen, der aus dem Westen zu uns in die Republik kam und nun, völlig isoliert, versucht, das Idealbild einer gewissen Sicht westdeutscher Jugendlicher, das Texas-Vorbild, auf uns zu übertragen. Am Ende des Films gelingt dem »Sheriff Teddy« der Anschluß an unsere Jugend; sein Darsteller aber hat sich so in diese Rolle des amerikanischen Jungen hineingelebt, daß es ihm selber nicht möglich ist.

Nach Beendigung des Films kommt er in sein altes Leben zurück. Aber verändert. Seine Schulabschlußprüfung macht er nicht. Heimlich wartet er immer auf den Postboten. Er hofft, daß die DEFA ihm wieder eine Rolle anbietet. Es war gerade die kritischste Zeit, der Übergang von der Schule zum Beruf, in der er seine Filmrolle übernommen hatte. Normalerweise hätte der Junge die Schule verlassen und eine Lehrstelle angenommen. Aber er will sich nicht binden. Er nimmt nur eine Arbeit im Tierpark als Hilfskraft an. Er gibt sie bald auf, weil er sich nicht an die körperlichen Mühen gewöhnen kann und gewöhnen will. Zu Hause wird er auch nicht zur Arbeit angehalten. Wahrscheinlich glaubt die Mutter, die DEFA hätte wirklich die Absicht, aus Kindern Stars zu machen.

Er ist viel draußen auf der Straße. Er hat aber keinen Freund unter den Gleichaltrigen. Um ihn schart sich ein Kreis von kleinen Jungen, vor denen er mit seiner Filmzeit renommieren kann. Zum ersten Male erscheint er vor der Jugendrichterin, als er mit einigen anderen eingebrochen hat, um Tauben zu stehlen. Er wurde damals zu einem Freiheitsentzug von sechs Monaten bedingt verurteilt. Die Verbüßung der Strafe wurde ausgesetzt. Er wurde ermahnt, seine Schulprüfung nachzuholen. Sein Vater verpflichtete sich, ihm in seinem Betrieb eine Arbeit zu beschaffen.

Die Schulprüfung hat er nicht gemacht, einige Monate jedoch gearbeitet, dann fängt er an zu bummeln und gibt die Arbeit auf. Der Vater hat keine Autorität bei ihm.

Wieder treibt er sich herum. Er hat sich ein Luftgewehr verschafft und schießt damit in die Gegend. Einmal trifft er damit einen kleinen Jungen, der sich im Gebüsch versteckt hatte, unbeabsichtigt, allerdings nur leicht an der Hand. Einen anderen kleinen Jungen, der ihm dummes Gewäsch erzählte und von dem er sich beleidigt glaubte, will er strafen. Er drückt eine brennende Zigarette auf seinem Arm aus – Sheriff Teddy.

»Was soll mit dir werden?« fragt ihn die Richterin. Der Junge schämt sich ehrlich vor ihr. Er hatte ihr beim letzten Male versprochen, sich von seinen Illusionen zu befreien. Er hat selber nicht die Kraft gehabt, er hatte keinen Rückhalt bei den Eltern.

Jetzt will der Junge richtig Tierzüchter lernen. Er will aus Berlin heraus.

Noch einmal wird er vor der Verbüßung seiner auf neun Monate erhöhten Strafe bewahrt. Noch einmal wird diese Strafe auf drei Jahre ausgesetzt. Bei der Urteilsverkündung erklärt ihm die Richterin eindringlich: Niemand wird auf einer Schauspielschule zugelassen, der nicht eine abgeschlossene

Lehre in einem praktischen Beruf nachweisen kann. Wunderkinder werden nicht großgezüchtet, der Weg zum Film ist mit harter Mühe gepflastert.

Der Briefträger mit der Post aus Babelsberg wird nicht kommen. Der Darsteller des Sheriff Teddy wird lernen und arbeiten müssen, um seinen Platz in der Gesellschaft zu finden – wie es Sheriff Teddy im Film tat.

Naumburger Kirschbäume

1956

Auf allen Landstraßen um die alte Domstadt Naumburg wachsen von alters her Kirschbäume, und alljährlich zur Kirschenzeit wird zu Naumburg das Kirschen- und Kinderfest gefeiert. Denn der Sage nach – historisch aber nicht erwiesen – zog der »wilde Prokop« mit seinem böhmischen »Ketzerheer« der Hussiten zur Kirschenzeit nach Naumburg. Die erschreckte Bürgerschaft sandte weißgekleidete Kinder aus, die um Gnade für die Stadt bitten sollten. Der Heerführer soll so gerührt gewesen sein, daß er den Kindern Kirschen schenkte und Stadt und Dom verschonte.

Kirschbäume sind seither in Naumburg etwas Heiliges, und selten hat eine Untat die Naumburger mehr erregt als diese: Um die Osterzeit wurden 108 junge Kirschbäume an der Landstraße nach Schönberg in einer Nacht ausgerissen, zerstört. Fast gleichzeitig wurden auf einem evangelischen Friedhof 38 Grabsteine umgestürzt. Man vermutete in Naumburg, es handle sich um eine Provokation.

Und dann ergriff die Polizei die Täter: eine Clique von Naumburger Jugendlichen. Von einer Provokation oder gar einer Sabotage konnte keine Rede sein. Friedhelm war der Anführer, siebzehn Jahre alt, im Normalleben ein fleißiger Junge mit sehr mäßigen geistigen Anlagen. Er war in der Schule nie ganz mitgekommen, die letzten zwei Jahre besuchte er eine Hilfsschule. Seit der Schulentlassung hatte er kein Buch, nicht einmal eine Zeitung angerührt; das Taschengeld gab er meist für Bier und Schnaps aus. Sein Bruder Lothar war sein bester Freund. Er erschien vor Gericht ein wenig gewandter als der um ein Jahr ältere Bruder. Auch sein Schulbesuch war nicht sehr erfolgreich gewesen. Zweimal war er sitzengeblieben. Die ganze Clique hatte sich in der Sonderschule gefunden.

Genau wie Friedhelm war auch Lothar bei einem Dachdecker als ungelernter Arbeiter tätig.

Vater und Mutter waren ordentliche Menschen. Der Vater wiederholte mehrfach seinen Lieblingssatz: »Wir haben nie gelogen und um Geld betrogen.« Die Jungen und die anderen drei Geschwister wuchsen wild auf, von der Mutter verwöhnt und gegen die oft mahnende Polizei in Schutz genommen. Der Vater verteilte wohl hie und da mal Dresche, aber erziehen konnte und wollte er nicht.

Friedhelm hatte in der Gruppe eine richtige und von allen anerkannte Braut, Helga, heute schon fünfzehn Jahre alt. Sie ist von der ganzen Gesellschaft die Gewandteste, aber auch Verlogenste. Einzige Tochter einer alleinstehenden Mutter, ein wenig verhätschelt, weil sie als Kind sehr viel krank war und nur aus diesem Grunde in der Schule zurückblieb. Sie machte ihrer Mutter den Haushalt, und ihre Mutter war es, die sich mehrfach hilfesuchend an die Behörden wandte, weil sie sah, daß Helga einen schlechten Weg ging. Denn viele Nächte kam Helga, damals vierzehn Jahre alt, nicht nach Hause. Sie übernachtete mit den anderen Jugendlichen in Scheunen.

Ein zweites Mädchen war noch dabei, Grete, eine schwarze, dumpf triebhafte Sechzehnjährige, geistig am meisten zurück, körperlich am weitesten entwickelt. Ihre Mutter, eine einfache, ehrliche Frau, wird mit der Tochter überhaupt nicht fertig. Dann sind noch zwei Jungen in der Clique: Klaus, gutartig, arbeitsam, aber sprachbehindert, und Siegfried, am wenigsten belastet im wahrsten Sinne des Wortes. Er selber behauptet, daß er bei den Untaten nicht dabeigewesen sei, aber jeder der fünf sagt etwas anderes über ihn aus.

Weswegen die erstgenannten fünf eines Abends die Kirschbäume vernichteten, wußten sie selber nicht. Es fing damit an, daß Grete von Friedhelm einen Stock haben wollte … Friedhelm, wie die anderen leicht angetrunken, riß den ersten Baum aus. Dann wollte auch Helga einen Stock. Ein zweiter Kirschbaum war das Opfer. Und nun begann eine sinnlose Vernichtung. Danach ging die Clique in eine Scheune und übernachtete, und alle blieben einige Tage den Eltern fern. Ähnlich fing es eines anderen Abends mit den Grabsteinen an.

Die Jugendstrafkammer in Naumburg ließ sich in ihrem Urteil nicht von dem angerichteten Schaden beeinflussen. Die

Richter versuchten gewissenhaft, jeden Jugendlichen nach seiner Einsichtsfähigkeit und seinem Verantwortungsgefühl zu bestrafen.

Friedhelm wurde zu einem Jahr und Lothar zu acht Monaten Freiheitsentzug verurteilt. Klaus bekam eine gerichtliche Verwarnung. Siegfried wurde freigesprochen. Die Strafe wurde auf zwei Jahre ausgesetzt. Für Helga und Grete wurde die Heimerziehung angeordnet.

Alle Jugendlichen müssen den von ihnen verursachten Schaden wieder gutmachen. Es wäre gut, wenn sie selber die Kirschbäume einpflanzen müßten, die sie ausgerissen haben.

Sie haben sinnlose und üble Dinge getan, aber sie sind nicht durch und durch schlecht, Friedhelm und die anderen. Wahrscheinlich werden sie durch die Untersuchungshaft, durch die sehr gründliche Verhandlung und die Strafen und Erziehungsmaßnahmen belehrt, daß sie nicht ihren Zerstörungstrieben folgen dürfen. Sie müssen durch eine notwendige Härte lernen, daß der Mensch ein mit Vernunft begabtes Wesen ist und kein Herdentier. Sie müssen die Naumburger Kirschen den Kindern lassen; den Kindern die Kirschen, wie zu des wilden Prokop Zeiten.

Großstadt- jugend in Berlin

1960

Ein junger Mann von angenehmem Äußeren, Heinz, wurde, in der S-Bahn eingeschlafen, am Kontrollbahnhof von einem Grenzpolizisten geweckt. Er zeigte seinen Westberliner Ausweis. Der Grenzpolizist nahm den Sechzehnjährigen fest, denn er stand auf der polizeilichen Fahndungsliste.

Vor der Jugendrichterin und den beiden Schöffen berichtet der blonde, harmlos aussehende Junge von seiner Kindheit. Er wuchs bei seiner Mutter und seinen beiden älteren Schwestern im demokratischen Sektor auf. Die Ehe der Eltern ist geschieden. Die Mutter und die beiden Schwestern arbeiten nicht. Sie leben, jedoch man frage mich nicht, wie. Nur die Tatsache sei mitgeteilt: Mutter und beide Schwestern haben Kinder von ein und demselben Mann, einem »Freund« der Familie.

Einer der Freunde des Hauses faßte zu dem damals dreizehnjährigen Heinz eine Neigung. Mit Duldung der Mutter wird er zum Strichjungen ausgebildet und auf die Straße geschickt. So lebt der Dreizehnjährige. Er wird vierzehn und fünfzehn Jahre alt.

Der Junge wird aufgegriffen und in Heimerziehung gegeben. Es gelingt ihm, auszureißen. Inzwischen ist die ganze Familie mit ihren Freunden und Zuhältern nach dem Westen verzogen. Für sie alle ist das Klima im Osten zu rauh. Auch Heinz geht hinüber und lebt weiter so.

Manchmal sucht er sich Arbeit. Unter den Asozialen gibt es eine Adresse. Der Sklavenhändler, wie sie es nennen. Die Firma Jakobs & Steinberg. Dort kann man Gelegenheitsarbeit bekommen. Kohle ausladen oder ähnliches. Tag für Tag bekommt der Sklavenhändler von seinen Sklaven die Provision. Aber alles ist legal, selbst für den »freien Arbeitsmarkt« im Westen. Die Jungen sind nicht in der Sozialversicherung, bei Unfällen sind sie nicht geschützt. Dafür arbeiten sie unter Tarif als Lohndrücker. All das wird geduldet in einem Stadtteil, dessen Regierender Bürgermeister sich Sozialdemokrat nennt.

Das Jugendgericht verurteilt Heinz wegen Verstoßes gegen den Paragraphen 175 zu einer Freiheitsstrafe von 13 Monaten. Der Verführer und die Erziehungsberechtigten können nicht zur Verantwortung gezogen werden. Der Junge nimmt das Urteil an, verspricht Besserung, will arbeiten lernen. Ob er sich aus seiner fürchterlichen Vergangenheit lösen kann?

Ein junges Mädchen, Karla, fast gleichaltrig wie der Heinz, steht vor der gleichen Richterin. Auch sie sieht angenehm aus und sieht nicht nur angenehm aus, sondern sie ist es auch. Sie ist elternlos aufgewachsen und wurde von einer Familie adoptiert. Dort ist noch eine etwas ältere Tochter. Die Familie nimmt sie auf, damit die andere nicht als einziges Kind aufwächst. Materiell geht es ihr gut. Nach der Schulentlassung arbeitet sie als Behördenangestellte.

Der Pflegevater ist Schneidermeister, ein vielbeschäftigter Schneidermeister. Er hat zahlungskräftige Kundschaft. Wenn ein Kunde zu ihm kommt, nach einem Stoff fragt, gibt er ihm die Adresse eines Westberliner Stoffgroßhändlers. »Gehen Sie hinüber und kaufen Sie dort. Die Stoffe sind da besser und billiger als bei uns.«

Dieser Rat ist nicht uneigennützig. Der Schneidermeister bekommt für jeden Kauf eine massive Westmarkprovision.

»Warum tat das Ihr Pflegevater?« Die Pflegemutter, so sagt Karla, konnte keine Ostwurst und keinen Ostkäse essen.

Eines Tages wird Karla an der Sektorengrenze gestellt, als sie für ihre Pflegeeltern und auch für sich wieder ganz groß eingekauft hatte. Sie gesteht bei ihrer ersten Vernehmung, woher der ganze Reichtum stammt.

Die Pflegeeltern werden wegen ihrer illegalen Westmarkgeschäfte verhaftet. Nach ihrer Freilassung wandern sie in den Stadtteil des Westkäses und der Westwurstfleischtöpfe.

Aber nun geschieht etwas, das erstaunlich ist. Karla und die natürliche Tochter machen sich selbständig. Beide weigern sich, den demokratischen Sektor zu verlassen; sie wissen, daß nur hier ihre Zukunft liegen kann. Den Geflüchteten wird das Sorgerecht für beide Mädchen entzogen. Nun muß sich Karla für ihre Westeinkäufe vor dem Jugendgericht verantworten. Sie bekommt die Weisung, bis zu ihrer Volljährigkeit in einem Lehrlingswohnheim zu leben. Als Buße muß Karla – ich finde das zu hart – 100 M in Raten zahlen.

Es gibt, wie aus beiden Fällen zu ersehen ist, Menschen, die sich nach dem Glanze des Westens sehnen. Es gibt aber andere, die Jungen, die Hoffnungsvollen, die sich mit dem Sozialismus verbunden fühlen, selbst wenn es im Augenblick für sie etwas schwerer ist.

Ein Ausreißer

1958

Es war vor etwa 14 Tagen, da wurde vor der Jugendstrafkammer des Stadtbezirksgerichts Berlin-Prenzlauer Berg gegen Erich und Günter verhandelt. Ich hatte nicht vor, darüber zu schreiben; denn es war nur ein Durchschnittsfall. Ein ungleiches Freundschaftsverhältnis, zwei Unzertrennliche waren sie; der Schwierigere war zweifellos der 16jährige Günter, Hilfsschüler, der Vater im Kriege verschollen, ohne Lehrstelle und ohne rechte Lust zum Arbeiten, neigte er zum Asozialen. Erich hingegen, auch aus mißlichen häuslichen Verhältnissen, ist ausgesprochen fleißig; er ist Schweißeranlernling bei einem Klempnermeister und verdient – als Sechzehnjähriger – seine 50 M in der Woche. Aber

44

das Gute in ihm wird allzuoft vom bösen Beispiel überwuchert.

Es war in den Tagen des Stralauer Fischzuges, in einer Zeit also, in der Sechzehnjährige Geld wie Heu brauchen, da gingen sie beide auf Raub aus. Sie hatten sich die Kirchen vorgenommen, die Kirchen beider Konfessionen. Die katholische Kirche in der Thorner Straße öffneten sie mit einem Nachschlüssel und fingerten aus dem Opferstock jeder 65 M heraus. In der evangelischen Galiläikirche erbeuteten sie nur 13 M. Sie wollten auch in Westberlin am Vineta-Platz eine Kirche erbrechen, die war jedoch besser verschlossen. Sie gingen zurück in den demokratischen Sektor und öffneten die Samariterkirche und Eliaskirche. Das ganze Geld, das wohltätigen Zwecken dienen sollte, wurde in Stralau auf Karussells und in Würfelbuden verjuxt.

Solche Delikte sieht die Staatsanwältin nicht gern, und da die beiden schon einmal vor den Schranken des Gerichts gestanden hatten und nur verwarnt worden waren, beantragte sie für Erich und Günter anderthalb Jahre Freiheitsentzug.

Das Gericht tagte unter dem Vorsitz einer Richterin, die bekannt für ihren guten Kontakt mit den Jugendlichen ist. Sie hat zwei ihrer eigenen jugendlichen Angeklagten an Kindes Statt in ihr Haus aufgenommen und sie zu ordentlichen Menschen erzogen. Es war erstaunlich, daß in diesem Fall das Gericht eine höhere Strafe verhängte, als die Staatsanwältin beantragt hatte, nämlich zwei Jahre Freiheitsentzug.

14 Tage nach dem Urteilsspruch kam ich in das Zimmer der Richterin im Gerichtsgebäude Littenstraße, um mit ihr einen ganz anderen Fall zu besprechen. Ich war erstaunt, daß ich auf dem Stuhl den einen der beiden Angeklagten, den fleißigeren Erich, in einem grauen Monteuranzug sitzen sah. Unter Schluchzen erzählte er der Richterin, daß er aus dem Durchgangslager für männliche Jugendliche in der Magazinstraße in Berlin ausgerückt sei. Er wolle doch lieber bei seinem Meister arbeiten und etwas lernen, als dort den Heizer zu machen, und gerade als eine Gruppe von Handwerkern in der Magazinstraße tätig war, hatte er sich schnell einen alten Filzhut gegriffen, ihn sich ins Gesicht gestülpt und war aus dem Heim entwichen. Schnurstracks war er zu seiner Richterin gegangen. Er machte sich vor allem Sorge, daß ihn sein Klempnermeister nicht weiterbeschäftigen würde.

Die Richterin zog die Staatsanwältin zu Rate und telefonierte mit dem Meister, der sich bereit erklärte, den Jungen jederzeit wieder zu nehmen. Aber es war nun nicht möglich, ihn sofort aus der Haft zu entlassen, auch wenn er ins Gericht zurückgekehrt war.

Die Richterin versprach Erich, dafür zu sorgen, daß er so schnell wie möglich in ein Heim komme, wo er in seinem Fach arbeiten könne. Bei guter Führung würde sie dafür sorgen, daß nach Paragraph 19 des Jugendgerichtsgesetzes die Vollstreckung der Reststrafe ausgesetzt werde.

Ohne Wache, nur mit einem Brief der Richterin, in dem sie die Leitung des Heimes bat, Erich wegen seines Ausreißens nicht zu bestrafen, schickte sie ihn fort. Nach ein paar Stunden kam er wirklich im Heim an.

In dieser Geschichte ist nicht Erich der Held, sondern die strenge und doch so gütige Richterin.

Die Liebe und das liebe Geld

Sanft, höflich und unglücklich

1959

Die Plätze der ersten beiden Bänke im Saal der Strafkammer 413 des Stadtbezirks Friedrichshain waren teuer erkauft. Ihr Preis schwankte zwischen 10 und 200 Mark; dafür blieben sie den vielen, vielen Frauen und den zwei Herren reserviert, die hier als Zeugen geladen waren.

Wir wissen, daß derjenige, der auf der Bank links vom Gericht sitzt, ein Angeklagter ist. Würden wir ihm aber auf der Straße, im Café oder in einer Kneipe begegnen – dem Ernst Anton –, auch wir hielten ihn ganz bestimmt nicht für einen achtmal vorbestraften Betrüger. Wer wäre also seiner Sache sicher, daß er nicht auf diesen pausbäckigen, gut rasierten, konzilianten, blond-grau-melierten und hornbebrillten Biedermann hereinfiele? Ein Mann, dezent, etwas nuschelnd, sanft, höflich und unglücklich.

Ernst Anton hatte einen Blick für einsame ältere Frauen; er sprach sie auf der Straße an, in Gaststätten, in Schusters Casino und im Café Schweizerhof. Er gibt gar nicht an, und deswegen glaubt man ihm aufs Wort. Oft erzählt er, er sei Masseur in einem Westberliner Krankenhaus – ein Beruf, den er in seiner frühesten Jugend erlernt, aber nie ausgeübt hat –, oder er stellte sich, wenn sein Opfer etwas ganz Solides in ihm erblicken sollte, ganz einfach als Schlächtergehilfe vor.

Ja, Ernst Anton ist einsam und traurig. Als Beweis zeigt er sein Scheidungsurteil, und immer erzählt er, er sei auf der Suche nach einer »anständigen« Frau.

Dann ist er nobel, er spendiert sogar. In vielen Kneipen ist er ein gern gesehener Gast. Darf man über die Frauen lächeln, die ihn kannten und verkannten? Er sprach auch im Laufe der Unterhaltung vom Heiraten. Später dann, stellte es sich heraus, daß er, der Westberliner, außer Kennkarte und Scheidungsurteil plötzlich nur noch 50 Westmark in der Brieftasche hatte. Ob ihm da nicht Frau Edith, Gertrud, Elsa, Katharina, Elsbeth, Helga, Rita, Margit, Lydia oder Hertha mit 10, 20, 40, 100, 120, 200 Mark aushelfen könnten? (Nie hatte sich eine die 50 Westmark zeigen lassen.)

Das halbe Heiratsversprechen, die langentbehrte Zärtlichkeit, der Alkohol, unsichtbare Gelder und ein sagenhafter Pelzmantel in Charlottenburg ließen jedes Mißtrauen einschlafen. Alle gaben ihm, wenn er sie bat.

Nein, wir haben keinen Grund, über die Frauen zu lächeln, denn auch Männer fielen auf ihn herein, gerade solche Männer, die von Berufs wegen zum Mißtrauen neigen. Ein versierter Oberkellner der HO ließ ihn ohne Pfand seines Weges gehen; Herr Ernst Anton hatte es ihm zum Schein sogar angeboten. Auch er glaubte an die unsichtbaren 50 Westmark und mußte dran glauben. Einem Taxifahrer ging es ähnlich, weil ja sein ständiger Fahrgast mit einer ihm bekannten Putzmacherin befreundet war. Die wiederum hatte kein Mißtrauen gegen Ernst Anton, weil er regelmäßig mit einem Taxi vorfuhr, und so diskret, daß er immer zwei Häuser vor ihrem Geschäft halten ließ.

Die 54jährige Frau Lydia, Wirtschafterin eines alten Herrn, hatte allem eitlen Tun abgeschworen. Ihr beteuerte Ernst Anton, daß sie die Einzige und Langersehnte sei. Er verzichtete auf die Bekanntschaft von viel jüngeren Freundinnen dieser Lydia, die nach ihrer Meinung viel besser zu ihm passen würden und die sich alle nach der Bekanntschaft mit einem soliden Herrn sehnten. Recht inkonsequent bewilligte sie ihm noch einige Rendezvous. Als er sie anrief und sich an ihrer Stelle eine Freundin am Telefon meldete, lud er statt Lydia diese ein. Frau Lydia mußte die beiden überraschen, wie sie traulich nebeneinander saßen. Da wußte sie, daß sie die 10 Mark nie wiedersehen würde, die er aus ihr herausgeschwindelt hatte. Und noch vor Gericht ärgerte sie sich maßlos über die treulose Freundin; nicht, weil sie ihr den Liebhaber abspenstig gemacht hatte, sondern weil sie ihr nie erzählt

hatte, daß auch sie mit einem Einsatz von 10 Mark das An-
recht auf einen Platz auf der Zeugenbank erworben hatte.

In höflicher, zuvorkommender Weise gab Ernst Anton vor
den vielen Zeuginnen, die sich bei Gericht gemeldet hatten,
jeden Betrug und jeden Betrag zu und verschwieg alle Untaten
bei den Frauen, die sich schämten, gegen ihn vor Gericht auf-
zutreten. Auch daß er Frau Hertha das Lebensglück gestohlen
hatte, weil er ihr den Verlobten abspenstig machte, verschwieg er nicht. Nur daß er aus ihrem Kleiderschrank drei
Meter Stoff entwendete, wollte er nicht eingestehen. Aber das
war vielleicht seine kleinste Untat. Viel schlimmer war, daß er
die Frauen um ihre Würde, um ihre Selbstachtung brachte.
Und wenn er nun vier Jahre und einen Monat im Zuchthaus
sitzt, so ist das für ihn billig – vielleicht zu billig –, gemessen
an dem Preis, den die Frauen zu zahlen hatten.

Tafel-dekoration Vergißmein-nicht

1959

Eine ganz feine Dame, ein wenig
schon angegraut, hat ihn aufgega-
belt, eine Dame mit einem ganz
feinen Geschäft. Ein Geschäft im
demokratischen Sektor, in dem
nur »feine Leute einkaufen«, um
ihr Heim zu verschönern. Die
ganz feine Dame kam mit Sieg-
fried bei einer ganz feinen Catcherveranstaltung in Westberlin
ins Gespräch. Anscheinend muß die ganz feine Dame bei so
viel handgewebten und handgeschnitzten Dingen ab und zu
einmal handfeste Körper sehen.

Zu ihr gesellte sich an diesem Abend ein Herr Siegfried, ein
Doktor gar, mit den vornehmsten und zartesten Manieren und
seidenweichen Haaren. Nur zum Schluß, im Gedränge, verloren sie sich beide, aber die ganz feine Dame war so von ihm
eingenommen, daß sie in einer Westberliner Zeitung ein Inserat aufgab. Auf diesem heute nicht mehr ungewöhnlichen
Weg fanden sie sich beide, die angegraute, künstlerisch inter-
essierte Geschäftsdame und Herr Doktor Siegfried, Oberleut-
nant der Flieger und Journalist.

Unangemeldet zog er zu ihr, ließ sich ab und zu auch mal
zwischen den handgewebten und handgeschnitzten Sachen
sehen und sprach kluge Worte mit den Kunden. Er stand über

den Dingen, als Doktor der Philosophie, Korrespondent schwedischer Blätter, Mitarbeiter der Akademie der Wissenschaften, Dozent der Humboldt-Universität, Direktor des Nationalen Bilderdienstes und Drehbuchautor der DEFA. Je nachdem.

Und da er gar nichts zu tun hatte und die ganz feine Dame sehr gut für ihn sorgte, ihn kleidete und fütterte, ihn beherbergte und ihm einen Diwan mit einer handgewebten Decke bereitstellte, ihn mit einem auskömmlichen Taschengeld versah, lebte er glücklich und zufrieden und ... soff. Es war seine große, gute Zeit. Und mit Tränen in den Augen spricht er nur lobend von der feinen, grauhaarigen Dame, bei der er so gut gebettet war. Aber leider war er maßlos, er trank mehr, als er Taschengeld bezog; deshalb zog es ihn ab und zu zur Ladenkasse. Und wenn er mehr getrunken hatte, als er bezahlen konnte, verlor er auch die Selbstkontrolle und befaßte sich mit anderen Damen. Das letztere hätte ihm die feine Dame hin und wieder verziehen, unerträglich aber war für sie der dauernde Griff in die Ladenkasse.

Nach zweijähriger Freundschaft warf sie Herrn Doktor Siegfried nun doch hinaus. Einst, als er noch ein ehrenwerter Mann war und nur seine Gönnerin begaunerte, hatte er einen leibhaftigen Direktor der DEFA kennengelernt, sich sogar mit ihm angefreundet. Beide wollten dasselbe Taxi besteigen und stellten dabei fest, daß sie denselben Weg hatten. Unterwegs sagte Siegfried dem Direktor auf den Kopf zu, daß er auch Offizier der Luftwaffe gewesen war. Die Erinnerungen an die »schöne« Zeit und die geschmeidige Art des Kriegskameraden waren für den Herrn Direktor bestimmend, ihm eine gehobene Stellung bei der DEFA anzubieten. Aber damals hatte Herr Doktor Siegfried selbst für einen gutbezahlten Posten kein sonderliches Interesse, weil er nämlich mit Arbeit verbunden war.

Als ihm der handgewebte Teppich unter den Füßen weggezogen wurde, mußte diese Freundschaft in vielen Telefongesprächen, die er bei Geschäftsleuten im Laden führte, wieder erwähnt werden. Den Schuster, den Friseur, den Schneider, Tabakhändler aus allen Stadtteilen, Gastwirte an allen Ecken pumpte er mit kleineren Summen erfolgreich an und aus. Ja, einem Arbeiter sogar, den er beim Kneipen kennenlernte, versprach er eine Stellung im Nationalen Bilderdienst und machte bei ihm 50 Mark flott. Allen und jedem gab er einen Postscheck auf ein Konto, das längst erschöpft war.

Und ganz zum Schluß heiratete er. In einem Laden lernte er eine junge Frau kennen, die in einem Ministerium beschäftigt war. Hier wußte er genau, was er zu tun hatte: Korrespondent schwedischer Zeitungen und geheimer Mitarbeiter staatlicher Dienststellen. Nach zwei Wochen waren sich beide einig. Bei »Lukullus« wurde ein Hochzeitsessen bestellt für sechs bis acht Personen. Teuerste Orchideen wurden bestellt und nicht bezahlt. »Vergessen Sie ja nicht Vergißmeinnicht als Tafeldekoration«, hatte er dem Geschäftsführer eingeschärft.

Und es feierten Bräutigam, Braut und die Gäste und schmausten bei »Lukullus« in der Französischen Straße, und das Brautpaar empfahl sich auf französisch. Nach zwei Tagen Hochzeitsreise empfahl sich dann der Bräutigam allein.

Vor Gericht entschuldigte sich Herr Doktor Siegfried mit unnachahmlicher Grazie bei den vierzig geprellten Zeugen, einer enttäuschten feinen Dame und der von ihm geschiedenen Ehefrau. Im Westen schon zweimal wegen Betrugs und falscher Titelführung verurteilt, diktierte ihm das Stadtbezirksgericht Mitte drei Jahre Zuchthaus. »Entschuldigen Sie, und seien Sie nicht böse«, erklärte er der Richterin, »wenn mir diese Strafe als etwas hochgegriffen erscheint und ich in dieser Sache die zweite Instanz behelligen muß.«

Schwenken und schwanken

1960

Franz bewegt die Erde und die Frauen, die Erde mit seinem Bagger und die Frauen in Clärchens Ballhaus und Schusters Casino. Was Franz hier im Schweiße seines Antlitzes erwirbt, vertut er dort nicht weniger feucht, aber fröhlich. Er sieht aus, wie ein Mann sein soll. Groß und breit, sein sonnenverbranntes Gesicht ist von hellbraun gewellten Haaren umrahmt. Und seine langen Koteletten geben den nicht gerade außergewöhnlichen Zügen die etwas alberne und subalterne Vornehmheit eines Kammerdieners. So steht er vor dem Richter, von seiner braungebrannten, gesunden Gesichtsfarbe ist nur noch wenig zu sehen, denn seit vier Monaten ist er von Freiluft und Sonne zwangsweise getrennt.

Franz gehört zu den Arbeitern, die von einer Großbaustelle zur anderen ziehen. Er war in Schwedt tätig, später in Pasewalk und in Thüringen. Er ist wohlgelitten bei seinen Kollegen, er arbeitet vorbildlich, er pflegt die ihm anvertrauten Bagger besser als die anderen. Wie schön wäre es, die Zeitungen könnten über ihn und seine Brigade an anderer Stelle berichten, mit Bild und richtigem Namen, wir würden sogar seine Koteletten nicht albern finden, sondern sie wären Ausdruck seiner Männlichkeit. Trotz seiner drei Vorstrafen 1947, 1950, 1957 würden wir jedoch sagen, er hat seine Vergangenheit überwunden, niemand trägt sie ihm nach, auch die sehr unschöne Tat nicht, als er im Jahre 1957 einer Frau, die er zu lieben vorgab, 750 Mark aus der Wohnung wegnahm.

Zwischen Weihnachten und Neujahr ruhte die Baustelle Schwedt, und die Barackenstadt leerte sich. Franz fuhr zu seinen Eltern und zu seinem Sohn. Er war ihm als Andenken einer längst vergessenen Liebe geblieben; seine Mutter zog ihn auf. Die Weihnachtsgeschenke, die er mitbrachte, waren nicht gerade erschütternd.

Der Mutter eine Schürze und dem Jungen ein Spielzeug im Werte von knapp zehn Mark. Dabei verdiente Franz sehr gut. Er bekam über 600 Mark in die Hand, nachdem seine Schlafstelle bezahlt war. Für den Jungen schickte er im Monat 70 bis 80 Mark an seine Mutter. Alles andere blieb seins.

In diesen Winterferien fuhr Franz wohl jeden zweiten Tag in Berlins Ballhäuser. Da flogen die Brocken, da wurde weit ausgeholt, da wurde der härteste Boden durch feuchte Substanzen aufgelockert, da wurde jede Norm überboten, und nach Schwenken und Greifen, Schreiten und Drehen kam es im stillen Kämmerlein zu einem persönlichen Erfahrungsaustausch bis in die frühen Morgenstunden.

So geschah es, daß Franz ziemlich arm an Habe, unziemlich reich an Erfahrungen und krank am Herzen im neuen Jahr in seine Barackensiedlung zurückkkam. Eine Saus-und-Braus-Woche ist – strafrechtlich gesehen, versteht sich – unerheblich, wenn sie nicht wie in fast allen ähnlichen Fällen zur lieben Gewohnheit wird. Franz, der Robuste, härtesten Anforderungen durchaus Gewachsene, zeigte der seelischen Verführung gegenüber keinen Widerstandswillen. Im Gegenteil, das süße Luderleben lockte, aber das zusammengeschrumpfte Portemonnaie sagte sein unerbittliches Nein. In einer Stunde, da seine drei anderen Zimmerbewohner arbeiteten, durchwühlte Franz ihre Sachen und fand im Koffer eines jungen Schlossers ein Postsparbuch mit einem Guthaben von 1 800 Mark. Die Sicherungskarte hatte der junge Mann, um es einem eventuellen Dieb recht leicht zu machen, gleich danebengelegt.

Am 20. Januar holte sich Franz – nachdem er alle Bestimmungen des Postspardienstes studiert hatte – die ersten 100 Mark ab, am 23. Januar die zweiten und am 3. Februar die dritten. Und dann hätte eigentlich Schluß sein müssen.

Unser Schlosser hatte jetzt den Verlust seines Sparbuches bemerkt, ließ sein Konto Anfang Februar sperren. Er mußte der Post dafür 98 Mark zahlen.

Franz aber hob fleißig weiter ab, noch achtmal hundert Mark. Das letzte am 30. März. Die Schalterangestellten, meist am Postamt Berlin C 2 und Berlin-Mahlsdorf, übersahen den Sperrvermerk. Es übersah auch, was völlig unverständlich ist, der Kontoführer am Postsparkassenamt diese Weisung. Es wäre für ihn ein leichtes gewesen, den Dieb zu ermitteln, weil bei jeder Auszahlung die Personalausweisnummer und der Name des Abholers aufgeschrieben werden. Und ein Anruf bei der Volkspolizei hätte einen größeren Schaden sofort unmöglich gemacht.

Ja, in der Zeit, als Franz noch lustig abhob, am 24. März, wurde dem bestohlenen Schlosser ein neues Sparbuch ausgehändigt. Es hätte einen Bestand von 1 500 Mark ausweisen müssen (die ersten dreihundert Mark Verlust muß der Schlosser tragen, nach der Sperrung des Sparbuches ist die Deutsche Post für jeden unbefugt entnommenen Betrag haftbar), aber in das neue Sparbuch des Schlossers wurde nur ein Betrag von 700 Mark eingeschrieben. Hier handelte die Deutsche Post unbewußt hellseherisch, denn tatsächlich hob Franz nach dem 24. März noch zweimal hundert Mark ab, ehe er verhaftet wurde, so daß wirklich auf dem Konto nur noch 700 Mark waren.

Ich will hier die Worte des Richters über das Verhalten der Postsparkasse nicht wiedergeben. Es waren sehr harte Worte, und der Vertreter unserer guten Postbehörde machte ein betroffenes Gesicht, als ob er selber auf die Anklagebank geraten sei.

Schuldig aber ist einzig und allein Franz, der Baggerführer, der sich fast noch eine Verurteilung wegen Landstreicherei zugezogen hätte. Er hatte sich nicht erklären können, warum das Abholen immer noch gut ging. Jeden Tag rechnete er mit seiner Verhaftung, und so blieb er seiner Arbeit und dem Barackenzimmer fern und verbrachte die letzten vierzehn Tage unangemeldet in der Wohnung einer – wie drücke ich mich hier gemeinverständlich aus – Kollegin, mit der er den Erfahrungsaustausch auf zwei Wochen ausgedehnt hatte.

Mildernd für ihn wurde seine gute Arbeit im Baggerwesen, mildernd für ihn wurde auch die schlechte Arbeit der Postsparkasse gewertet. Aber es war Rückfalldiebstahl, und das Gericht verfügte: Zehn Monate werden Franz das Baggern und das Besuchen der Ballhäuser, der intime Erfahrungsaustausch unmöglich gemacht, damit er begreift, daß er sich nicht vergreifen darf.

Der entwetzte Vater
(1966)

Die Schiffe hinter sich verbrennen, einmal ganz von vorne beginnen, einen dicken Schlußstrich ziehen, ein neues Leben anfangen – gute Vorsätze, oft gefaßt, manchmal auch beherzigt. Nur eines geht nicht: die Vergangenheit zu verdrängen, als sei sie nicht gewesen. So wie es einer tat, den wir hier Horst Bendler nennen wollen.

Praktisch war er einmal gut, als Schiffbauer, sicher sogar sehr gut, jedoch im Theoretischen hat er die Gesellenprüfung nicht bestanden. So auch im Leben. Er sieht immer nur das Nächstliegende, wie er sich von einer Stunde zur anderen weiterhelfen kann. Darüber nachzudenken, was die Tat für Folgen haben wird, das liegt ihm überhaupt nicht.

Er sieht sympathisch aus, den wir hier Horst Bendler nennen, sehr männlich, groß und schwarz, mit kurzgelocktem Haar, fragenden Augen und träumendem Mund; sicher ist er bei den Frauen gern gesehen. So lebt er dahin, ohne den Lehrabschluß erreicht zu haben. Obwohl in der Lausitz geboren, spricht er, der 27jährige, wie ein echter Berliner.

Er hat auch früh geheiratet, aber diese Ehe ist nicht gut gelaufen. Er floh vor ihr im Jahre 1958, und nur aus diesem Grund, nach Westberlin. Die Frau blieb hier mit ihren Kindern, einem Zwillingspärchen. Die erste Flucht vor der Ehe und der Frau und der Familie hatte ihren Zweck erfüllt, zeitweilig. Er gab ihr etwas Geld, das sie über die Wechselstuben in vierfache Münze umwechseln konnte. So, glaubte er, wäre das Problem Frau und Familie gelöst.

Aber dann kam die Frau mit den Kindern 1960 nach. Sie zog zu ihm, und wieder gab es Streit. Er tat das, was er wollte, ohne jede Rücksicht, und auch sie ging als Serviererin ihrer Wege mit einigen Gästen, die sie erst am nächsten Morgen wieder nach Hause brachten. So endete die Ehe mit viel Krach, und die beiden wurden vom Landgericht Berlin-Charlottenburg geschieden.

Er wurde zu einer Unterhaltszahlung von 180 Mark für die beiden Kinder verurteilt. Und bei dem Termin erfuhr er, daß die junge Frau wieder ein Kind erwartete, und er glaubt, bestimmt annehmen zu dürfen, daß er nicht der Vater ist. Jedoch versäumt er, die Ehelichkeit dieses Kindes anzufechten. Heute ist es zu spät, und er wird wohl oder übel alle Rechte und alle Pflichten eines Vaters übernehmen müssen.

Inzwischen ist aber der Mutter das Sorgerecht über ihre drei Kinder abgesprochen, sie sind in Heimen untergebracht, und Horst Bendler muß trotzdem an seine geschiedene Frau 180 Mark monatlich bezahlen. Das Urteil ist rechtskräftig. Diese Summen muß er auch rückwirkend überweisen.

Das ärgert ihn. Bis heute hat er noch keinen Pfennig überwiesen. In dieser Zeit vor dem 13. August 1961 kam er oft herüber zu uns, in seine alte Heimat, und lernte ein sehr nettes, solides junges Mädchen kennen. Mit ihr will er ein neues Leben beginnen, alle Schiffe hinter sich verbrennen und unter das alte Leben einen Schlußstrich ziehen.

Er macht das sehr gründlich. Er verbrennt in Westberlin seinen Personalausweis, seine Scheidungsurkunde, kurz, alle Papiere, die auf seinen Namen schließen lassen. Und dann geht er zu dem damals für ihn zuständigen Westberliner Polizeirevier und meldet: »Beim Baden im Wannsee sind mir meine Papiere gestohlen worden.« Er erhält eine vorläufige Verlustbescheinigung, in vier Wochen soll ihm ein neuer Personalausweis ausgestellt werden, wenn die alten Papiere sich nicht finden. Und diese Bescheinigung fälscht er. Er änderte seinen Namen in – sagen wir – Horst D. Byndlarsen.

Und mit diesem Papier meldet er sich als Umsiedler bei uns. Bis zur Klärung seiner Personalien kommt er in ein Aufnahmelager. Aber der neue Byndlarsen ist noch immer der alte Bendler. Er handelt unüberlegt. Er verläßt mit einer Gruppe anderer junger Leute das Lager und macht einen Streifzug durch Westberlin. Dort fahren sie mit fremden Autos durch die Gegend, sie werden geschnappt. Und nun kommt Horst D. Byndlarsen wegen unbefugten Benutzens von Kraftfahrzeugen vor Gericht. Das Urteil damals: fünfeinhalb Monate Gefängnis. Dort erhält er Entlassungspapiere auf seinen neuen Namen. Danach gelangt er in ein Westberliner Lager und bekommt dann einen neuen Ausweis auf den neuen Namen.

Wieder meldet er sich bei uns, aber jetzt will man von dem Herrn Byndlarsen nichts mehr wissen, weil er ohne Genehmigung damals das Lager verlassen hatte.

Doch seine neue Freundin läßt nicht locker, sie interveniert so oft beim zuständigen Rat des Stadtbezirkes, daß Horst D. Byndlarsen aufgenommen wird und Zuzug erhält. Er nimmt Arbeit in einem großen Werk der Elektroindustrie auf. Man ist mit ihm zufrieden.

Die Schiffe sind verbrannt, der Schlußstrich ist gezogen, das neue Leben hat sich gut angelassen. Für die geschiedene Frau, für die drei Kinder war der Vater Horst Bendler verschwunden, spurlos.

Aber der Mensch Bendler lebt weiter mit Hunger und Durst, mit Trieben und Lieben. Die Verlobte, die mit Horst D. Byndlarsen zusammen lebt, bekommt ein Kind. Sie und ihre Familie drängen auf Heirat mit dem sympathischen, fleißigen jungen Mann. Er geht zum Standesamt, und dort verlangt der Beauftragte für das Personenstandswesen Geburtsschein und Scheidungsurteil, Papiere, die der Herr Byndlarsen angeblich verloren hat und die er nicht mehr besorgen kann.

Dem aufmerksamen Sachbearbeiter ist nicht entgangen, daß Horst D. Byndlarsen in einem Ort in der Lausitz geboren wurde. Von dort fordert er einen Geburtsschein, und siehe da, niemals gab es hier eine Familie Byndlarsen, wohl aber, welch ein Zufall, wurde am gleichen Tage, an dem Horst D. Byndlarsen geboren ward, ein Knabe Horst Bendler in das Geburtsregister eingetragen.

Urkundenfälschung und schwere mittelbare falsche Beurkundung, sagte die Staatsanwältin. Die Sache wurde noch bedenklicher, als der Anklagebehörde am Tage vor dem Prozeß bekannt wurde, daß Horst Bendler einen Krankenschein seines Betriebes um einen Tag vordatiert, also gefälscht hatte, um diesen einen Tag, an dem er angeblich auch krank war, nicht als Bummeltag angerechnet zu bekommen. Er war deswegen nicht angeklagt, aber es zeigte doch, wie leichtfertig er auch in der Zeit, in der dieses Strafverfahren anhängig war, Urkunden nach seinem Belieben änderte. Dadurch wären eigentlich die gesetzlichen Voraussetzungen für eine bedingte Verurteilung weggefallen, aber trotzdem beantragte die Staatsanwältin doch noch eine bedingte Gefängnisstrafe von zehn Monaten, ein Antrag, dem das Gericht in seinem Urteil, wenn auch mit schwerem Herzen, stattgab.

Eine Vergangenheit, an die sich ein Mensch nicht gern erinnern will, kann er nicht dadurch verdrängen, daß er ihre Spuren vernichtet. Sie ist da, und man kann und muß mit ihr fertig werden, wenn man die Fehler, die man einmal begangen hat, einsieht, sich ändert und sich von seinen schlechten Gewohnheiten löst. Nur ein Mensch, der an sich arbeitet, kann das. Und das fällt dem heutigen Horst Bendler so sehr schwer.

Märchengeld
1958

»Die Liebe ist der Liebe Preis«, so sagt Friedrich Schiller und auch Friedrich, der Student der Germanistik, vor dem Schöffengericht München. »Wenn ein deutsches Gericht, meine Damen und Herren«, so wandte er sich an die beiden Schöffen, »nicht nach den ehernen Gesetzen einer idealistischen Ethik urteilt, sondern nach den römisch-juristischen Gesichtspunkten die Liebe als käufliche Ware betrachtet, dann ist der Untergang des Abendlandes besiegelt.«

Schon in Stuttgart habe er sich, der Student aus Tübingen, über den Verfall der Sitten tief entrüsten müssen. Mehr als einmal sei er mit seinen Kommilitonen auf der Straße von einem verlorenen schönen Kind, von einem Mädchen mit gemalten Wangen, angesprochen worden. »Wer da nicht im Zorne erglüht«, so zitierte er Ernst Moritz Arndt, »kennt auch die Liebe nicht.«

Nun habe er sich wohl überlegt, wie es möglich sei, diese Mädchen von ihrem Verderben abzubringen. Und er habe den einzig richtigen Weg gefunden. Zum Scheine sei er ihrem

Werben verfallen und habe ihre Liebe eben nur mit Liebe ver-
golten. Um den Mädchen aber einen Denkzettel zu geben,
habe er ihnen keinen Geldschein, sondern ein Scheingeld, ein
Märchengeld, überreicht. In fleißiger Arbeit seien diese Noten
von ihm selbst hergestellt worden. Zugegeben, er habe das Pa-
piergeld der Bank Deutscher Länder als Vorlage genommen
und diese durchgepaust. Aber es sei doch ganz deutlich, da er
statt Banknote Danknote schrieb und statt 20 Deutsche Mark
20 Deutsche Märchen, und außerdem habe er nicht mit Bank
Deutscher Länder, sondern Dank deutscher Männer unter-
zeichnet. Aus alldem gehe klar hervor, daß dies bestenfalls
Märchengeld gewesen sei, daß dies nur einen erzieherischen
Wert hat.

>»Und so zu des Lagers vergnüglicher Feier
Bereiten den dunklen behaglichen Schleier
Die nächtlichen Stunden, das schöne Gespinst.«

Unter dem dunklen behaglichen Schleier nahmen die Mädchen das Märchengeld als echtes, am nächsten Morgen jedoch
hätten sie erkennen müssen, wie eitel und sündhaft ihr Treiben sei, daß es nur Schmach und Schande und kein wahres
Geld eintrüge. Zweifellos würden sie sich einem ehrbaren Beruf zuwenden.

Nachdem er sich nun in Stuttgart schon über den sittlichen
Verfall habe entrüsten müssen und durch sein Märchengeld
viele Damen, wenn auch nicht gerettet, so doch gewarnt habe,
sei er, erschöpft von seiner hohen Mission, nach München gekommen, um sich in der sittenstrengen Stadt zu erholen.
Doch ach, es sei viel schlimmer hier gewesen. »Liebe wohnt
auf allen Wegen«, zitierte er wieder, »Treue wohnt für sich allein.« So sei er auch sich selber treu geblieben. Bei einem derartigen Verfall mußte er oft und hart eingreifen, ohne sich
selbst zu schonen. Das Schlimme aber sei, daß er nun verhaftet, vor Gericht gezerrt und als Falschmünzer angeklagt
werde.

Nein, er habe nicht falsches Geld in Verkehr gebracht, sondern er habe nur den unmoralischen Verkehr unrentabel
machen wollen. Natürlich habe er bei dem Werben der verlorenen Kinder alle ihm so peinlichen Konsequenzen auf sich
genommen. Es stimme auch, daß er sich vielfach von den zu

erziehenden Damen auf sein Märchengeld gutes echtes Geld habe herausgeben lassen. Das wäre nicht mehr als recht und billig gewesen. Hier zitierte er seinen Lieblingsphilosophen Friedrich Nietzsche: »Was aus Liebe geschieht, geschieht immer jenseits von Gut und Böse.«

Zudem möchte er noch erwähnen, daß er das so erworbene Wechselgeld regelmäßig dem Schutzpatron der Ehe, dem heiligen Antonius, geopfert habe.

Die edlen Triebe des germanistischen Studenten wurden durchaus vom Münchener Schöffengericht als mildernde Umstände gewertet und sein Märchengeld nur mit sechs Monaten Gefängnis quittiert, die er nicht abzusitzen braucht, wenn er sich drei Jahre lang bewährt. Und so mag Friedrich, als er dankbar lächelnd das Gericht verließ, seine Abwandlung des Trompeters von Säckingen zitiert haben: »O Lieb', wie warst du bitter, o Straf', wie bist du süß.«

Die betagte Nachtausgabe der sündigen Liebe

1959

Im Gerichtssaal ist eine Tafel aufgestellt, und darauf ist ein Strich, der Strich der Frau Emma. Sozusagen ihr Arbeitsgebiet rund um ihre Wohnung in der Berliner Gürtelstraße. Nachts um zwölf Uhr verließ sie ihre Wohnung und strichelte in ihrem Gebiet umher, meist freitags oder sonnabends. Immer fand sie einen trunkenen, torkelnden Herrn.

»Na, Süßer, wohin geht's? Was wird wohl die Mutti sagen, wenn du so nach Hause kommst?«

Die Herren, deren Prinzipien durch die löslichen Gifte des Weingeistes etwas gelockert und deren Moral durch ein langes Leben brüchig wie gelöschter Kalk geworden waren, freuten sich, weiblichen Zuspruch und rundliche Anlehnung zu finden, auch wenn die Sirenentöne aus einem zahnlosen Munde kamen. Der Alkohol macht anscheinend genügsam, und die Herren nahmen es nicht zur Kenntnis, daß die kleine Dame auch schon das fünfte Jahrzehnt überschritten hatte. Nie kamen die schwankenden Herren aber zu dem sich so leicht darbietenden Ziel. Die gefällige Dame war immer bereit, mit den Herren in deren Wohnung zu gehen, wenn sie erfahren hatte, daß »Mutti« gerade abwesend war. »Trinken wir vorher einmal einen guten Kaffee«, schlug die Schwergewichtsseniorin aus dem Stande der leichten Mädchen vor. »Und vorher nimm eine Tablette, damit du wieder munter wirst.« Und alle, alle schluckten. Und wenn sie nach langem, traumlosem Schlaf ungeküßt wieder erwachten, war wider Erwarten mit der Dame auch ihre Brieftasche weg.

Dann stürzten die Männlein allesamt zur Polizei, konnten sich aber kaum auf das Exterieur der Dame besinnen, die sie so sanft in den Schlaf gewiegt und von dem mühsam erarbeiteten Wochenlohn befreit hatte.

Konnten die angesprochenen Herren aus ehelichen Gründen die betagte Nachtausgabe der sündigen Liebe nicht mit in ihre Wohnung nehmen, dann setzte sich Emma, auch in den kältesten Monaten, mit ihnen auf eine Bank und redete ihnen zu, doch erst einmal eine oder zwei oder drei Tabletten zu nehmen, damit »Mutti« zu Haus nichts von dem vielen Schnaps merke. Und ein schlechtes Gewissen hatten sie alle.

Und alle, alle schliefen ein und mußten mit noch schwererem Gewissen und leichterer Habe den Weg zu Mutti antreten.

Nur einer nahm die Tabletten nicht, er war selber in der pharmazeutischen Branche tätig und hatte entweder einen heillosen Respekt vor der Wirkung oder eine Kenntnis von der Wirkungslosigkeit der Nüchternheitstabletten.

Am hellen Tag führte Frau Emma ein unauffälliges einfaches Leben. Sie besorgte die Hausreinigung, bezog außerdem wegen ihrer geschwächten Gesundheit eine Sozialrente. Und war sehr munter. Sie hielt sich einen festen Freund, den sie nicht bestahl, den sie wahrscheinlich aushielt. Dann hatte Frau Emma sich noch einen Eisenbahner geangelt, der sie ab und zu besuchte, den sie so gern geheiratet hätte, von dem sie aber nicht genau wußte, ob er verheiratet war. Mit einem minutiösen Gedächtnis hatte sie alle Abende im Kopf, an denen er bei ihr war.

Vor Gericht beteuerte dieser Eisenbahner glatt, die nun berüchtigte Frau Emma nicht zu kennen, und war bereit, seine Rechte zum Meineid zu erheben. Frau Emma aber kämpfte mit einer Verbissenheit um jeden einzelnen Fall. Wo es eben ging, leugnete sie, die ausgeplünderten Männer je gesehen zu haben, und konnte wirklich beweisen, daß sie an einigen

Abenden, an denen Männer auf ihrem Strich auf ähnliche Art überfallen wurden, mit dem Eisenbahner zusammen war. Als falscher Zeuge wanderte der, im Gerichtssaal verhaftet, ins Untersuchungsgefängnis.

Frau Emma brachte einen dritten Liebhaber durch sein schlechtes Gewissen in tödliche Verlegenheit, entweder das Gericht belügen oder einige schwere Dienstversäumnisse zuzugeben. Er war Nachtwächter in einem Betrieb, und Frau Emma behauptete, in einigen Nächten, in denen Männer á la Emma ausgeplündert worden waren, bei ihm in der Loge übernachtet zu haben. Auf sein schlechtes Gedächtnis konnte er sich nicht berufen. Frau Emma wußte zu viele Einzelheiten, und nach und nach mußte er Dinge einräumen, die einem so temperamentvollen Nachtwächter nur am Tage gestattet werden können.

Tagelang ging dieser Prozeß, und immer kamen Männer mit schlechtem Gewissen als Zeugen, sehr unfreiwillige Zeugen, zu Wort. Wer mit Frau Emma je zu tun hatte, mußte Federn lassen, auch im Prozeß schonte sie weder ihre Opfer noch ihre besten Freunde.

Nur ein 68jähriger Mann, ein Schlosser, kam mit relativ gutem Gewissen; er hatte seine Verfehlung gebeichtet. Der war sogar zweimal auf die männervernichtende Emma hereingefallen; beim zweitenmal hatte er sie nicht wiedererkannt. Jetzt wollte er mit Bestimmtheit wissen, daß sie es in beiden Fällen war, die ihn mit Tabletten eingeschläfert hatte. Er war der einzige gute Verlierer. »Ich lege keinen Wert darauf, daß sie bestraft wird. Ich habe in beiden Fällen meine Gardinenpredigt weg.«

Nur acht Fälle konnten eindeutig geklärt werden, und für fünfeinhalb Jahre muß Frau Emma ins Zuchthaus. Denn mit Recht wird der Herr gepriesen, der es den Seinen im Schlaf gibt, und die Frau verdammt, die es ihnen im Schlaf nimmt.

Schürfen in fremden Stollen

1956

Als Mann stand Arthur seinen Mann, als Bergmann jedoch erwies er sich, im großen und ganzen gesehen, als erzeugungsunfähig. Auf seinem Gedinge lastete der schwere Druck allzu vieler Unterhaltsverpflichtungen: Zwei Kinder aus erster Ehe, aus Numero zwei eine Frau samt Tochter und noch ein Zwillingspärchen aus einer Sonderschicht im außerehelichen Stollen. Vielleicht ist dies Register nicht einmal vollständig. Ein anderes, noch belastenderes Register wird über ihn beim heimatlichen Amtsgericht in Castrop-Rauxel geführt. In ihm steht neben vielem anderen: Zweimal rechtskräftig wegen Betrugs verurteilt.

Im November taucht der große, breite, schwarze Arthur mit der biederen Westfalenstimme in unserer Republik auf, wahrscheinlich, weil er in Westdeutschland untertauchen mußte. Kaum ist er im Aufnahmeheim Schönebeck heimisch geworden, gibt er eine Anzeige auf: »Bergmann, 1,80 groß, mit einem Kind, sucht Frau zwecks späterer Heirat.« Wirkt eine so bescheidene Bitte nicht vertrauenerweckend? Es kamen viele, viele Briefe, es schrieben die Frauen um die dreißig Jahre, es schrieb ihm auch Friedel, die Erzieherin Friedel, von der Arthur vor der Strafkammer des Kreisgerichts Eisleben immer wieder beteuerte, daß er sie und nur sie geliebt habe.

Friedel, die wirklich Kluge, verliebt sich in den großen Arthur. Sie sagt ihm nicht nein, als er ihr erzählt, er sei geschieden, aber sie beginnt mißtrauisch zu werden, als er ihr später sagt, daß er noch nicht geschieden sei. Dennoch gibt sie ihm zur Reise nach Eisleben 20 M, weil er ja dort vor Ort gehen will. Sie wird skeptisch, als er sie bittet, ihm postlagernd zu schreiben. Noch hat sie die Hoffnung und die Liebe nicht aufgegeben, sie besucht ihn in Eisleben und läßt sich von Arthur schon eine Wohnung zeigen. Sie gewährt ihm viel, nur bei seinen Bitten um Geld trifft er auf taubes Gestein.

Wirklich, auch Arthur hatte damals viel für sie übrig. Ihretwegen fing er mit der stämmigen Bauerstochter Anna-Louise an zu tändeln. Für den Eigenbedarf borgte er sich rund 60 M und nahm neben anderen fleischlichen Genüssen auch frische Würste mit, die er mit Friedel vernaschte. Und feines, reines Leinen, Friedensware, wie Anna-Louise vor Gericht beteuerte. Diese Wäsche war eigens für Friedel bestimmt, auf daß sie sich wohl bei ihm fühle. Aber trotz alledem brach Friedel mit ihm. Wohl nicht aus Eifersucht wegen der brünetten Magda, der Behördenangestellten. Die gab sich ihm hin und 150 M her, in der Annahme, von dem Bergmann geehelicht zu werden. Der schwarzen Irene konnte er nur 12 M aus der Tasche locken, sie merkte recht bald, daß seine Worte nicht klingendes Erz, sondern nur Abraum waren.

Es gibt aber doch einige Zweifel, ob Arthur Friedel wirklich geliebt hat. Denn gleichzeitig erwirkt er eine Aufenthaltserlaubnis für seine richtige Frau, die er wiederum nicht abschickt. Auch gibt Arthur sofort in Eisleben, enttäuscht über Friedels Zweifel, noch ein Inserat auf. Von Berta, der runden, frischen Einbinderin, band er 30 M los, und von Elise, der kleinen Schaffnerin, förderte er wieder Bettwäsche zutage. Nur die schlanke Gertraude mit der kühnen Nase widerstand allen Abteufungen und Anfechtungen des Fleisches und verteidigte mit ihrer Unschuld auch ihr Portemonnaie.

Eine einzige Frau aus Eisleben hielt ihm auch vor Gericht noch die Stange: seine weißhaarige Wirtin. Für sie blieb er der musterhafte Mieter. Ihre Wut richtete sich gegen eine bestimmte Person aus der ganz großen Schar, die da behauptet hatte vor Gericht, o Schmach und Schande, in den Betten des Herrn Untermieters seien noch ganz kleine Untermieter aufgetreten. Und eben nur wegen dieser Person habe sich der Untermieter noch mit anderen Damen eingelassen, um reinleinene frische Bettwäsche vorweisen zu können.

In der Strafhaft – zwei und ein halbes Jahr wegen Rückfallbetrugs – wird Arthur endlich wieder lernen können, auch als Bergmann seinen Mann zu stehen, und das ist wahrlich eine männlichere Beschäftigung als das Schlafen auf fremder Wäsche, das Schürfen in fremden Stollen und das Naschen an fremden Würsten.

Stoff aus Mönchen-Gladbach

1955

Den Frauen versprach er den schönsten Stoff aus Mönchen-Gladbach, der Bildhauer Werner Wölfi van der Ewert, Sohn eines großen Tuchfabrikanten. Er enttäuschte sie jedoch bitterlich; denn die Weberei war ein Hirngespinst. Auch mit dem Künstler war es nicht weit her, denn seine gekreuzten Palmenzweige, die er kunstvoll auf prächtige Särge zu schnitzen verstand, waren keine unsterblichen Meisterwerke. Selbst der Name stimmte nicht ganz, denn das »Wölfi« und das »van der« hatte der Tischlergeselle des Schmuckes halber seinem Namen hinzugerankt.

Die erste Dame, die auf den lieben Jung vom Rhein hereinfiel, Frau Anna genannt, hätte wahrlich gewarnt sein können; denn Wölfi kam geradewegs aus dem Gefängnis in Rummelsburg. Dort saß er mit ihrem Ehemann zusammen, weil dieser sich zu intensiv um zu junge Mädchen gekümmert hatte. Ohne Auftrag bestellte der Fabrikantensohn der Ehefrau Grüße und Küsse so persönlich, daß Frau Anna diesen Liebesboten gleich bei sich aufnahm – angeblich, um sich für die erlittene Unbill an ihrem Ehemann zu rächen. Er blieb bei der Ehedame seines Mitgefangenen, trug dessen Hemden, Unterhosen und Oberbekleidung. Es war derselbe Anzug, in dem er mit salopper Eleganz vor der Strafkammer 412 des Stadtbezirksgerichts Berlin-Lichtenberg erschien.

Er war, so verbreitete er, Fliegeroffizier im zweiten Weltkrieg gewesen und mit seiner Kiste abgestürzt. An der Geschichte stimmte aber nur so viel, daß er als Tischlergeselle beim Transport einer Kiste auf der Treppe zu Fall kam und sich einen Fuß verstaucht hatte. Leider aber imponieren abgesackte Fliegeroffiziere gewissen Frauen mehr als hingefallene Tischlergesellen. Er bat auch Frau Anna, außer der Herrenbekleidung ihm noch ihre Hand zu reichen. Sie besann sich jedoch eines besseren, nämlich ihres Mannes, obwohl er auch kein guter war.

Wölfi unternahm aber auch Exkursionen. Frau Gisela, den blonden Wuschelkopf aus dem Westsektor, lernte er auf dem Bahnhof Ostkreuz kennen. Auch bei ihr nistete er sich ein, auch hier versprach er, der Alleinerbe einer großen Weberei, die herrlichsten Tuche. Ihr kleiner Jürgen durfte jeden Tag

Hoppe-Hoppe-Reiter machen, und als er plötzlich zu Onkel Wölfi »Papi« sagte, wurde die Verlobung beschlossen. Frau Gisela eilte zur Schneiderin, Gäste wurden zur Verlobungsfeier geladen, nur der Bräutigam fehlte und mit ihm Geld und Geldeswert.

Der Gisela hatte Wölfi einmal erzählt, daß er bei einer Tante Christa drüben im Osten weile, und leichtsinnigerweise hatte Wölfi ihr auch die Adresse belassen. Nun eilte sie zur Tante. Eine junge, stubsnasige Eisenbahnerin öffnete ihr die Wohnungstür. Und wahrlich, Wölfi saß hier und hatte die kleine Brigitte auf dem Schoß, die auch Pappi zu ihm sagen durfte. Und zu Tante Christa waren Wölfis Beziehungen, sagen wir – auch reichlich onkelhaft. Sehr schnell hatten die beiden Berlinerinnen, Gisela und Christa, die Situation verstanden. Wölfi aber auch. Er floh aus dem Hause, und die beiden hinter ihm her. Sie erwischten ihn auf der Stalinallee, nahmen ihn in die Mitte und beschlossen, ihre gegenseitigen Beziehungen in der Wohnung von Frau Gisela zu klären. Mit Blicken hatten die beiden jungen Frauen sich verständigt, Wölfi in Sicherheit zu wiegen, dann sollte eine heimlich das Zimmer verlassen, um die Polizei zu alarmieren.

Aber Wölfi war auf der Hut. Er nutzte die Zeit, die Stunde und seinen Seltenheitswert. Er legte ein Sündenbekenntnis ab, spielte alle Register des Reumütigen und bat um Verzeihung. Die Nacht war so still, und sie saßen zu dritt so intim auf Frau Giselas Couch, und je tiefer die Nacht, um so weicher wurden ihre Seelen.

Gut, sie beschlossen, ihn noch einmal vor der Polizei zu bewahren, aber sie forderten ihn auf, sich für eine von ihnen endgültig zu entscheiden. Schweren Herzens wählte er die niedliche Eisenbahnerin, der er schon am meisten abgeschwindelt hatte.

Alles wäre nun gut verlaufen, wenn nicht auch Frau Anna ihren Liebhaber vermißt und dazu noch erfahren hätte, daß er mit ihrer tiefschwarzen und blutjungen Stieftochter dieselbe süße Tour versucht hatte. Hier blieb es beim Versuch, denn die Siebzehnjährige war etwas heller als die anderen. Und als zwei neue Anwärterinnen auftauchten, da gab es bei Christa auch keinen Pardon mehr; jetzt wurde ausgepackt.

Für zwei Jahre und vier Monate mußte Horst Ewert verzichten, sich mit fremden Bettfedern zu schmücken.

Vier Frauen verließen das Gerichtsgebäude, befreit und befreundet durch gemeinsames Leid. Nur einem hat Wölfi aus Mönchen-Gladbach einen Stoff geliefert, einen prächtigen: dem Zeugen dieser Sache.

Bescheidenheit und Freiheit

1958

Frau Helene und Frau Liese waren zwei junge Frauen von etwa 30 Jahren mit Herzensbildung und auch sonst recht angenehmen Umgangs- und Körperformen. Mit 19 Jahren hatten sie – jede für sich – einen Mann von fast 50 Jahren geheiratet. Männer, Wissenschaftler von Ruf. Auch heute noch hatten die Herren ihnen einiges an Intelligenz voraus, aber leider auch an Jahren, so daß den beiden Damen des Lebens und der Liebe Freuden nur in homöopathischen Dosen zuteil wurden.

Nun sind Kaffeekränzchen und hochgeistige literarische Gespräche in einer durch unsere Klassiker berühmten Stadt, deren Namen ich verschweigen muß, nicht immer ein ausreichendes Äquivalent für Genüsse anderer Art.

So fuhren die beiden Frauen, Frau Helene und Frau Liese, aus dieser kleinen Stadt einmal nach Hamburg, um dort ein paar Tage von dem wahren Genuß des Lebens zu naschen.

Angekommen, studierte Frau Helene erst einmal den Anzeigenteil der Zeitung, denn sie war sich über eines klar, was schon der große Spötter Lichtenberg einmal gesagt hat: »Im Deutschen reimt sich Geld auf Welt, es ist kaum möglich, daß es einen vernünftigeren Reim gebe.« Und sie fand auch gleich das passende Inserat: »Älterer Herr sucht junge Wirtschafterin mit Familienanschluß.« Frau Helene meldete sich auch sofort und machte den denkbar besten Eindruck. Sie erzählte von furchtbaren Erlebnissen in der »Zone«, und mit dem Mitleid erwachte bei dem älteren Herrn Hugo selbstverständlich so etwas wie Sympathie. Er sei bereit, sie zu engagieren, und trug ihr an, bei ihm zu wohnen, ja das Schlafzimmer sofort mit ihm zu teilen. Durch eine kleine Andeutung erfuhr er, daß auf der Straße auch Frau Liese wartete. Er war sofort bereit, auch sie aufzunehmen.

Dieser Herr Hugo übertraf zwar an Reife und Jahren die

beiden zurückgebliebenen Eheherrn, jedoch er besaß einen wunderbaren Kiosk mit Krimskrams aller Art. Außerdem bot er für die Dienste, die Frau Helene ihm leisten wollte, ein Wirtschaftsgeld von 10 Westmark je Tag. Was sie davon erübrigen könnte, sollte als ihr Lohn gelten. Dafür müsse sie ihn auch ab und zu in seinem Kiosk vertreten. Die beiden Frauen nahmen den älteren Herrn Hugo liebevoll in ihre Mitte, bei Tag und auch bei Nacht.

Die 10 Westmark Wirtschaftsgeld zerrannen in Helenes Händen, und in puncto Erlebnis war der Aufenthalt in Hamburg noch weniger ergiebig als die Ehe zu Hause – diesmal durch zwei dividiert.

Die Zeit der Abreise rückte immer näher. Die Fahrt ins Wunderland der Liebe und des Glücks schien für die beiden äußerst enttäuschend vorüberzugehen.

Da bekam Herr Hugo ein Telegramm. Sein sehr kranker Sohn war verstorben, und er mußte zur Beerdigung. Er bat die beiden Frauen, Wohnung und Kiosk wohl zu verwahren. Das war die ersehnte Stunde. Zuerst einmal packten Frau Helene und Frau Liese vier Pakete aus dem Kiosk mit Parfüm, Lippenstift, Seife, Wolle und allem anderen, was ein Frauenherz erfreut, rissen aus einem numerierten Paketadressenblock unten einige Blätter heraus und sandten die Päckchen an ihre eigenen Adressen. Dann steckten sie sich Geld in die Taschen, und Frau Helene sprach: »Das ist der Tag des Herrn, die große Stunde des Erlebnisses ist gekommen. Auf geht's zur Reeperbahn, zur Großen Freiheit! Wenn wir uns verlieren sollten, treffen wir uns morgen früh, 4.20 Uhr, im Hauptbahnhof am Interzonenzug.«

Und sie verloren sich. Frau Helene lernte an diesem Abend einen echten Hamburger Jungen kennen, Richard. Strahlend, draufgängerisch, charmant, blond, kurz, ein Hans Albers in den besten Mannesjahren. Nach dem ersten Tanz waren sie schon per du, nach dem dritten sagte er: »Komm, Lütte, mit in mein Hotel, dort feiern wir bis zum frühen Morgen.«

»Aber das ist doch nicht nötig, ich habe eine eigene Wohnung.« Und so nahm Frau Helene, die doppelt ungetreue Frau des Wissenschaftlers und Haushälterin des Kioskbesitzers, Richard mit. Und bei Richard fand sie das, was sie sich von Hamburg versprochen hatte.

Gegen drei Uhr wurde Frau Helene unruhig. »Du, Richard,

wir müssen aufstehen, ich muß verreisen.« Schlaftrunken und unwillig stand Richard auf, verließ mit Frau Helene die Wohnung, bemerkte jedoch, daß sie die Tür zuzog, den Hausschlüssel aber auf der Flurgarderobe liegenließ.

Als Herr Hugo gramgebeugt von der Beerdigung nach Hause kam, war seine Wohnung gänzlich ausgeräumt, Frau Helene und Frau Liese waren verschwunden, aber auch aus seinem reichhaltigen Krimskramskiosk fehlten einige Waren. Herr Hugo rannte zur Polizei. Er vermutete mit Recht, daß die beiden in ihre Heimat, in der sie so Furchtbares erlebt und erduldet hatten, zurückgekehrt seien. Den Namen und die Herkunft der Damen kannte er nicht, er hatte jedoch festgestellt, daß aus seinem Paketadressenblock vier Zettel fehlten.

Eine Zusammenarbeit des Hamburger Staatsanwalts mit unserer Staatsanwaltschaft war erforderlich und erfolgreich. Die vier Pakete wurden ermittelt und somit auch ihre Empfängerinnen.

Liese und Helene gaben reuevoll ihren Diebstahl zu, verwahrten sich aber, irgend etwas aus der Wohnung der Herrn Hugo ausgeräumt zu haben. Das war Richards fester Griff. Frau Helene kannte jedoch auch nur den Vornamen, aber sie wußte, in welchem Hamburger Hotel er in jener verhängnisvollen Liebesnacht ein Zimmer hatte.

Und wieder gab es eine Zusammenarbeit der beiden Staatsanwaltschaften. Richard konnte ermittelt werden. Die vier Pakete wurden Herrn Hugo von unseren Behörden zurückgesandt. Die beiden reiselustigen und erlebnishungrigen Damen kamen wegen Diebstahls vor unser Gericht.

Je vier Monate Gefängnis, eine Ehescheidung und ein Verzeihen waren das Resultat einer Reise in die große Welt.

»Wer bescheiden, der muß dulden«, seufzte Frau Helene mit ihrem Landsmann Goethe, »und wer frech ist, der muß leiden, also mußt du gleich verschulden, ob du frech seist, ob bescheiden.«

»Aber Frau Helene«, antwortete Goethe. »Sie haben mich falsch verstanden: In der Beschränkung zeigt sich erst der Meister, und das Gesetz nur kann uns Freiheit geben.«

Liebe
und Leid

Hallischer Kreidekreis

1956

Zwei Mütter kamen vor den Richter – nein, vor die Richterin. Die eine versündigte sich aus Haß, die andere aus zu großer Liebe. Sie kennen sich nicht. Sonst hätte beiden geholfen werden können – vielleicht.

Die Hassende, Gisela, ist noch sehr jung. 19 Jahre, schlank, mit einem leeren Gesicht. Manfred, ihr Mann, ist mit angeklagt. Sie setzen sich beide demonstrativ an die äußersten Ekken der Anklagebank. So sieht es auch in ihren Herzen aus, sie streben voneinander weg. Gisela haßt Manfred. Er ist wirklich kein angenehmer Zeit- und Bettgenosse. Schon einmal war er verheiratet gewesen, damals machte er sich aus dem Staube. In Westdeutschland traf er die sehr junge Gisela. Und als ein Kind unterwegs war, kehrten beide in ihre Heimat nach Halle zurück und heirateten. Und hier versöhnte sich Manfred mit seiner ersten Frau. Als der kleine Bernd vorzeitig als Siebenmonatskind geboren wurde, ging Manfred noch fremdere Wege. So fremd und häßlich, daß Gisela auch körperlich darunter zu leiden hatte.

Liebevoll wurde der kleine Bernd in der Universitätsklinik gehegt; mit knapp vier Pfund war er zur Welt gekommen, nach zehn Wochen wog er über sieben Pfund und konnte der Mutter anvertraut werden. Die Ärzte legten ihr ans Herz, häufig mit dem Kleinen die Mütterberatungsstelle aufzusuchen, sie empfahlen ihr, täglich die besonders präparierte Milch aus der städtischen Milchküche zu holen. Die richtige Pflege wurde ihr so leicht gemacht.

Die Beziehungen zwischen Manfred und Gisela wurden schlechter. Er war auf Außenmontage und kam nur übers Wochenende nach Hause. Gisela arbeitete nicht, sie hatte nur ihren kleinen Haushalt und das Kind zu versorgen. Aber Bernd wurde vernachlässigt. Zur Beratung ging sie zweimal, dann blieb sie fern, die Milch holte sie nicht, ihr war das Geld – 5,60 M alle zehn Tage – zu schade; dabei hatte sie als reines Haushaltsgeld über 200 M monatlich. Die Miete und die anderen Ausgaben bestritt Manfred. Der Kleine aß immer schlechter und erbrach sich sehr oft. Die Mutter legte ihn selten trokken, er bekam Ausschlag, Geschwüre. Tagsüber lag das Kind im ungeheizten Schlafzimmer, die warme »gute« Stube war für ihn zu schade. Und das mitten im Winter. Manfred sagte vor dem Kreisgericht in Halle aus, daß oft das durchnäßte Bettzeug unter Bernd gefroren war. Wenn der Mann zu Hause war, beanstandete er den jämmerlichen Zustand des Kindes. Gisela versprach, zum Arzt zu gehen. Obwohl ihr Manfred zweimal einen Krankenschein mitbrachte, verblieb sie in ihrer verbrecherischen Lethargie, sie unternahm nichts. »Ich wollte meinen Mann damit treffen; ich wußte ja, daß er so an dem Kind hing«, war die einzige Entschuldigung – nein, keine Entschuldigung, eine Erklärung nur.

Der Säugling magerte zum Skelett ab. Eines Tages verweigerte er jede Nahrungsaufnahme. Nun wurde Gisela doch angst und bange.

Sie rannte mit ihm erst in ein allgemeines Krankenhaus, von dort bestellte man ihr sofort ein Taxi zur Kinderklinik. Hier war man entsetzt über den Zustand des Kleinen. Er war steifgefroren, Körpertemperatur 30 Grad. Er wog weniger als nach seiner Entlassung im September des vergangenen Jahres. Er hatte erfrorene Beinchen und Arme. Er war fast schon tot.

Das war keine Vernachlässigung, das war eine glatte Mißhandlung des Kindes, stellte das Gericht fest. Gisela wurde zu zwei Jahren Gefängnis verurteilt. Der Vater, der seine Aufsichtspflicht allzu leichtgenommen hatte, zu fünf Monaten.

Bernd ist durch die guten Hände in der Klinik gerettet worden. Er ist heute schon wieder ein normales, gesundes Kind.

Die Liebende, Helene, ist viel älter, 36 Jahre, Genossenschaftsbäuerin in D. (Kreis Eisleben). Sie hat einen Jungen von 12 Jahren, ein zweites Kind starb bald nach der Geburt. Zum zweitenmal ist sie glücklich verheiratet und ausgefüllt in ihrem Leben. Es gibt einen Schatten, sie möchte so gern ihrem geliebten Mann ein Kind schenken, aber sie bleibt unfruchtbar. Sie läßt sich operieren, aber zwecklos, die Ärzte können ihr keine Hoffnung mehr machen.

Eines Tages – das erzählt sie vor dem Kreisgericht Eisleben – trifft sie im Wartesaal in Halle ein Ehepaar mit vier Kindern. Man kommt ins Gespräch, und Helene erzählt von ihrem Kummer. Der fremde Mann meint, er könne ihr vielleicht helfen, und bittet um ihre Adresse. Nach einiger Zeit bekommt Helene einen Brief, sie möchte mal wieder nach Halle kommen. Hier erfährt sie, daß die Frau ihr fünftes Kind erwartet. Das Ehepaar (es ist später nicht mehr aufzutreiben) macht ihr den Vorschlag, ihr das Kind nach der Geburt zu überlassen, wenn sie es als das ihrige anerkennt. Beglückt geht Helene auf diesen sonderbaren Vorschlag ein. Sie will auch den ihr bürokratisch erscheinenden Weg über eine Adoption vermeiden. So treibt sie ein tragikomisches Spiel. Sie täuscht ihrer Umgebung, ja selbst ihrem Mann, eine Schwangerschaft vor. Allen im Dorf erzählt sie von ihrem künftigen Mutterglück. Noch zweimal will sie das Ehepaar getroffen haben. Beim letztenmal aber kommt die Enttäuschung. Die Familie hat es sich anders überlegt, sie will das Kind selbst behalten. Helene, unglücklich, erkundigt sich – das ist nachgeprüft – bei einer Hebamme, wie es vor sich ginge, wenn sie ein Kind adoptierte. Ja, der Mann müsse davon wissen. Das wagt sie jetzt nicht, aus Angst, ihn zu enttäuschen.

So kommt nun eines Tages Helenes »schwere Stunde«. Später erzählt sie im Dorf, der Arzt habe die kleine Petra-Marie wegen einer Kopfverletzung mit ins Krankenhaus genommen.

Ja, sie erwirkt sogar eine Geburtseintragung beim Standesamt, die verlangte Bescheinigung der Hebamme würde sie nachreichen. All das kann man verstehen, ja, man könnte es verzeihen, wenn sie sich auch formal einer Verletzung des Personenstandsregisters schuldig gemacht hat. Denn ewig konnte sie ja nicht von Petra-Marie erzählen, ohne das Kind vorzuweisen.

Leider aber ging Helene auch noch zur Sozialversicherung und ließ sich für ihr drittes Kind – Petra-Marie wäre es ja wirklich gewesen – eine Kinderbeihilfe von 150 M auszahlen. Die Produktionsgenossenschaft hat sie durch ihre Handtuchschwangerschaft nicht geschädigt, da sie bis zum letzten Tag mitgearbeitet hatte. Vier und einen halben Monat Gefängnis meinte die Strafkammer für diesen Betrug aussprechen zu müssen, diesen Betrug aus zu großer Liebe zum Mann und zum Kind, einen Betrug, der nur aus Angst vor Entdeckung zu einer Schädigung des SVK-Vermögens führte.

Wie froh wäre Helene, wenn sie die Mutter des kleinen Bernd wäre. Und wie gut wäre es für Gisela, ihren Bernd in solchen Händen zu wissen. Und, vor allem, wie schön für den kleinen Bernd, bei Helene aufzuwachsen.

Uralt und mannigfaltig sind die Legenden und Sagen von streitenden Müttern und klugen Richtern. Die Bibel erzählt vom weisen König Salomo, Klabund hat das chinesische Märchen vom Kreidekreis neu gestaltet. Wir aber folgten hier und sonst dem Schlußsatz aus Bertolt Brechts »Kaukasischem Kreidekreis«, der da lautet:

»Die Kinder den Mütterlichen, damit sie gedeihen
Die Wagen den guten Fahrern, damit gut gefahren wird
Und das Tal den Bewässerern, damit es Frucht bringt.«

Tragödie des Alltags
1955

Die Frau stand grau und abgehärmt da. Sie war müde, traurig, enttäuscht. Nur einen Schatten des Lebens hatte sie gelebt. Und nun mußte auch dieser Prozeß noch überstanden werden. Daß hier ein Schuldig gesprochen werden würde, daran war ja nicht mehr zu rütteln. Aber dieses Schuldig war für die Frau keine Verurteilung. Wäre sie heute in der gleichen Lage, sie würde genauso handeln. Ihr Schicksal zeigt, daß auch die beste Justiz ihre Grenzen hat. Daß sie mit ihren Urteilen nicht immer die Angeklagten überzeugen kann, die Straftat sei verwerflich.

Fast vierzig Jahre ist die Frau heute. Mit zweiundzwanzig heiratete sie, unerfahren, einen Mann, der ihr nur Kummer bereitete. Einen Lumpen, der sich nur von Lumperei ernährte. Sie mußte, als ihr Ältester noch ganz klein war, sofort in die Fabrik, weil der Mann dauernd im Gefängnis saß.

Dann zog er vom Gefängnis aus direkt in den Krieg, nur zweimal kam er auf Urlaub; er war weit weg und ihr fremd geworden. Sie haßte ihn.

Und dann kam eines Tages ein älterer Mann, ein ruhiger, bedächtiger, solider. Der auch vom Schicksal enttäuscht war. Keine Filmschönheit, aber ein verläßlicher Mann, mit dem sie sich aussprechen konnte. Auch er war verheiratet, seine Frau lag im Krankenhaus, ständig, schwer herzkrank und gelähmt. Der Mann war einsam wie die Frau.

Der alte Mann und die noch junge Frau, die sich beide nach ein wenig Geborgenheit sehnten, fanden sich.

Mit dem Frieden kam auch der Schrecken wieder, ihr Ehemann. Inzwischen hatte sie ein zweites und ein drittes Kind geboren. Hans und Ingeborg.

Wieder machte ihr Mann ihr das Leben zur Hölle. Er trieb dunkle Geschäfte, kam wieder vors Gericht und wieder ins Gefängnis.

Die Frau entschloß sich zu einem Schlußstrich. Sie reichte die Scheidungsklage ein. Die Ehe wurde geschieden, der Mann gerichtlich verpflichtet, für seine drei Kinder zu sorgen.

Die Frau steht allein da. Sie muß ihre drei Kinder ernähren. Ihr Verdienst als Putzfrau ist mehr als bescheiden. Der Mann jedoch zahlt nicht. Er weigert sich beharrlich. Jetzt greift die Staatsanwaltschaft ein und macht ihm wegen böswilliger Verletzung seiner Unterhaltspflicht den Prozeß.

Nun hat aber der Mann etwas gehört. Nachbarn haben ihm etwas von einem älteren soliden Mann erzählt. Als Angeklagter vor Gericht behauptet er nun, die beiden Kinder Hans und Ingeborg seien nicht seine Kinder.

In diesem Verfahren ist die Frau Zeugin. Sie wird belehrt, die Wahrheit zu sagen, nichts zu verschweigen und nichts hinzuzufügen. Der Richter droht ihr mit Gefängnis, falls sie eine Aussage macht, die nicht wahr ist. Er droht ihr mit Zuchthaus, falls sie auf diese Aussage hin vereidigt wird. Sie versichert, nie habe sie Beziehungen zu einem anderen Mann gehabt. Auf ihre bestimmte Angabe wird nun der Mann zu sieben Monaten Gefängnis verurteilt.

Das aber quält die Frau; sie weiß, sie hat gelogen, sie weiß genau, die kleine Ingeborg ist das Kind des anderen. Ihr Gewissen gibt ihr keine Ruhe. Nach zwei Jahren teilt sie ihrem geschiedenen Mann mit: »Ich habe damals die Unwahrheit gesagt. Ingeborg ist nicht dein Kind.«

Und nun steht sie selbst vor Gericht, schuldbewußt, sich aber nicht schuldig fühlend.

»Warum sagten Sie damals die Unwahrheit?«

»Damals konnte ich nicht anders. Hätte ich alles so gesagt, wie es gewesen war, dann wäre mein geschiedener Mann sofort zu der Frau des anderen gegangen und hätte alles erzählt. Die hätte die Enttäuschung vielleicht nicht überlebt. Sie war ja schwer herzkrank.«

»Und heute?«

Heute ist die gelähmte Frau tot. Ihr Mann, der solide, lebt auch nicht mehr. Die Frau kann heute ihr Gewissen erleichtern.

Die gesetzliche Mindeststrafe bei einer vorsätzlich falschen uneidlichen Aussage vor Gericht ist drei Monate Gefängnis. Wie gut, daß bei uns – im Gegensatz zu Westdeutschland – in solchen Fällen Zeugen nicht vereidigt werden. Denn sicherlich hätte die Frau auch geschworen. Dann wäre, wenn man ihr mildernde Umstände zubilligen würde, die Mindeststrafe sechs Monate Gefängnis.

Mußte das Gericht die Frau bestrafen? Ja. Ihr falsches Zeugnis trug mit dazu bei, daß der Mann zu einer Strafe von sieben Monaten Gefängnis verurteilt wurde. Es wäre milder ausgefallen, wenn die Frau ihre Untreue zugegeben hätte. Es war ein schwerer, für sie unlösbarer Konflikt.

Trösten wir uns, daß die drei Monate Gefängnis nur auf dem Papier des Strafregisters stehen werden. Trösten wir uns, daß sie die drei Monate wohl nie abzusitzen braucht.

Wir sind ja im Gericht

1954

Die besseren, nein die guten Tage, die er einmal sah, hatten nur in seinen Augen einen Abglanz hinterlassen. Und in seiner Phantasie, in seinen inneren Melodien lebten sie weiter. Die Musik überwucherte sogar seine jetzige ziemlich traurige Existenz. Die Hosen waren ausgefranst, seine Jacke nicht unbefleckt, seine dicken, kaum rasierten Wangen hingen müde herunter. Mit seinen großen, kranken, fünfzigjährigen Füßen stand er neben dem Leben.

Was hatte dieser Mensch nun angestellt, dieser möblierte Herr und Gelegenheitsmusiker, der einst in glanzvollen Sinfonieorchestern der Trompete hellen Klang schmetterte?

Er tat nichts, im Gegenteil, er unterließ etwas, zu dem er als guter Staatsbürger verpflichtet war. Er war im »Nichtbesitz« eines Deutschen Personalausweises aufgegriffen und, da er keine ordentliche Arbeitsstelle nachweisen konnte, erst einmal in Haft genommen worden.

Mit der Musik lebte er in einem merkwürdigen Verhältnis. Er versuchte sie zu beherrschen, auf vielfache Weise und auf mannigfachen Instrumenten. Aber sie beherrschte ihn. Sie versetzte ihn – wie es der Dichter sagt – in eine andere Welt, aber nicht nur zeitweilig, sondern dauernd. Sie verklärte ihm die Wirklichkeit, in der er sich nicht mehr zurechtfinden konnte. Man kann es sich so recht vorstellen, daß er, beschäftigt mit seinen musikalischen Phantasien und Theorien, die Musik in praxi, die Probe im Orchester versäumte, so verlor er die Arbeit und bürgerliche Existenz; es ging mit ihm bergab.

Die einzige Verbindung, die er mit der Welt der Realitäten noch hatte, war eine lose Verabredung, dreimal in der Woche in einem Café zu spielen. Dort verdiente er sein kärglich Brot und die Miete.

Bei einer ersten Kontrolle wurde ihm der schon ungültige alte Deutsche Personalausweis abgenommen. Die Volkspolizei gab ihm ein befristetes vorläufiges Ausweispapier. Was er nun tun müsse, fragte der Hilflose auf dem Revier. »Gehen Sie gegenüber zum Fotografen, und füllen Sie dieses Formular aus.« Das war ein Rat, aber unser Musiker meinte, es sei ein Befehl.

Der Fotograf drüben hatte geschlossen. Und als er wieder hinging, hatte er das vorschriftsmäßige Papier nicht mehr. Die Richterin der Strafkammer 216 des Stadtbezirks Mitte fragte ihn, warum er nicht zu einem anderen Fotografen gegangen sei. Er wußte nicht, daß er zu einem anderen hätte gehen können, es hätte ihm niemand gesagt. Ja, und dann mußte er ja auch noch das Formular ausfüllen. Das kann er nicht. Dem alten Mann kamen die Tränen.

Die Richterin wurde gerührt. »Sagen Sie, Herr Angeklagter, warum heiraten Sie nicht? Eine Frau würde Ihnen doch das alles abnehmen.«

»Ja, glauben Sie, daß mich heute noch eine nimmt?«

»Warum denn nicht! Sie sind doch ein Mann, der einen schönen Beruf hat und etwas von seiner Sache versteht.«

»Aber ich kenne doch niemand.«

»Und in dem Café, in dem Sie spielen?«

»Nein, Frau Richterin, nein, die Frauen – nein ... Ja, wenn ich eine Frau finden würde wie Sie ...«

»Aber, Herr Angeklagter, so war das wirklich nicht gemeint, wir sind ja hier im Gericht.«

Traurig, daß ein Mann erst auf die Anklagebank kommen mußte, um in der Richterin einen Menschen zu finden, der sich seiner ungeordneten Existenz einmal menschlich annahm. Selbst die vierzehn Tage Haft, die das Gericht ihm zumaß und die er durch die zwei Wochen Untersuchungshaft schon abgebüßt hatte, nahm er ihr nicht übel.

Wird er, wieder entlassen, jetzt mit dem unausgefüllten Fragebogen ins Justizgebäude in der Littenstraße kommen, damit diese wahre Volksrichterin ihm die so unmusikalische Arbeit abnimmt?

Grenzfall
1958

Sie trägt den anspruchsvollen Namen Marlene, aber sie ist nicht die große Verführerin, sie ist eine kleine Verführte, Ton in des Töpfers Hand, noch weich, noch nicht geformt mit ihren 22 Jahren. In ihr sind noch alle Möglichkeiten, die guten wie die bösen. Und, wie mir scheint, mehr gute als schlechte. Aber auch schlechte. Sie sucht Halt. Und es gibt genug Männer, die ihr den Schutz zu geben versprechen. Ihre langen schwarzen Haare, ihre Ponys verdecken, wie unfertig sie noch ist. Die kleine Marlene ist auf große Dame à la Marlene aufgemacht.

Ihre Eltern waren schon lange auseinander. Der Vater hatte einen oder mehrere dunkle Punkte. Heute ist er tot. Marlene spricht nicht gern darüber, was mit ihm war. Frühzeitig wird sie selbständig, ohne fertig zu sein. Sie wohnt in möblierten Zimmern und sucht einen Unterschlupf. Da wird ihr hilfreich eine Hand geboten. Eine Freundin, jünger als sie, führt sie bei ihren Eltern ein. Hier wird sie als Kind in eine sehr geordnete Familie aufgenommen, wie die eigene Tochter gehalten und versorgt. Genau wie die Freundin muß sie in der Woche 25 M Wirtschaftsgeld abgeben, hat dafür Wohnung, Essen, ihre Wäsche wird gewaschen, sie kann kommen und gehen, wann sie will. Wenn sie sich zur Arbeit aufmacht, bekommt sie ihre Brote mit. Hat sie einmal keine Arbeit, wird sie nicht wegen des Kostgeldes gemahnt.

Wenn sie sich entschuldigt, sagt die gute Hausfrau: »Macht nichts, Marlene, wenn du wieder verdienst, kannst du es ja nach und nach bezahlen.«

Marlene ist eine Frau, sie hat einen Freund, drüben im Westen. Der will mit ihr nach Kanada auswandern, und dem erzählt sie leider, daß der Familienvater, bei dem sie wohnt, auch im Westsektor arbeitet und viel Westgeld spart. Er habe eine große Summe im Wäscheschrank liegen.

Der Freund wird ganz aufgeregt: »Es könnte doch unser Fahrgeld sein. Klaue es und bring es mit, drüben kräht kein Hahn mehr danach.«

Eines Tages, als die ganze Familie auf Arbeit ist, bricht Marlene mit einem Schraubenzieher den Wäscheschrank auf, stiehlt das Geld (die genaue Summe ist nicht mehr festzustellen, sie sagt, es waren 900, der Pflegevater behauptet, es waren 1 040 Westmark), fährt Hals über Kopf zu ihrem Freund, der gerade nicht zu Hause ist.

Marlene besorgt sich kurz entschlossen eine Flugkarte und kommt noch am selben Tag in Hamburg an, kauft sich einen Mantel und ein Paar Schuhe, nimmt sich ein Hotelzimmer, und nach acht Tagen ist das ganze Geld aufgebraucht. Nun beginnt der harte Weg ins Flüchtlingslager, immer fürchtend, ihr Pflegevater habe auch die Westpolizei benachrichtigt. Aber es passiert nichts. Nach vielen Monaten bekommt sie eine kleine Stellung als Stationsmädchen in einem Krankenhaus in Gelsenkirchen, später zieht sie wegen eines Mannes nach Frankfurt (Main). Auch dort macht sie Hilfsarbeiten in einem Krankenhaus.

Hier aber trifft sie einen neuen jungen Mann. Er ist aus der Pfalz und ist lange ohne Arbeit gewesen. Der junge Mann will Marlene heiraten. Marlene ihn auch.

»Aber bevor ich heirate«, sagt er, »will ich einen ordentlichen Beruf haben. Keine Gelegenheitsarbeit. Komm, wir gehen nach dem Osten.«

Marlene vertraut sich ihm an. »Ich kann nicht mehr herüber, ich habe etwas auf dem Kerbholz.« Aber der junge Mann ist vernünftig. »Das macht nichts. Du meldest dich, sitzt deine Strafe ab, und dann heiraten wir.«

Marlene folgt hier dem guten, wie sie einst dem bösen Rat gefolgt ist. Zusammen melden sie sich auf der Rückkehrerstelle. Natürlich wird sie in Haft genommen.

In Berlin-Treptow wurde Marlenes Sache verhandelt. Und hier fand sie einsichtsvolle Richter. Sechs Monate Gefängnis gab es für ihren ersten, aber gleich schweren Diebstahl. Sie wurde jedoch bedingt verurteilt. Drei Jahre lang muß sie zeigen, daß ihr weicher Ton durch den bitteren Weg der Erkenntnis hart geworden ist. Sie wird aus der Haft entlassen und hat, so nehme ich an, wenn diese Geschichte erscheint, schon irgendwo in Thüringen ihren guten Freund geheiratet. Und hoffentlich beginnt sie auch jetzt schon den angerichteten Schaden wiedergutzumachen.

So soll dieser Bericht zu ihrem Hochzeitstage Glückwunsch und Mahnung zu gleicher Zeit sein.

Sie konnten zusammen nicht kommen

1955

Es gibt Delikte, die zu allen Zeiten und in allen Ländern verfolgt werden. Ein Betrug ist ein Betrug in Bombay und in Montevideo, ein Mord kommt in Bagdad vor den Kadi, in Marseille vor den Cour d'Assises. Dieses Verfahren aber vor dem Stadtbezirksgericht Mitte, das ist nur im heutigen Berlin möglich, in dem zweigeteilten, in dem man mit der Untergrundbahn für 20 Pfennig Ost in den Westen und für 30 Pfennig West in den Osten fahren kann. In dem es aber ein Polizeipräsidium Ost und ein Polizeipräsidium West gibt, ja sogar ein Leichenschauhaus Ost und ein Leichenschauhaus West, die sich wohl gegenseitig Mitteilungen machen, ganz offiziell mit allen Vorbehalten.

Erich ist des schweren Einbruchs angeklagt, weil er sich zur Nachtzeit in ein bewohntes Gebäude eingeschlichen hatte, in diebischer Absicht – wie der Staatsanwalt behauptete – und somit die Tatbestandsmerkmale des Paragraphen 242 Absatz 7 erfüllend.

Da steht Erich nun in seinem feldgrauen, umgearbeiteten und ordentlich geflickten Rock, den er heute noch immer tragen muß. Nie hat er etwas anderes gelernt als marschieren und schießen. Wohl begann er in der Zeit vor dem Kriege als Pikkolo in einem Gasthaus, mußte aber sehr bald den schwarzen Kellnerfrack gegen den feldgrauen Rock des großen Verführers umtauschen.

Was er nach dem Kriege begann, zerbrach unter seinen linkischen Händen. In Westberlin hat er keine dauernde Arbeit finden können. Die Frau, die er im Krieg während des Urlaubs kennenlernte, mit der er kriegsgetraut war, verließ ihn, als die Soldatenrente nicht mehr gezahlt wurde. Nun lebt er von einer Sozialrente, 21,60 DM West.

Vom versperrten Ehehafen flüchtete er in die traurige Öde eines Männerwohnheimes. Er bezahlte dort in der Woche 18 DM West für ein Bett mit Strohsack, für Haferschleim und eine warme Suppe. 3,60 DM bleiben ihm wöchentlich für Schuhsohlen, Rasierklingen, Straßenbahn und Zigaretten. Er steht auf der Passivseite des Wirtschaftswunders.

Plötzlich aber trat in Erichs Leben ein Mensch voller Energie, voll Wärme und Sonnenschein. Es ist Vera, die Frau, nach der er sich so lange gesehnt hatte. Wie stand sie mit ihren kräftigen Beinen mitten im Leben, das Ordnung hatte und Wohlstand. Gewissenhaft arbeitet sie in einem großen Berliner volkseigenen Werk als Brigadierin. Auch sie hat der Krieg allein gelassen. Ihr Mann ist vermißt, sie wohnt weit draußen im Nordosten, in Karow, im demokratischen Sektor, in einem jener bescheidenen Siedlungshäuser mit Vorgarten, bunten Astern und Sonnenblumen. Für Erich ein Paradies, in dem er aber nur begrenzt weilen durfte. Der endgültige Zuzug war ihm verwehrt durch einen der Engel, in dessen Ressort die entsprechenden Genehmigungen fielen. Der war nicht böse an sich, er war ein Bürokrat. Zuzugsgenehmigungen konnte er laut Dienstvorschrift nur bewilligen, wenn Erich einen festen Arbeitsplatz im demokratischen Sektor nachweisen konnte. Das einfachste wäre gewesen, Erich und Vera wären zum Standesamt gegangen. Aber bisher hatte Vera sich gescheut, ihren im Krieg verschollenen Mann für tot zu erklären. Vor diesem Schritt war sie zurückgewichen, denn sie wollte eine schwache Hoffnung nicht endgültig sterben lassen.

Erich ging nun von Betrieben zu Werkstätten, von Büros zu Kaderabteilungen. Viel Arbeit gab's für ihn, aber Arbeit nur, wenn er einen Wohnsitz im demokratischen Sektor nachweisen könnte. Ohne Arbeit keinen Zuzug, ohne Zuzug keine Arbeit. Über Erichs und Veras Glücksweg lief eine schwarze Katze, die sich mit Tücke selbst in den Schwanz biß.

Ungeheure Energien entstanden in Erich, er fand schließlich doch einen tüchtigen Steinmetzmeister in Heinersdorf, unweit von Karow, der ihn ganz unbürokratisch einstellte. Erich versprach ihm, alle Papiere, auch die Zuzugsgenehmigung, später nachzureichen. Voll Heiterkeit und Hoffnung, voll Freude und Lebenslust begann Erich schon am ersten Tage seiner Tätigkeit die Worte »Unser Schmerz kennt keine Grenzen« auf einen Grabstein einzumeißeln.

Somit stand also Erichs legalem Einzug ins Paradies nach Karow nichts mehr im Wege, und in der Mittagspause nahm Frau Vera Erichs Personalausweis in ihre starken Hände, um dem bürokratischen Engel das gestempelte und gesiegelte Formular zu entlocken.

Am Abend nach diesem ersten glücklichen Tag wollte Erich heim in sein glückliches Zuhause, fand aber die Pforte zum Paradies verschlossen. Bescheiden erwartete er auf einem Rinnstein seine Vera. Doch die Nacht zog heran, der Mond ging auf – die Ersehnte erschien ihm nicht. Am nächsten Morgen verließ Erich noch unbekümmert, jedoch nicht ganz ausgeschlafen, sein steinernes Bett und ging etwas weniger hochgestimmt zur Arbeit. Am Abend, von leichter Skepsis befallen, ließ er sich von seinem Meister erst einmal 15 M Vorschuß auszahlen. Die Pforte blieb verschlossen, keine Vera erschien, um den Erschöpften und Verzweifelten zu erquicken. Ein Mann wie Erich, der angestrengt gearbeitet hat und in mißlicher Stimmung ist, kennt meist nur einen Weg: den ins Wirtshaus.

Noch hatte er Glaube, Liebe und Hoffnung. Der Alkohol gab ihm frischen Mut, und um Mitternacht erschien er wieder vor dem Häuschen. Aber all sein Sehnen und Harren, sein Rufen und Klopfen blieben unbeantwortet.

Erich wußte, Vera hatte einen Stacheldraht auf ihre Mauer gelegt. Durch Weingeist mutig geworden, beschloß nun Erich, das Paradies durch den Umweg über des Nachbarn Mauer zu erreichen. Er kletterte hinüber, und müde von der Steinmetzarbeit, der halb durchwachten Nacht und dem Alkohol sank er als lebensgroßer Vorgartenzwerg vor dem Nachbarhaus in einen tiefen Schlaf.

War es ein Hund, eine Katze oder ein vorbeihuschendes Liebespaar? Erich wachte in dieser zweiten Nacht auf; wein- und schlaftrunken hatte er den Drang, den Rest der Nacht in der Wohnung der Geliebten zu verbringen. Er drückte gegen das Küchenfenster und siehe, es öffnete sich ihm. Und er stieg ein, rückte in der Kochstube einen Stuhl zurecht und stützte den Kopf auf den Tisch und versank wieder in den Schlaf des Gerechten.

Nein, das war der Schlaf des Ungerechten, denn er war in des Nachbarn Küche eingedrungen. Der kam früh am Morgen in die Küche und übergab den schlafenden Einbrecher der Polizei. Erich erzählte wohl seine Geschichte, aber sie erschien unglaublich. Er hatte auch gar keinen Ausweis und keine Papiere. Und Vera, Erichs Leumundszeugin, blieb auch für die Polizei völlig unauffindbar.

Das Schnellgericht wurde zusammengerufen, denn der Fall mußte aufgeklärt werden. Und siehe, zur Verhandlung erschien sie, die Langersehnte. Auch ihr war Sonderbares passiert. Nachdem sie Erichs Papiere abgeholt hatte, fuhr sie zu einer Freundin nach Westberlin. Plötzlich stellte sie fest, daß sie kein Geld für die Rückfahrt bei sich hatte. Naiv, wie manche tüchtigen Frauen sind, ging sie zum nächsten westlichen Polizeirevier und bat um 30 Pfennig West für die U-Bahn. Was aber taten die Holzaugen des Gesetzes? Sie nahmen Frau Vera wegen Bettelei fest, sperrten sie für einige Tage in ihre vergitterten Räume.

So saß West-Erich im Osten und Ost-Vera im Westen – sie konnten zueinander nicht kommen, die Spaltung war viel zu tief. Die Liebe aber ist stärker. Der Staatsanwalt beantragte Freispruch wegen erwiesener Unschuld. Von einem versuchten schweren Diebstahl konnte wahrlich keine Rede sein.

Privat werden sie die Spaltung überwinden. Die Spaltung aber bleibt. Die Lage in Berlin ist absurd, aber an das Absurde gewöhnen sich die Menschen, wenn es lange dauert.

Das Kind der Magdalene
1961

Kennen Sie Högfeldt, den schwedischen Maler der Groteske? Sicher kennen Sie das Fischgericht. Einer angelt vergeblich am Bach, die ganze Familie sitzt schon mit Messer und Gabel bei Tisch und wartet auf den Fisch, der Koch hält schon die leere Pfanne über dem Feuer. Und alle Menschen sind klein, grotesk, mit runden Köpfen, großen Mündern und dicken Bäuchen.

Fast hätte Magdalene dem schwedischen Maler für die Schönste dieser Familie Modell stehen können. Sie ist sicher viel anmutiger als die Figuren des etwas boshaften Högfeldt, ihre Haare sind blonder, die Ponys länger, aber nicht sehr gepflegt. Sie ist sehr klein, hat einen runden Kopf, sehr dicke Arme und einen etwas zu wohlgeratenen Bauch, eine kleine Brust und einen großen boshaften Mund, der scherzen und noch einiges andere kann.

Ach, über Magdalenens einundzwanzig Lebensjahre kann ich wenig Gutes berichten – sehr wenig, eigentlich gar nichts. Sie steht noch in der ersten Etappe der reuigen Sünderin, bis jetzt sündigte sie nur, von Reue keine Spur. Aber das bekommen wir – wie mein Religionslehrer oft sagte – später. Hoffentlich.

Sie wächst bei Pflegeeltern auf, stiehlt schon von ihren dikken Kinderbeinen an, kommt ins Kinderheim und in den Jugendwerkhof, sie ist, seit sie erwachsen ist, schon dreimal vorbestraft. Mit nichts nimmt sie es genau, nicht mit den Männern, mit dem Staat, mit dem Geld und der Arbeit. Das Essen aber schmeckt, und ganz besonders in der Strafanstalt schlägt es gut an, sehr gut sogar.

Aber im Gefängnis benimmt sie sich schlecht, die Gute, so schlecht, daß sie des Gnadenerweises des Staatsrates nicht teilhaftig werden konnte. Magdalene ärgert das sehr, und da rief sie in den Exhaustor des Gefängniskartoffelkellers aus Zorn: »Achtung, Achtung! Hier spricht der Rias. Der Anstaltsleiter wird zu 21 Tagen verschärften Arrest verurteilt. Und nun senden wir für die verwahrloste Jugend schräge Tanzmusik.«

Unter Absingen anstößiger Lieder beendet sie ihre Kartoffelkellersendung.

Sie wurde dem Anstaltsleiter vorgeführt.

»Sie kommen wegen Ihres Unfugs in Arrest«, sagte der.

»Sie dürfen mich gar nicht in Arrest stecken, ich bin hochschwanger«, sagte Magdalene verschämt.

Der Gefängnisarzt wurde bemüht, die Feststellung war bei der ersten Untersuchung nicht einfach, weil Magdalene schwierig zu behandeln ist.

Beim zweitenmal konnte die offensichtlich weit vorgeschrittene Gravidität nur durch eine äußere Untersuchung festgestellt und bescheinigt werden: »Schwanger im siebenten Monat.«

Nun änderte sich für die werdende Mutter alles. Sie wurde alsbald aus der Haft entlassen, vierzehn Tage wurden ihr geschenkt, vom Arrest war keine Rede mehr. Der Anstaltsleiter fuhr sie mit seinem Dienstwagen zur Mütterberatungsstelle, dort wurde sie wieder einem Arzt vorgestellt, und der bestätigte: »Schwanger im sechsten Monat.«

»Das kann nicht sein«, sagte Magdalene, »ich bin schon sieben Monate in Haft.«

Daraufhin änderte der Arzt seinen Befund und schrieb: »Schwanger im siebenten Monat.«

Magdalene wollte wieder in ihrem alten Betrieb, in der Baumwollspinnerei Karl-Marx-Stadt, arbeiten. Man war bereit, aber als man sich den Versicherungsausweis ansah, riet man ihr ab: »Bringen Sie erst das Kind zur Welt.«

»Und wovon soll ich leben?« fragte sie.

»Sie bekommen doch Schwangerschaftsgeld.« Und das holte sich Magdalene ab, zweimal, im ganzen 114 Mark.

Der Staatsanwalt, der schon so oft Strafen gegen sie beantragt hatte und der heute wieder ihr Ankläger ist, kümmerte sich sehr um sie. Eine Wohnung wurde beschafft; bis sie bezugsfertig war, wurde Magdalene in der Freiwilligenabteilung des Hauses für soziale Betreuung aufgenommen. Der werdenden Mutter wurde alles nachgesehen, alle Sünden waren ausgemerzt. Das ist bei uns so Sitte.

Nach ein paar Wochen ging Magdalene wieder zur Baumwolle, wie sie sagt. Da wurde ihr bedeutet: »Sie können hier anfangen. Und wo ist Ihr Kind?« fragte man.

»In einem Kinderheim«, sagte sie.

Sie wurde eingestellt.

Nun war aber dem Referat Jugendhilfe indes bekannt geworden: Hier ist ein vaterloses Kind geboren, darum muß man sich kümmern, der jungen Mutter helfen, den Vater zur Alimentenzahlung bringen. Der Fürsorgerin, die zu Magdalene kam, sagte sie, das Kind sei in einem Heim in Oberschlema. Aber vergeblich, dort war es nicht aufzufinden. Bei einer erneuten Anfrage sagte Magdalene, sie habe jetzt das Kind bei einer Schwester im Bezirk Potsdam untergebracht. Aber auch die wußte nichts von ihrem Tantenglück.

Die Sache mußte untersucht werden. Die Kriminalpolizei schaltete sich ein. Wo war doch nur das Kind der Magdalene? Wer war der Vater? »Ein Grieche«, sagte sie, »ein Grieche ist der Vater, und das Kind ist in einem griechischen Kinderheim untergebracht.« Aber auch das tapfere Volk der Hellenen konnte keinen neuen Nachwuchs aufweisen. Und nun behauptete Magdalene, sie habe eine große, schwere Sünde begangen, sie sei nach Westberlin gefahren und habe bei einer Tante das Kind geboren und dort gelassen. Der Vater sei nämlich ein Amerikaner, ein Neger. Das Kind sei ein ganz kleines herziges Negerlein.

Aber auch die Tante wußte nichts von dieser dunklen Großnichte. Die Geschichte wurde immer mysteriöser. Der Staatsanwalt, der Helfer in der Not, vernahm jetzt die Mutter Magdalene. Und da sagte Magdalene ihm erst einmal, sie sei überhaupt nicht schwanger gewesen. Der Ankläger war mißtrauisch geworden und ordnete eine amtsärztliche Untersuchung an. Und das Ergebnis: »Frau Magdalene ist mit einer an Sicherheit grenzenden Wahrscheinlichkeit mit einem Kind niedergekommen.« Da mußte Magdalene in Haft genommen werden.

Und nun legte sie ein fürchterliches Geständnis ab. Das Kind sei von einem verheirateten Mann, der sei dabeigewesen, als sie es zur Welt gebracht habe, der Mann habe ihr noch eine Spritze gegeben, dann habe er sich des kleinen Mädchens bemächtigt, es getötet und es in eine Mülltonne geworfen. Daraufhin sei er republikflüchtig geworden, um die Spuren der grausigen Tat zu verwischen.

Das war also ein Delikt für die Mordkommission. Vieles, was Magdalene sagte, bestätigte sich. Die Sache erschien glaubwürdig. Die Nachbarn hatten Magdalene oft mit diesem verheirateten Mann gesehen. Es stimmte, der Mann war am Tage nach der angeblichen Geburt nach dem Westen gegangen. Mit allen chemischen Mitteln wurden Blutspuren in dem Zimmer von Magdalene gesucht, auch wurden nach der Leiche des Kindes Aschenberge umgegraben, aber keine Spur der Leiche und keine Spur von Blut wurde gefunden.

Noch war der Staatsanwalt sehr vorsichtig, er stellte keinen Auslieferungsantrag an die westdeutschen Behörden, er bat nur, den vermeintlichen Mörder erst einmal als Zeugen zu vernehmen. Und der bestritt, daß er überhaupt mit Magdalene intimer zusammen gewesen sei. Er sei wohl ab und zu einmal mit ihr spazierengegangen.

Und nun widerrief Magdalene noch einmal.

Sie habe ganz allein das Kind geboren, aber es sei tot gewesen, und den Körper habe sie in den Kanal geworfen. Wieder mußte dieser Sache nachgegangen werden. Die Gruben wurden ausgepumpt, aber nichts Verdächtiges kam zutage. Wo war das Kind, das Kind der Magdalene?

Das Kind war nie geboren. Die Schwangerschaft hatte das dicke Mädchen erfunden, um von ihrem Arrest loszukommen. Magdalene hatte, das wußte sie, einen Betrug begangen, sie hatte sich 114 Mark Schwangerschaftsgeld abgeholt, ohne schwanger zu sein.

Um diesen Betrug zu verbergen, verdächtigte sie einen Menschen als Mörder.

Aber stimmte das mit der als wahrscheinlich festgestellten Niederkunft? Ja, das konnte Magdalene beweisen. Sie hatte ganz kurz vor ihrem letzten Strafantritt eine Fehlgeburt gehabt, und hier, in dem alten Zimmer, das Magdalene vor der Haft bewohnt hatte, fand die Polizei Blutspuren ihrer Blutgruppe. Und durch die Fehlgeburt konnte der dritte Arzt getäuscht werden, der eine Geburt als wahrscheinlich angenommen hatte.

Betrug und falsche Anschuldigungen standen also wieder auf ihrem Sündenregister. Immerhin ist das besser noch als Mord und Totschlag. Ein Jahr und drei Monate hat Magdalene dieser Spaß gekostet, dazu wird nur ein Teil der Untersuchungshaft angerechnet, weil Magdalene die lange Dauer der Haft durch ihre Lügengeschichten selbst verschuldete.

Ein zweites Mal wird es ihr nicht gelingen, das große Ander-Nase-Herumführen. Alle haben von ihr gelernt, der Staatsanwalt, die Mordkommission, die Ärzte, nur, fürchte ich, Magdalene nicht – noch nicht. Sie hat sich im Gericht allzuviel über ihre Streiche gefreut.

Nun sitzt sie wieder da, vielleicht im Gefängniskartoffelkeller. Vor dem Exhaustor. Wieder wird die Gefängnisluft bei ihr so gut anschlagen. So schlecht hat bisher bei ihr die Gefängnisluft angeschlagen.

Um Heidemarie

1963

Nur ein Fall, der nicht des Berichtens wert sei, steht auf dem Terminkalender der Staatsanwaltschaft Karl-Marx-Stadt, wurde mir im Büro der Staatsanwaltschaft in der Hohestraße mitgeteilt. Ein kleiner Einbruch in einer Betriebsverkaufsstelle in Karl-Marx-Stadt Süd. Trotz dieser negativen Empfehlungen ging ich hin, und die Sache sah wirklich völlig unkompliziert und unproblematisch aus.

Die Tat war, wie es in der Gerichtssprache heißt, nicht einmal persönlichkeitsfremd. Der schmächtige Mann mit dem intelligenten Gesicht und der scharfen Nase hatte mit seinen einunddreißig Jahren schon eine bewegte Zeit hinter sich. Er war als Sechzehnjähriger mit seiner Tante nach Westdeutschland gegangen und in Darmstadt wegen Einbruchs, Hehlerei und des seltenen Vergehens der Betriebssabotage zu einer Gefängnisstrafe von einem Jahr und neun Monaten verurteilt worden. Zurückgekehrt in seine Heimat, Karl-Marx-Stadt, wurde er 1958 wegen sehr massiver Einbrüche zu einer Zuchthausstrafe von drei Jahren verurteilt, später mußte er noch einmal wegen Hetze für acht Monate ins Gefängnis. Viele Blätter waren schon seinetwegen beschrieben worden. Von seiner Frau und seinen Kindern lebte er getrennt, beide wollen sich scheiden lassen.

Also, man mag glauben, Gerd ist eine höchst negative Erscheinung, auf seinem Kopf mit der durch Haarausfall erhöhten Stirn wächst kein gutes Haar. Doch er hat sogar einen ziemlichen Schopf guter Haare. Wenn Gerd arbeitet, und er arbeitet fast immer, ist er fleißig; er ist ein richtiger Wühler – so bezeichnet ihn der Meister der Städtischen Gaswerke. Und vorher als Gußputzer hatte er auch sehr viel Geld verdient, ehrlich verdient, 750 bis 800 Mark im Monat. Aber im Gaswerk habe er sehr häufig getrunken, und dadurch seien Fehlschichten entstanden; er habe dann erzählt, seine Mutter hätte einen Schlaganfall erlitten. Man war bereit, diese Entschuldigung anzunehmen, aber man verlangte ein Attest. Gerd konnte das Attest natürlich nicht bringen und ging nicht mehr zur Arbeit, weil er sich schämte. Er ist jetzt berufslos.

In seiner Wohnung mit ihm lebt eine junge Frau mit ihrem Kind. Dort herrscht keineswegs Harmonie, es geht sehr laut und leider auch sehr alkoholisch zu. Die Nachbarn beschweren sich, und es gibt viel Krach. Auch diese junge Frau hat keine geregelte Arbeit, er soll sie geschlagen haben, und das Kind sei mißhandelt worden. Bei der Erörterung der Zwistigkeiten und ihrer tieferen Gründe – es wurde auch von einer Bedrohung mit brennenden Zigaretten geredet – wurden für eine kurze Zeit die Öffentlichkeit und die Presse ausgeschlossen, so daß ich nichts Authentisches darüber weiß.

In einer Nacht hat nun dieser Gerd in einer ihm bekannten Betriebsverkaufsstelle eingebrochen und Zigaretten im Werte von über 300 Mark gestohlen. Er wurde schon am nächsten Morgen als Täter ermittelt. Er sagt, er habe es getan, weil er keine Arbeit und kein Geld gehabt habe; er wollte die Zigaretten verkaufen. Die Ermittlungen der Volkspolizei und das Geständnis des Täters stimmten miteinander überein. Es gab also über den Tathergang, über die Motive nicht den geringsten Zweifel.

Auf den Zuhörerbänken war mir eine außergewöhnlich gut aussehende, junge Frau aufgefallen, sehr schlank, mit tiefschwarzem, sorgfältig gelegtem Haar und mit glühenden großen Anthrazitaugen, etwas salopp in Bluejeans gekleidet. Und als wir alle, Zuhörer und Zeugen, wegen Gefährdung unserer Sittlichkeit von der Verhandlung ausgeschlossen waren, kam es auf dem Korridor zu einem Gespräch. Die schöne junge Frau fragte einen Zeugen, ob er sich vorstellen könne, daß ein Mann einen Einbruch begehe, um wieder ins Gefängnis zu kommen.

Der glaubte daran nicht; ich hingegen meinte, ein solcher Fall sei mir zwar in meiner vierzehnjährigen Tätigkeit als Reporter noch nicht begegnet, aber für denkbar halte ich ihn schon. »Ja«, so sagte die junge Frau, »das hier ist so ein Fall. Ich weiß alles darüber, aber ich bin nicht gehört worden.«

Wir wurden bald wieder eingelassen, und die vorsitzende Richterin, Direktorin des Kreisgerichts Karl-Marx-Stadt Süd, fragte plötzlich, ob eine Frau Heidemarie anwesend sei. Und nach einigem Zögern meldete sich unsere Schöne und begann auszusagen. Sie erzählte dem Gericht mit der Kraft ihres Herzens, schonungslos gegen sich, alles, und wahrscheinlich kam sie der Wahrheit sehr nahe: alles nur, um den Geliebten zu retten.

Sie erzählte, sie sei verheiratet, und auch ihr Mann habe sie mit einer anderen hintergangen. Wenn sie darüber die letzte

Gewißheit habe, wolle sie sich scheiden lassen. So habe sie sich Gerd angeschlossen, er habe ihr alles, aber auch alles Negative aus seinem Leben erzählt, und dennoch liebe sie ihn.

Sie sei mit Gerd von da an ständig zusammengewesen. Auch an dem Tag, als er noch Arbeiter im Gaswerk war. Sie sei schuld, daß er die Arbeit damals versäumt habe, und sie habe nicht die Kraft gehabt, ihm den Mut zu geben, dem Betrieb die Wahrheit zu sagen. Es sei immer genug Geld dagewesen, sie habe es ihm gegeben, und davon habe auch noch die andere mitgelebt. Aber sie, Heidemarie, habe verlangt, daß er sich von der anderen trennen sollte. Die andere habe Gerd schon früher, schon weit vor ihrem Erscheinen, betrogen.

Aber dieser Gerd, der Vielbegehrte, ist schwach, fast willenlos. An diesem Abend seien sie verabredet gewesen; sie, Heidemarie, habe ihm gesagt: »Ich muß erst in die Elternversammlung. Für meine beiden Kinder. Du wartest auf mich. Fünf Glas Bier darfst du trinken.« Er habe nur drei getrunken. Heidemarie kontrollierte es auf dem Bierdeckel. Dann habe sie verlangt, er solle von der anderen weggehen und sich Arbeit suchen. Wenn er ihre Bedingungen nicht erfülle, mache sie heute abend Schluß mit ihm. »Wenn du mich verläßt«, hat Gerd gesagt, »stelle ich etwas sehr Schlimmes an und lande wieder im Gefängnis.« Dann seien sie im Zorn auseinandergegangen, und am nächsten Morgen habe sie erfahren, was passiert sei. Er habe die Tat so angelegt, daß er ergriffen werden mußte, und er wurde ergriffen. Sehr widerstrebend gab Gerd zu, dies sei der wirkliche Grund seiner Tat gewesen.

Die Richterin meinte, vor ihr habe sich ein moralischer Sumpf von Ehebrechern aufgetan, ein Sumpf, wie er ihr noch nie begegnet sei. Vielleicht überschätze ich Heidemarie, bestochen durch ihre außergewöhnliche Erscheinung; aber eines weiß ich: Sie hat Willen und Kraft, auch eine gewisse Portion Leichtsinn, aber vor allem eine ganz große Liebe. Dieser Mensch Gerd ist zu erziehen, aber, so glaube ich voraussagen zu können, es werden nicht die zehn Monate Gefängnis sein, die er gerechterweise wegen seines schweren Einbruchs verbüßen muß. Meiner Meinung nach kann es nur die schöne, etwas lässig gekleidete, langbeinige Heidemarie, die – man möge über sie denken, was man will – ihre Mutterpflichten nicht versäumte, auch an diesem Abend nicht, als ihre große, starke Liebe zu dem schwachen Gerd zu zerbrechen drohte.

Bagatelle

1960

Für die Zeitungsmeldung ist der Fall zu klein. Für einen Roman jedoch fast zu groß.

In einem Selbstbedienungsladen in Gera stahl eine 64jährige Frau ein halbes Pfund Butter und eine Büchse Kondensmilch im Werte von 5,38 Mark.

Ein alltäglicher Fall – vielleicht für den Richter, die Schöffen, den Staatsanwalt. Für Frau Berta eine bittere und eine schlimme Angelegenheit. Mit 64 Jahren zum erstenmal schuldig gesprochen.

Die kleine Frau mit den krausen grauen Haaren schaut erregt, fast furchtsam durch die dicken Gläser ihrer Nickelbrille. Sie versteht oft die Fragen des jungen Richters nicht. Versteht der Richter Frau Berta? Sie könnte gut und gern seine Großmutter sein.

Sie hat ein unendlich schweres Leben hinter sich. Mit vierzehn Jahren wurde sie Dienstmädchen bei einem Bäcker. Damals war Gera noch Hauptstadt eines winzigen Fürstentums. Ihre Arbeit war zu schwer, ihr Dienst zu lang. Sie zog die Arbeit in einer Textilfabrik als junge Arbeiterin vor. Was dort verlangt wurde, was dort gezahlt wurde, das steht heute in jedem Buch der Wirtschaftsgeschichte. Der Achtstundentag wurde damals mit Hunger und Tränen erkämpft.

Frau Berta suchte höheren Lohn; erst in der Zementindustrie. Es kam der Krieg. Die bunte Fürstenstadt Gera wurde feldgrau, und Frau Berta begann, in Munitionsfabriken zu arbeiten.

Sehr früh hat sie geheiratet. Sie sagt: »Vom Jahre 1913 bis zum Jahre 1921 bekam ich jedes Jahr ein Kind.« Acht Mädchen und einen Jungen. Sechs Mädchen starben. Sie sagt, an Erkältungen und an Ernährungsstörungen. Es war in der Zeit des Krieges, der Nachkriegszeit, der Geldentwertung. Nein, die Kinder starben nicht, sie wurden ermordet, in der Kriegszeit durch den Kohlrübenwinter, dann durch die Inflation. Sie starben alle, alle am modernen Kapitalismus.

Hätten Frau Berta und ihr Mann nur einen Bäckerladen oder eine kleine Fleischerei gehabt, hätten sie Sachwerte hergestellt, ihre sechs Mädchen würden heute noch leben. Aber sie hatten beide nur ihre Arbeitskraft. Und vielleicht hat damals Frau Berta in einem Lebensmittelgeschäft ein Pfund Margarine und eine Büchse Milch genommen. Wer weiß es?

Aber jeden Tag ging Frau Berta zur Arbeit, wieder in die Textilindustrie, denn die drei überlebenden Kinder mußten durchgebracht werden. Sie und ihr Mann traten der Gewerkschaft bei, beide auch der SPD.

Die Hoffnung auf ein besseres Leben zerbrach in der Nazizeit. Gera wurde braun und wieder feldgrau. Es kam der Krieg. 1942 fiel Bertas einziger Sohn im Osten, und die impulsive Frau konnte sich nicht beherrschen. »Dem Hitler, dem Massenmörder, sollte eine Bombe auf den Kopf fallen«, sagte sie damals ziemlich laut.

Sie wurde verhaftet, kam nach Ravensbrück und wurde bis zum Ende des Krieges durch viele KZ geschleppt, gequält. Zuletzt wog sie, als sie im Vernichtungslager Wandsbek befreit wurde, nur noch 68 Pfund.

Frau Berta zog erst einmal zu einer ihrer Töchter und ließ sich gesund pflegen. Dann begann der Wiederaufbau. Sie versäumte es, sich als Opfer des Faschismus registrieren zu lassen. Sie zog wieder nach Gera zu ihrer alten Arbeit. Seit 1953 arbeitet sie wieder im selben Werk. Sie ist eine der besten Arbeiterinnen. Aber sie lebt isoliert. Es kommt in ihrem Betrieb häufig zu Streitereien. Es gibt manchmal noch Gegensätze zwischen den »Umsiedlern« und den alten Geraern. Und Frau Berta ist impulsiv, nervös, denn auf ihr lastet das schwere, schwere, lange Leben.

Einmal warfen ihr Kolleginnen ein schweres Werkstück nach. Vier Wochen mußte sie danach mit einer Kopfverletzung zu Hause bleiben. Aber sie hängt an ihrer Arbeit; obwohl sie seit Jahren Rente bekommt, kann sie sich nicht von ihr trennen.

Im Urteil steht: »Ihre gesellschaftliche Arbeit ist nicht nennenswert.«

Jedoch ein Meister, der nicht der ihre ist, der, weil er gerade keine Schicht hatte, vom Betrieb als Vertreter des Betriebes an der Verhandlung teilnehmen mußte, sagt: Ihre Arbeit ist weit besser als die der Durchschnittsarbeiterinnen; sie hat auch – wie er unpräzise und ohne genaue Kenntnis formuliert – zu neunzig Prozent an den roten Sonntagen teilgenommen, als zu freiwilligen Sonderschichten aufgerufen worden war. Aber das Gericht zählt leider die formelle Teilnahme an Versammlungen mehr als die Sonderleistungen einer Vierundsechzigjährigen.

Frau Berta wäre auch unserer Sozialistischen Einheitspartei beigetreten, als alte SPD-Genossin, als tatsächliches Opfer des Faschismus wäre sie dazu wirklich prädestiniert. Aber im Betrieb haben die Genossen nie mit ihr darüber gesprochen. Auch daß nicht ihr Meister, daß niemand von der Betriebsleitung, der Gewerkschaftsleitung als Beauftragter des Betriebes an der Gerichtsverhandlung teilnimmt, zeigt, daß die Beschwerden, die Frau Berta gegen die Betriebsleitung vorbringt, ein Körnchen Wahrheit enthalten. Denn geladen waren sie alle vom Gericht.

Die alte Arbeiterfrau gilt als impulsiv und als unverträglich. Warum stiehlt Frau Berta? Sie weiß es selber nicht, sie kann es sich nicht erklären. Sie hat schon einmal vor ungefähr einem Jahr eine Schachtel Zigaretten aus einem Selbstbedienungsladen mitgenommen, damals war sie von der Volkspolizei verwarnt worden. Ihr Einkommen ist gut. Mit der Rente zusammen hat sie im Monat für sich allein über 500 Mark.

Ihre Miete ist gering. Wohl hat sie eine Abzahlungspflicht von 50 Mark, denn sie hat sich neu eingerichtet. Aber das müßte bei ihrem Einkommen keine Rolle spielen.

Die Geschichte ist schlimm. Die Diebstähle in den Selbstbedienungsläden sind sehr zahlreich, allzu zahlreich in Gera. Und grundsätzlich gibt es bei einem Diebstahl in einem Selbstbedienungsladen nur Strafen, die sofort abzusitzen sind. Das Gericht aber macht hier berechtigterweise eine Ausnahme. Drei Wochen Gefängnis werden ausgesprochen. Ausgesetzt auf zwei Jahre zur Bewährung.

Nicht ein Wort ist an diesem Urteil zu bemängeln. Das Urteil soll erzieherisch wirken. Ich bin der Meinung, es wirkt.

Frau Berta war schon vor Beginn des Prozesses höchst erregt. Der Richter schien das allerdings nicht bemerkt zu haben und schlug einen Ton an, der mich verwunderte. Ich versuchte, mich in Frau Bertas Situation zu versetzen.

Kalt, hart wurde der Lebenslauf dieser alten Arbeiterin vom Richter durchgesprochen. Das schüchterte sie sehr ein, so sehr, daß sie im Laufe des Verfahrens um Gnade bettelte, nicht bat, nein, bettelte.

»Sie stehen hier vor einem Gericht des Arbeiter-und-Bauern-Staates und brauchen nichts zu befürchten.«

Das mußte der Richter sagen. Daß er es sagen mußte, halte ich für den Fehler dieser Verhandlung. Möglicherweise wollte der Richter durch den schroffen Ton Frau Berta den Ernst einer Gerichtsverhandlung deutlich machen.

Es ist aber ein Prinzip unserer Strafverfahren, daß die Erziehung schon in der Verhandlung durch die Verhandlungsform eingeleitet wird. Erziehung aber heißt heranziehen, heranführen an unseren Staat. Nicht abstoßen.

Zum Zeitpunkt der Tat
1966

Manchmal laden mich auch die Angeklagten zur Verhandlung ein. Hier war es so. Ich hörte mir den Fall der Frau Dagmar vor dem Bezirksgericht Dresden an, danach gingen wir, meine Frau und ich, mit ihr in die Wohnung. Aber zuvor holten wir das fünfjährige Töchterchen Veronika aus dem Kindergarten ab. Mit Veronika verstand ich mich sehr gut. Das erste, was sie tat, sie bot jedem von uns beiden von ihrem Nikolausteller einen Lebkuchen an. Dann zeigte mir Veronika, die gar nicht wußte, was dieser dicke, fremde Onkel wollte, im Kleiderschrank eine Menge feingebündelter Kinderwäsche. »Das ist für unser neues Kindchen, das wir bald bekommen werden«, sagte Veronika voll Stolz.

Kein Anwalt in der ganzen Welt hätte die Sache von Frau Dagmar besser vertreten können als Klein Veronika. Frau Dagmar war der Staatsverleumdung angeklagt. Die erste Instanz, das Kreisgericht Dresden-Mitte, hatte sie für schuldig befunden und sie zu einer neunmonatigen Gefängnisstrafe bedingt, mit einer Bewährungszeit von drei Jahren und mit zwei Jahren Bindung an den Arbeitsplatz, verurteilt. Gegen dieses Urteil hatte sich ihre Berufung gerichtet.

Die kleine Veronika hatte Frau Dagmar mit in die Ehe gebracht. Sie heiratete, und als Beweis der ehelichen Liebe kam die mittlere, die kleine Carola. Die liebte der Vater zärtlich, er zog sie der Veronika vor. Sie durfte ja nicht einmal Vater, sondern mußte Onkel sagen. Die Mutter aber hing mit ihrem ganzen Herzen um so mehr an der kleinen Veronika. Der Mann von Frau Dagmar brachte auch einen Genossenschaftsanteil an einer Wohnung mit in die Ehe, und an der hing er auch sehr zärtlich. Frau Dagmar liebte er weniger, sie wurde manchmal geschlagen.

Die Ehe wurde auf Betreiben von Frau Dagmar geschieden. Sie bekam auch das Sorgerecht für die beiden Kinder, obwohl dem Vater der Verzicht auf Carola sehr schwerfiel. Aber gegen Frau Dagmars zärtliche Kinderliebe gab es keine Argumente, sie war gut beleumdet, sie hatte eine Schlosserlehre mit Erfolg beendet. Außerdem verzichtete sie vor dem Scheidungsgericht auf ihren Anspruch an der Wohnung, weil der Mann schon vor der Ehe Zahlungen geleistet hatte. Dieser Verzicht wurde leider vom Scheidungsgericht bestätigt. Eine Frau mit zwei kleinen Kindern gehört natürlich, unabhängig von allen finanziellen Überlegungen und privaten Abmachungen, in die Wohnung. Aus diesem Fehlurteil entstand meiner Meinung nach jede weitere Komplikation. Frau Dagmar blieb wohl in der ehelichen Wohnung mit ihren zwei Kindern, denn es fiel den Behörden schwer, passenden Wohnraum für sie zu finden.

Der Mann bemühte sich noch immer, das Sorgerecht für Klein Carola zu bekommen. Das gelang ihm auch. Eine Frau im Hause hatte gesehen, wie Dagmar der kleinen Carola einen Klaps gab, als beide die Treppe hinaufgingen. Man hörte dann noch eine Reihe von Vermutungen, daß die Mutter das größere Kind vorzog vor Carola. Es mag sein, daß daran etwas Wahres ist. Frau Dagmar war schließlich einverstanden, das Sorgerecht für Carola ihrem geschiedenen Mann zu übertragen. Nach der Ehescheidung erwartete Frau Dagmar noch ein Kind, ihr drittes. Es wurde etwa neun Monate nach der rechtskräftigen Trennung geboren. Ramona heißt die Kleine, und von ihr ist jetzt die Rede. Frau Dagmar war über diesen neuen Kindersegen, wie sie sagt, »unbeschreiblich überglücklich«. Sie strengte eine Ehelichkeitsanfechtungsklage an, weil sie fürchtete, das Sorgerecht für Ramona würde auch ihrem geschiedenen Mann zugesprochen.

Das Referat Jugendhilfe in Dresden-Mitte setzte sich selbst als Amtsvormund für Ramona ein. Aber eine Vormundschaft ist in unserem Staat nur möglich, wenn das Kind entweder keine Eltern hat oder wenn den Eltern das Sorgerecht entzogen worden ist.

Das aber ist in diesem Fall nicht geschehen. Es liegt auch dafür gar kein Grund vor. Der Amtsvormund, also das Referat Jugendhilfe, brachte Ramona in einer Wochenkrippe unter. Am Wochenende konnte die Mutter das Kind abholen.

Die Mutter Dagmar hatte Einwände, Beschwerden gegen diese Wochenkrippe. Es ist mir nicht möglich, hier zu untersuchen, ob diese Einwände berechtigt waren oder nicht. Vermutlich waren sie nicht berechtigt. Das ist aber hier auch unwichtig. Es gab wohl sehr heftige Auseinandersetzungen mit der Leitung der Kinderkrippe und den Kinderpflegerinnen. Am Tage des Termins der Ehelichkeitsanfechtung hatte Frau Dagmar das Kind aus der Krippe geholt. Das Referat Jugendhilfe war von dieser Maßnahme benachrichtigt worden. Frau Dagmar erschien vor Gericht mit dem acht Monate alten Säugling auf dem Arm. Sie fürchtete, es allein zu lassen, es war Angst vor dem Referat Jugendhilfe, es war Angst vor dem geschiedenen Mann.

Der Termin brachte kein Ergebnis; denn Frau Dagmar verweigerte, über die Vaterschaft des Kindes befragt, die Aussage. Sie erreichte zwar dadurch genau das Gegenteil dessen, was sie mit ihrer Klage anstrebte. Die Klage mußte abgewiesen werden, das Kind gilt also weiter als ehelich.

Nach dem Prozeß versuchten nun zwei Mitarbeiter des Referats Jugendhilfe, Frau Dagmar das kleine Kind abzunehmen. Wir wissen heute, rechtlich gab es dafür keinerlei Handhabe.

Frau Dagmar wehrte sich. Sie glaubte, das Zimmer im Gerichtsgebäude sei abgeschlossen, und mit Gewalt sprengte sie die Tür auf. Auf dem Gang des Gerichtsgebäudes nahmen die Mitarbeiter des Referats ihr das Kind unsanft ab.

Frau Dagmar schrie und tobte. Sie sagte sehr böse Worte, etwas von SS-Methoden und dergleichen. Am nächsten Tag erschien Frau Dagmar im Referat, setzte ihre Beleidigungen fort und ohrfeigte die Leiterin des Referats. Die war neu im Amt und hatte mit der ganzen Angelegenheit gar nichts zu tun.

Frau Dagmar wurde von der Polizei in eine psychiatrische Klinik gebracht. Dort stellte der Arzt nach vier Tagen fest: Frau Dagmar ist völlig gesund. Sie ist wohl leicht erregbar, sie mag auch etwa das sein, was man gemeinhin als hysterisch bezeichnet, aber geistig normal. Sie wurde also aus der Klinik entlassen. Aufgrund dieses Gutachtens verurteilte das Kreisgericht Dresden-Mitte Frau Dagmar wegen Staatsverleumdung.

Inzwischen war auch noch folgendes geschehen: Gegen die Einsetzung eines Amtsvormunds hatte Frau Dagmar mit Hilfe eines Rechtsanwalts beim Rat des Bezirks Beschwerde eingelegt. Die wurde mit der Begründung, Frau Dagmar befände sich zur Zeit in einer Nervenklinik, abgewiesen. Auch dort machte sich niemand darüber Gedanken, daß die Einsetzung einer Vormundschaft ohne Sorgerechtsentziehung gar nicht möglich ist. Man beachtete auch nicht, daß der viertägige Aufenthalt in der Nervenklinik nur eine Folge der falschen ungesetzlichen Handlungen des Referats Jugendhilfe war.

Nachdem nun Frau Dagmar wieder nach Dresden zurückkam, gab man ihr das Kind. Nun kümmerte sich der Vormund überhaupt nicht mehr darum. Frau Dagmar mußte es in eine private Pflege für 120 Mark geben, eine Sache, die ihr bei ihrem heutigen Verdienst von etwa 280 Mark recht schwerfiel.

Das Bezirksgericht hob das Urteil der ersten Instanz auf und wies es zur neuen Behandlung an das Kreisgericht zurück. Es rügte in seinem Urteil die Verwendung des schriftlichen psychiatrischen Gutachtens, denn das Gutachten bestätigte, daß Frau Dagmar bei vollen Verstandeskräften ist. Aber befand sie sich auch zum Zeitpunkt ihrer Tat, ihrer Beleidigungen im Vollbesitz ihrer Kraft? War sie nicht in einer solchen Erregung, daß sie nicht mehr wußte, was sie tat, daß sie sich nicht mehr beherrschen konnte? Darüber hätte ein psychiatrischer Sachverständiger gehört werden müssen.

Einer Mutter, die schon durch den Prozeß, durch den Kampf mit ihrem geschiedenen Mann in eine große Erregung versetzt wird, darf man ein Kind nicht mit Gewalt wegnehmen. Und wenn sie sich wehrt, wie Frau Dagmar es getan hat, dann ist das der Instinkt einer echten Mutter. Das Sorgerecht ist ihr nicht entzogen worden und kann ihr, der echten Mutter, nicht entzogen werden. Ihre Äußerungen und Handlungen waren unschön, unkontrolliert, Staatsverleumdungen waren sie nicht.

Kenntnis der Gesetze, der gesetzlichen Bestimmungen, liebe eifrige, übereifrige Mitarbeiter des Referats Jugendhilfe, hätte Ihnen und der jungen Mutter sehr viel Sorgen, Mühe und Ärger erspart.

Schule der Frauen

1964

Genau besehen, war diese Ehe neun Monate glücklich. Und dann war es vorbei.

Sie studierte, er war bei der Armee, als sie sich fanden. Und nach einem Jahr, als sie heirateten, hatte sie eine Stelle als Lehrerin, und er war in seinen Betrieb zurückgegangen, ein angesehener Facharbeiter in einem großen, feinmechanischen Werk. Sie gingen zum Standesamt; nicht, weil sich schon ein Kind angemeldet hatte, beide sagten, sie hätten auch ohne das neue Leben geheiratet. Beide liebten sich. Sie, Ines, ist frisch und klug, sehr gewissenhaft, hat ihre Prüfungen mit »gut« bestanden, nußbraun ist ihr Haar, keine Sorgenfältchen haben sich auf ihrem lieben, ernsten Gesicht abgezeichnet. Das ist nicht sehr verwunderlich, denn sie ist heute erst zwanzig Jahre alt. Um diese Zeit sind die Frauen meist am schönsten. Und Ines kann man schön nennen.

Er, Peter, ist größer, schlanker, mit langem schwarzem Haar und tiefdunklen Augen. Seine Worte weiß er fast besser zu setzen als sie, die Lehrerin, er ist zweiundzwanzig Jahre alt und sieht vielleicht jünger aus, als er ist. Unbeschwert. Ein junger Mann, der sicherlich durch sein gewandtes, liebenswertes Wesen Erfolg hat. In weltanschaulichen Fragen gibt es zwischen beiden Eheleuten keine Differenzen.

Gut ist es ihnen in ihrer jungen, schlechten Ehe ergangen, ich meine wirtschaftlich gut. Das sehe ich an der Liste des Hausrats, den sie sich gemeinsam in den sechzehn Monaten ihres Zusammenlebens angeschafft haben: Kühlschrank, Waschmaschine, Fernsehgerät. Es hat sicherlich außer dem Gehalt der Lehrerin und dem Lohn des Facharbeiters noch häufig Prämien gegeben.

Sie leben in einer kleinen, sächsischen Stadt, ihrer Heimat, es gibt auch keinen anderen Menschen, der diese Ehe zerrüttet hat – nicht im landläufigen Sinne. Und doch war es ein Mensch, der aber völlig unschuldig zwischen beide trat, der den tiefen Riß offenbarte. Und hier war es gerade das Wesen, das bei vielen angekränkelten Ehen der Kitt ist. Es war – Sie werden es sicher schon erraten haben – das Kind.

Ines hatte schon vor einem halben Jahr die Scheidungsklage eingereicht. Bitter hatte sie sich über ihren Mann beschwert. Er habe sie nach der Geburt gar nicht unterstützt. Sie habe sich auch nach ihrem Entbindungsurlaub ganz allein um das Kind und um den Haushalt kümmern müssen. Auch um ihren Beruf, das versteht sich, der viele Belastungen bringt. Peter sei sogar aus dem gemeinsamen Schlafzimmer ausgezogen. Das sei vielleicht noch zu ertragen gewesen. Aber dann habe er sie beschimpft und manchmal geschlagen. Er habe später, in einer ruhigen Stunde, Besserung gelobt.

Und Peter: »Ja, ich habe schuld. Ich habe oft gesagt, ich will mich bessern. Ich habe nicht im Haushalt geholfen, und das Schreien des Kindes hat mich gestört.« Zu seiner Entschuldigung fügte er hinzu: »Ich habe Schicht gearbeitet, und da mußte ich ja Ruhe haben. Aber ich will mich bessern. Ob ich es allerdings durchhalten kann ...« Das Gericht setzte das Verfahren aus. Ines ließ sich auf dieses halbe Besserungsversprechen nicht ein. Sie zog mit ihrem Kindchen zu ihrer Mutter, und schon nach Ablauf eines halben Jahres reichte sie erneut ihr Scheidungsbegehren ein.

In den beiden Terminen, die nun folgten, bekannte Peter: »Ja, im Anfang unserer Ehe war es gut, als das Kind noch nicht da war. Es war schön, wir liebten uns. Aber dann war das Kind plötzlich die Hauptperson.

Ines hatte keine Zeit mehr für mich. Das paßte mir nicht. Ich schimpfte, und Ines« – so sagte er wörtlich – »schaltete auf stur. Sie sprach tagelang nicht mit mir. Und da wurde ich auch stur.« Auch heute will Peter im Grunde seines Herzens noch zu ihr zurück. Aber wenn sie nicht will, ist er auch mit der Scheidung einverstanden. Wie unsicher dieser Peter ist. Er wagt sich nur mit einem Rechtsanwalt vor das Gericht, während Ines, die Jüngere und die Fordernde, ihre Sache allein vertritt.

Er hat überhaupt wenig Vorstellungskraft, der äußerlich so liebenswerte Junge. Er hat sich nicht ausmalen können, daß aus einer Ehe auch Kinder entstehen, hilflose Lebewesen, die gerade im Anfang ihres Daseins die ganze Aufmerksamkeit, Liebe und Fürsorge der Mutter beanspruchen.

Ines nimmt ihre Pflichten ernst. Mutter, Pädagogin, Hausfrau, alles mit neunzehn, mit zwanzig Jahren. Wer mag sie schelten, daß sie, beschimpft und geschlagen, »auf stur schaltet«. Diese junge Frau, enttäuscht in ihrer ersten Liebe, sagt sich, dann lieber keinen Mann als diesen. Sie weiß genau, ihr Leben liegt noch ganz vor ihr. Sie nimmt lieber die Last des

Kindes allein auf ihre Schultern. Sie mag, zugegeben, sicher sein, allzulang wird sie nicht allein bleiben. Und, zugegeben, sie ist auch ein wenig streng zu ihrem Peter, gegen diesen Jungen, der sich dachte: Ich heirate eine Frau, die sich nur um mich kümmert. Ein Goldstück, mit dem man sich sehen lassen kann, das einen verwöhnt, eine Art Mutter und Geliebte in einem. Zugegeben also, sie ist ein wenig streng mit ihm. Auch am Termin, da sie schon fast ein halbes Jahr von ihm weg ist, beklagt sie sich, daß Peter jetzt manchmal eine gewisse Ute zu sich eingeladen hat, das verstoße doch gegen das Prinzip der Ehe. Soll er in ein Kloster gehen? Nein, so sieht Peter gewiß nicht aus.

Die Ehe wurde geschieden. Die Wohnung behält Peter. Ines wird das Sorgerecht für das Kind zugesprochen. Über die Teilung des Hausrates haben sie sich verständigt.

Viele – ich glaube sogar die meisten – Scheidungsklagen reichen heute Frauen wie Ines ein. Sie fürchten sich nicht mehr und tragen eine unglückliche, ja nur eine unbefriedigende Ehe nicht mehr wie eine gottgewollte Last. Und damit nehmen sie dem »heiligen Band« der Ehe seine metaphysische (übernatürliche) Bedeutung. Sie wollen nicht mehr ein Leben lang mit einem Mann leben, der sie nicht liebt, der sie nicht achtet. Sicher, sie wollten, als sie heirateten, einen Mann fürs Leben. Sie wollen auch den natürlichen Vater ihrer Kinder als Mann. Aber nicht um jeden Preis. Nicht um den Preis des Lebensglücks. Diese jungen Frauen haben meist mehr aus der neuen Gesellschaft gelernt als ihre Männer.

Unsere sozialistische Republik ist eine Schule der Frauen geworden.

Ein Mann geht auf Dienstreise
1960

Das Verfahren sah so aus wie tausend andere Beleidungsprozesse. Eine Frau hatte einer anderen einen Brief geschrieben. In ihrer Wäsche seien Wanzen, und über ihrem Haus müßte ein Schild angebracht werden: »Öffentlicher ...« Sie wissen schon, eine wenig schmeichelhafte Bezeichnung. Dann hatte die Absenderin, Frau Elisabeth, nach Art tüchtiger Reklamefachleute nach diesem Brief ein Rundschreiben angefertigt und an alle Mitbewohner des Hauses von Frau Anneliese versandt. Die hingegen, eine wohlanständige Taxibesitzerin, fühlte sich in ihrer Ehre gekränkt und hatte Klage erhoben.

Die Sache war aber nicht lustig, sie war bitter. Es war der uralte Kampf zweier Frauen um den Mann, auf den jede einen legalen oder illegitimen Anspruch zu haben glaubte. Der Mann, der wahre Angeklagte in diesem Verfahren, blieb im Hintergrund; er saß still und bescheiden an seinem Schreibtisch als Abteilungsleiter in einem Betrieb unweit des Gerichtsgebäudes. Oder war er gerade an diesem Tag auf Dienstreise?

Das mit den Dienstreisen hatte sich der Mann so angewöhnt. Er war aus einer mitteldeutschen Kleinstadt nach Berlin versetzt worden und hatte seine Frau Elisabeth anfangs zurückgelassen mit ihren drei Kindern, von denen das jüngste gerade geboren war. In Berlin wurde er ein großer Mann, Abteilungsleiter, ledig aller Familienbande. Da traf er Frau Anneliese. Was er an ihr fand, weiß ich nicht. Sie ist mit Frau Elisabeth fast gleichaltrig, von fast gleicher Größe und Figur. War's eine Bratkartoffelliebe? War er gewöhnt, abends vom gedeckten Tisch in ein gemachtes Bett zu schlüpfen?

Als nun 1953 Frau Elisabeth mit ihren Kindern nach Berlin zog, fingen die Dienstreisen an. Sie dehnten sich auch über Weihnachten, über Silvester und Neujahr aus. Allmählich merkte auch Frau Elisabeth, wo das Ziel dieser Fahrten war. Es kam zu einer großen Auseinandersetzung. Ihr Mann versprach, von nun an ordentlich zu bleiben und seine Beziehungen zu Frau Anneliese abzubrechen.

Aber die Zusage war nicht dauerhaft. Nun griffen sogar der Betrieb und die Partei ein, der der Mann angehörte. Er wurde auf eine Schule geschickt, aber anscheinend hörte er bei Vorlesungen über moralisches Verhalten nicht aufmerksam zu. Als er zurückkam, beschloß er, ganz und gar auszuziehen, und nahm sich ein möbliertes Zimmer.

Das Leben wurde ihm jedoch zuwider. Nach sechs Wochen brachte er seine Bettwäsche wieder zu seiner Frau. Kritisch betrachtend stellte sie fest, daß sie ganz unbenutzt war. Auch Frau Anneliese hatte begriffen, daß der Mann zu seiner Frau zurückgekehrt war, und hängte ihm seinen Rasierapparat und die Zahnbürste in einem Beutel an die Haustürklinke seiner

legalen Wohnung. Bei ihr blieben – und das ist, was Elisabeth
mit Recht noch heute erregt – Wäsche und ein Radio. Und
der Mann weigert sich, diese seine Sachen abzuholen; denn er
will noch immer ab und zu – während der Dienstreisen –
diese Hemden benutzen und dies Radio hören.

Nachdem er nun viermal der Frau Elisabeth endgültig versprochen hatte, zu ihr und ihren Kindern zurückzukehren,
und als er noch immer keinen Finger rührte, um seine Sachen
bei Frau Anneliese abzuholen, da entschloß sich die Ehefrau,
mittels moderner Aufklärungsmethoden, die Aufmerksamkeit
breiterer Kreise der Öffentlichkeit auf Frau Anneliese zu lenken. So kam es zum Brief und zum Rundschreiben. Jetzt blieb
Frau Anneliese nichts übrig, als beleidigt zu sein und Klage
zu erheben.

Der Richter und die Schöffen sprachen sehr ernst mit Frau
Anneliese. »Was soll ich denn machen, wenn der Mann immer
wieder zu mir zurückkommt? Ich will ihn ja gar nicht.« Ganz
stimmte das nicht; denn der Richter konnte ihr diskret einen
Brief zeigen, in dem sie, Frau Anneliese, dem Mann ankündigte, sie werde eine große Überdosis Schlaftabletten nehmen,
wenn er sie ganz verlasse. Die Verhandlung hatte sich gewan-
delt. Nicht die Beklagte, die Klägerin wurde moralisch verurteilt.

Das Verfahren endete mit einem Vergleich. Die Beklagte,
Frau Elisabeth, rückte von ihrem beleidigenden Rundschreiben ab, Frau Anneliese nahm ihre Klage zurück und übernahm die Kosten.

Mit dem Mann wollen Richter und Schöffen einmal ganz
privat sprechen; und auch mit dem Betrieb, damit die Dienstreisen auf ein moralisch annehmbares Mindestmaß beschränkt
bleiben.

Der Schwangerschaftsausweis

1961

Im letzten Jahr des Krieges, während eines Urlaubes von der Front, war die Ehe geschlossen worden. Menschen fanden damals rasch zueinander. Der Mann suchte hier Ruhe und Zärtlichkeit. Er glaubte zu wissen, wohin er nach dem Krieg gehöre. Die Frau hatte einen Mann gefunden; wie selten waren sie geworden, die gutaussehenden Partner des Glücks. Ihre erste Liebe war es, und sie liebte ihn wahrscheinlich mit der ganzen Glut ihres Herzens. In ihr wuchs die Liebe, während es bei ihm nur ein ruhiger und ruhender Pol in den schlimmen Zeiten war, in seiner verbrannten, zerschossenen, zerquälten Jugend.

Und nun, in den siebzehn Jahren, in den sechzehn Nachkriegsjahren, ist diese Ehe zerbrochen. Die Frau ist älter geworden, die drei Geburten haben sie nicht schöner werden lassen. Eine Unterleibserkrankung machte ihr in den letzten Jahren auch zu schaffen. Der Mann hat sich besser gehalten. Er hat etwas Jungenhaftes, obgleich sein Ältester schon berufstätig ist. Er, der Vater, hat sich heraufgearbeitet, ist Behördenangestellter in gehobener Stellung mit großer Verantwortung und einem sehr guten Einkommen.

Schon seit sieben Jahren hat er eine Freundin, auch eine nicht mehr ganz junge Frau, eine Buchhalterin. Sie ist jünger, schlanker, flotter und vielleicht auch ein wenig unbedenklicher als die andere. In einer Gastwirtschaft hat er sie kennengelernt. Sie war einsam, und er durfte sie besuchen; sie nahm es damals in Kauf, daß er verheiratet war, darüber gab es keinen Zweifel.

Sie ist erschüttert, als sie erfährt, daß er mit der anderen drei Kinder hat. Aber er sagt ihr, seine Ehe bestehe praktisch nicht mehr. Wohl ist das Ehemeer ruhiger geworden, aber ganz glatt ist das Wasser noch nicht; die Brandung schäumt in der Ehe nicht mehr über, und die Wogen rollen langsam und in großen Abständen an den Strand, auch bis zuletzt, auch bis es zum ersten Scheidungstermin kam.

Die vernachlässigte Frau ahnt etwas von der anderen. Die Dienststelle weiß es. Ja, ins Ferienheim der Verwaltung bringt er die Freundin mit, und mit Stirnrunzeln wird das zur Kenntnis genommen. Der Mann wird von den Vorgesetzten zur

Rede gestellt, und er verspricht, seine privaten Dinge zu ord-
nen. Aber da er tüchtig ist und beliebt, ist man nachsichtig.

Nun aber geht es doch nicht mehr, und der Mann reicht die
Scheidungsklage ein. Was er in diesem ersten Termin gegen
seine Frau vorbringt, ist nicht stichhaltig; auch nicht stichhaltig ist das Argument, daß diese Ehe nie auf wahrer Liebe ge-
gründet war. Das Gericht wies das Scheidungsbegehren des
Mannes zurück.

In der Berufungsinstanz vor dem Bezirksgericht, an die der
Mann appelliert, sollte diese Ehe gründlich erörtert werden.
So wurde auf Antrag des Gerichts die Freundin geladen. Für
die Frau war es ein schwerer Schock, zum erstenmal die andere zu sehen, die Jüngere, die Glücklichere.

Ein Oberrichter und zwei Richterinnen hatten hier zu entscheiden, und der Richter fragte die Zeugin in sehr taktvoller
Weise nach der Geschichte ihrer Liebe.

»Wollen Sie den Mann, falls er geschieden wird, später heiraten?«

»Ja«, sagte sie, »wir wollen heiraten.«

Eine Richterin flüsterte dem Richter etwas zu. Und der
fragte: »Hat sich in den letzten Monaten etwas ereignet, was
diese Ehe dringend macht?«

Erst verstand die Freundin die Frage nicht, und der Oberrichter mußte deutlicher werden. »Sind Sie vielleicht schwanger?«

»Ja«, sagte sie.

»Eine Kollegin Richterin machte mich auf diese Situation
aufmerksam. Frauen haben dafür einen besseren Blick. In welchem Monat?«

»Im sechsten.«

»Haben Sie wohl zufällig den Schwangerschaftsausweis bei
sich?« Die jüngere Frau blickte den Mann an.

»Ich habe ihn«, sagte der Mann und holte ihn aus seiner
Brieftasche, gab ihn der Zeugin, und sie reichte ihn dem Gericht weiter.

Der Richter diktierte die Daten des Ausweises zu Protokoll,
gab ihn zurück, und der Ausweis wanderte auf demselben
Wege wieder in die Tasche des Mannes. Die andere Frau war
zusammengesunken. Nichts, aber nichts hatte sie so erschüttert wie der Aufbewahrungsplatz dieses Ausweises.

Der Oberrichter legte eine Pause ein.

Die Frau gab nach der Pause ihren Widerspruch zum Scheidungsbegehren auf. Sie hatte in diesen Minuten bemerkt, daß ihre Ehe wirklich zerbrochen war, daß nichts ihr den Mann zurückbringen würde, daß eine staatlich erzwungene Aufrechterhaltung dieser Ehe nur ein lästiger Zwang wäre, nur eine Papierehe sein könnte.

Mögen auch andere Überlegungen eine Rolle gespielt haben. Vielleicht, daß ihr Mann als Vater eines unehelichen Kindes die gut bezahlte Stelle verloren hätte und daß dann an eine großzügige Unterhaltszahlung für die zwei nicht berufstätigen Kinder nicht mehr zu denken wäre.

Wenn sie aber den Mann hätte an sich binden können, dann hätte das keine Rolle gespielt, sie wäre mit ihm auch in den kommenden Zeiten durch dick und dünn gegangen. Aber der Mann war ihr verloren, nicht die Schwangerschaft der anderen, sondern der Schwangerschaftsausweis hatte es ihr gezeigt.

Sie ist mit den Vorschlägen, die der Anwalt des Mannes unterbreitet, einverstanden. Sie behält die Kinder, die Wohnung und den Hausrat. Für die beiden nicht berufstätigen Kinder wird ein angemessener Unterhalt gezahlt, sie bekommt für sich eine Unterhaltsbeihilfe für die nächsten zwei Jahre. Alle Kosten, auch die der Rechtsanwälte, übernimmt der Mann.

Das Gericht sprach die Scheidung aus. Es wäre nie zu diesem Urteil gekommen, wenn die Frau dem Scheidungsbegehren widersprochen hätte. Und sie hätte sicherlich widersprochen, doch der Schwangerschaftsausweis in der Brusttasche des Mannes erhellte ihr blitzartig, daß die Ehe jeden Sinn verloren hatte.

So schwer ist es, Richter zu sein, so schwer ist es, zu entscheiden, ob eine Ehe ihren Sinn verloren hat oder nicht.

Um
bares Geld

Der
fliegende
Prädikant
1959

Niemand wäre überrascht gewesen, wenn der kleine Mann bei der Verlesung des Eröffnungsbeschlusses dem Vorsitzenden der 14. Großen Strafkammer in Berlin-Moabit mit frommem Augenaufschlag erklärt hätte: »Herr, vergib ihnen, denn sie wissen nicht, was sie tun.«

Ja, der ehemalige Krankenpfleger Erich hatte sich in die Rolle eines Vikars so hineingelebt und seine früher so salbenreiche Tätigkeit mit den salbungsvollen Phrasen eines falschen Gottesmannes so verwechselt, daß er selbst vor dem Hohen Gericht oft vergaß, daß er hier nicht der Prädikant, sondern daß seine Lage prekär war. Und daß er nicht mit der ewigen Seligkeit, sondern eventuell sogar mit der lebenslänglichen Sicherungsverwahrung rechnen mußte.

Im katholischen Waisenhaus hatte er sich die Umgangsformen der geistlichen Herren angeeignet; er, der nicht einmal das Ziel der fünften Klasse einer Hilfsschule erreicht hatte, konnte durchaus die Kenntnisse eines Hilfspredigers oder Vikars vortäuschen. Als Besonderheit spielte er in seinem wechselvollen Lebenslauf die Rolle eines altkatholischen Vikars, über dessen Funktionen selbst in den Kreisen des amtlichen Klerus keine rechte Vorstellung herrschte.

Früher einmal lebte er im demokratischen Sektor; hier spielte er nicht den frommen Gottesmann, sondern stahl ganz simpel. Aus der Haft entlassen, wandte er sich dem Westen zu, wurde als zu Unrecht Verfolgter anerkannt und dementsprechend eingestuft. Jedoch viel Freude erlebte das westliche Abendland nicht an seinem Märtyrer. Aus dem Dieb wurde ein Gauner im geistlichen Gewand – Betrug, Betrug und Rückfallbetrug heißt es von ihm in dem für ihn zuständigen Register. Und nun droht dem westlichen Freiheitskämpfer die lebenslängliche Sicherheitsverwahrung.

Auf einem Münchner Friedhof steht Erich vor der Familiengruft des Grafen Kolb von Wartenberg. Vom Pastor der Gemeinde läßt er sich als naher Verwandter Auszüge aus dem Kirchenbuch machen. Und so hat er schon die ersten gestempelten Papiere. Den Namen setzt er auch in den Bundesausweis ein. Von nun an ist er Dekan Graf Kolb von Wartenberg. Er kennt auch die zuständigen Läden und kauft sich in einer Paramentenhandlung die Straßenuniform für Gottesstreiter.

So ausgestattet, besucht er zuerst einmal – das machen fast alle Berufsverbrecher – die Angehörigen seiner Mitgefangenen aus der letzten Haft. Bei der Mutter eines jungen Häftlings findet der hochadlige Vikar freundliche Aufnahme, der dem schuldig Gewordenen im Gefängnis die Tröstungen der Kirche zuteil werden ließ. Inzwischen ist er auf der Rangliste zur Heiligkeit in Eiligkeit eine Sprosse hinaufgeklommen. Er ist, wie er der besorgten und nun erfreuten Mutter erzählt, der Sekretär des Archivars für kirchliche Angelegenheiten, Abteilung Ostblockstaaten, beim Weltkirchenrat in Genf. Natürlich braucht der hochadlige und hochgelehrte Herr Graf und Vikar einen Kraftfahrer. Als frommer Mann ist er bereit, einen reuigen Sünder bei sich aufzunehmen, um ihn durch seinen beispielhaften Lebenswandel auf den richtigen Weg zu geleiten. Die gute Frau ist sehr begeistert, daß dieser geistliche Herr bis zur Abfahrt mit ihrem bescheidenen Haushalt vorliebnimmt, nimmt und nimmt.

Im Büro der holländischen Fluggesellschaft KLM in München bucht der Leiter des Archivs für die Abteilung Ostblockstaaten beim Weltkirchenrat, Vikar Graf Kolb von Wartenberg, für sich, seinen Chauffeur und seine Sekretärin Helga (ohne die ein altkatholischer Vikar natürlich nicht fliegen kann) drei Flugkarten, die ihm auch sofort ausgehändigt werden. Die Rechnung läßt er einer Münchner Rechtsanwältin zukommen; der Weltkirchenrat hätte die Regelung übernommen. Zuerst geht's nach Amsterdam. Dort wird lustig gelebt. Für die römisch-katholischen Geistlichen ist unser kleiner

Mann ein Reverend Erich, und ein Pastor Bos ist natürlich bereit, einem deutschen Amtsbruder, der in Geldverlegenheit ist, die fehlenden Gulden vorzuschießen. Für Pfarrer Visser legt sich Graf Kolb von Wartenberg die lutherische Tour zurecht; die brachte ihm hundert Gulden.

Nur das streng katholische Konfektionshaus Peek & Cloppenburg ließ sich nicht durch Konfessionen täuschen. Es verlangt bares Geld, als er einen Mantel mitgehen lassen wollte. Die holländischen Kaufleute sind hartgesotten. Sie singen zwar in der Kirche das Credo, ihr Glaubensbekenntnis, aber im Geschäft haben Glauben und Kredit nichts miteinander zu tun. Als der Herr Vikar eine Referenz nachweisen wollte, riefen Peek & Cloppenburg gar die Polizei, und die schob unmittelbar den unbemittelten Vikar als unerwünschten Fremdling ab.

In Genf – die Luftreise wurde wieder von der glaubensstarken KLM bezahlt – wandelte sich Vikar Graf Kolb von Wartenberg wieder zum altkatholischen Glauben. Pfarrer Gautière gab dem in Geldschwierigkeiten geratenen Kollegen selbstlos dreißig Schweizer Franken. Jetzt war der Vikar in der Schweiz eingetroffen, um die unterernährten Kinder aus der Sowjetzone mit Schweizer Käse zu füttern. Im Hotel der Heilsarmee war er abgestiegen, und mit einem »Vergelt's Gott« hatte er das gastliche Haus verlassen. Mit seiner Flugkreditkarte gelangte er nach Berlin zurück.

In Westberlin rief der Vikar eine Bekleidungsaktion ins Leben. Als Beauftragter des Schweizer Kirchenhilfswerks stellte er Berechtigungsscheine aus, und das Westberliner Kaufhaus Knaak hatte sich liebenswürdig bereit erklärt, aus seinen unverkäuflichen Restbeständen die Notleidenden in Ost und West zu bekleiden. Der Vikar gab Beamten und Verwandten aus angeborener Mildtätigkeit seine gestempelten Bons, und die Firma Knaak (um in der Fachsprache zu bleiben) bowelte sich gründlich aus. Den Schaden bezifferte sie vor Gericht auf 3 500 DM. Es sei aber noch nachgetragen, daß sie gegen Glaubens- und Kreditschwindeleien bei der Allianz versichert war.

Inzwischen wurde der Vikar auch zum UNO-Beauftragten für geistliche Angelegenheiten ernannt. Er mietete einen Opel »Kapitän« samt Fahrer, und bei einem Gastwirt bestellte er ein großes Essen für fünfundzwanzig Personen. Das Essen holte er natürlich in seinem Wagen ab.

Und ganz zum Schluß war er auch noch Beauftragter des Prinzen Louis Ferdinand von Preußen mit der angenehmen Aufgabe, dessen Grundbesitz »Unter den Linden« zu besichtigen. Hier ließ sich sogar die Hauswartsfrau im demokratischen Sektor von ihm täuschen und gab ihm – so weit war der Herr Graf schon heruntergekommen – 2 M. Dann wurde er gefaßt.

Das Urteil – 3 Jahre Zuchthaus – nahm Erich lächelnd entgegen, weil er noch einmal an der Sicherungsverwahrung vorbeigekommen war. Und zum anderen deutete sein demutsvoll verklärter Blick an, daß er sich mit den Worten des »Evangelimanns« aus der gleichnamigen Oper zu trösten wußte: »Selig sind, die Verfolgung leiden um der Gerechtigkeit willen.«

Die Spinne im Netz

1954

»Bei Paule« heißt ein Spielkasino am Gesundbrunnen im französischen Sektor von Berlin. Vorn stehen die Automaten für die Jugendlichen und die Arbeitslosen, im Hinterzimmer spielen die Begüterten. Hier hält einer die Bank gegen einen der Besucher, der »Ponto« spielt. Die anderen setzen dabei irgendeine Zahl, ein Croupier kratzt das Geld zusammen und verteilt es. Das ist das Netz.

Am Tisch steht ein gutangezogener junger Mann mit glattem schwarzem Haar und energischen Zügen. Er beobachtet die Spieler sehr genau. Selten spielt er selbst mit. Er ist die Spinne.

Ein anderer, jüngerer hat seine letzte Mark gesetzt und verloren.

»Sie müssen weitersetzen«, sagt die Spinne, »denn nach der Wahrscheinlichkeitsregel wird Ihre Zahl jetzt rauskommen.«

Horst – so heißt das Opfer – sagt, daß er kein Geld mehr habe.

»Ach, das macht nichts, ich strecke es Ihnen vor«, und er gibt dem Ahnungslosen ein paar Mark. Beim Weiterspielen sagt die Spinne: »Übrigens können Sie mir auch mal einen Gefallen tun.« – »Aber gerne«, sagt Horst, jetzt die Fliege, zur Spinne.

»Sie sind doch Ostbewohner. Ich will nämlich meiner Freundin einen Feldstecher schenken, und Sie können den doch drüben kaufen.«

Der junge Mann will der gefälligen Spinne diese Kleinigkeit nicht abschlagen. Außerdem werden ihm noch 35 Mark versprochen. Sie fahren zusammen mit der S-Bahn zur Schönhauser Allee in den demokratischen Sektor. Vor einem Geschäft für optische Geräte bleibt die Spinne stehen und gibt Horst den erforderlichen Betrag.

Der Verkäufer legt Horst einen Revers vor; er unterschreibt, daß er nur für seinen eigenen Bedarf kauft. Seinen Namen und die Nummer des Personalausweises schreibt man auf.

Die Spinne bekommt den Feldstecher, Horst 35 Mark Belohnung. »Kommen Sie doch mal wieder zu Paule.«

So arbeitet Heinz Voigt, ein Mann mit drei Wohnsitzen. Auf dieselbe Weise zieht er das Mädchen Dietlinde in sein Netz.

In der Zeit vom 23. Mai bis zum 12. Juni 1954 kauft sie für ihn mindestens 23 Feldstecher, Fotoapparate oder Schreibmaschinen. Sehr schlecht muß die Kontrolle damals gewesen sein; denn Dietlinde benutzt immer wieder ihren Ausweis. Es fiel niemand auf, daß ein zweiundzwanzigjähriges Mädchen in knapp drei Wochen einen so immensen Verbrauch an teuren optischen Geräten hatte, Geräten, von denen jedermann sehr genau weiß, wie begehrt sie als Schieberware in Westberlin und Westdeutschland sind.

Bei den Spielautomaten hat Voigt seine Schlepper stehen. Dort kapert er sich die Halbwüchsigen. Den sechzehnjährigen Alfred, den siebzehnjährigen Jürgen und unzählige andere. Immer fährt er selber mit herüber zum Einkauf, in zwei Fällen vertraut er sogar Dietlinde die Überwachung an.

Nun sitzt eine bunte Gesellschaft aus dem Spielkasino »Bei Paule« auf der Bank des Strafsenats 2a des Berliner Stadtgerichts – als erster die Spinne Heinz Voigt. Neben ihm Opfer und Mithelferin Dietlinde, abgerutscht in den Westberliner Spielhöllen durch den zu leichten Verdienst und durch die vage Aussicht, einmal die Braut des eleganten Voigt zu werden. Neben ihr, als Spaßmacher der Tragödie, ein Narr des Verbrechens, der 19mal vorbestrafte Berufsverbrecher Reinhold. Auch er ging bei einer Berliner Reise dem Voigt ins Netz.

Vorwürfe wegen seiner Vorstrafen läßt er nicht zu und sucht Sympathien beim Publikum. »Ich mache Ihnen auch keine Vorhaltungen, daß Sie Richter geworden sind!« Er kaufte für den so sympathischen Herrn Voigt einen Feldstecher. Aber dieser ausgepichte schwere Junge arbeitet billiger als die Jugendlichen. Er bekommt nur zehn Mark und ein warmes Abendessen.

Die Strafe für die Spinne Voigt, acht Jahre Zuchthaus, ist hart und gerecht. Aber auch Dietlinde muß für fünf Jahre ins Zuchthaus. Das ist nach dem Gesetz zum Schutze des innerdeutschen Handels die Mindeststrafe. Hier sah das Gericht nur den Umfang der Tat; hätte es mehr die Täterin gesehen, es hätte ein milderes Gesetz, die Wirtschaftsstrafverordnung, anwenden können. Als 20. Strafe bekam Reinhold fünf Monate Gefängnis, und Horst kam mit drei Monaten Gefängnis davon. Eine Spinne ist unschädlich gemacht worden. Aber noch flattern allabendlich viele Jugendliche aus Ost und West in das üble Netz am Gesundbrunnen im Westsektor Berlins.

Das Versagen
1960

Der Mann Alex hätte nicht vor der Strafkammer stehen müssen. Das wäre nicht nötig gewesen. Er gehört zu den vielen Menschen, die mit Eifer bei der Sache sind, die stolz sind, daß sie etwas geleistet haben. Aber Alex hatte ein Auto. Und dieses Auto brachte ihn vor die Richter eines thüringischen Kreisgerichts.

Er ist Mitte Vierzig. Sein energisches Gesicht zeigt große Tatkraft. Kühn springt aus ihm eine große Nase hervor. Ein blonder Haarkranz umgibt sein kahles Haupt. Seine Hände bezeugen: Alex kann zupacken. Das spürt man, er ist der Typ, der lieber alles selbst macht.

Der Krieg verschlug den ostpreußischen Schlosser in den thüringischen Kreis. In den Hungerjahren arbeitete er bei einem Bauern und hielt sich und seine große Familie – er hat inzwischen sechs Kinder – über Wasser. Als sich die Verhältnisse stabilisieren, arbeitet er in einer Schiefergrube.

Der tüchtige Schlosser fällt auf. Bald wird ihm die Mechanik der Grube anvertraut. Die Kollegen wählen ihn zum BGL-Vorsitzenden; er ist etwas später auch Sekretär seiner Parteiorganisation.

Der Rat des Kreises ernennt ihn sehr bald zum Betriebsleiter. Er bringt die unrentable Grube auf die Beine; ihm werden noch eine benachbarte Ockergrube und eine kleine Ziegelei anvertraut. Im ganzen sind in den ihm unterstellten Betrieben 90 Kollegen beschäftigt.

Über Nacht ist der Schlosser zum Betriebsleiter geworden. Nie hat er einen Kursus über betriebswirtschaftliche Fragen besucht. Buchhaltung ist ihm ein Buch mit sieben Siegeln. Er ist kein Freund der Theorie, aber ein Mann der Praxis. Sein Gehalt ist gut. Er bekommt eine ständig wachsende Treueprämie und eine Zeitlang eine nicht unerhebliche Quartalsprämie. Wegen seiner Leistungen bei der Erfüllung des Jahresplanes wird er viermal als Aktivist ausgezeichnet. Unter seiner Leitung sind große Einsparungen gemacht worden. Die Stillstandszeiten senkte er von 20 auf 1,5 Prozent.

Vor allem beschafft er Ersatzteile für die Mechanik des Betriebes. Wenn eine Maschine ausfällt, setzt er sich in seinen Wagen und fährt in der Weltgeschichte herum, um rasch das Richtige zu besorgen. Auch für die Kollegen der Betriebe sorgt er – besorgt Mopedketten … ich weiß nicht, was.

Das sind seine positiven Seiten. Sie sollen und müssen hier voll und ganz gewürdigt werden.

Aber in dieser Aufzählung steckt schon der Keim seiner Untaten. Der Kraftwagen des Betriebes ist durch einen Unfall reparaturbedürftig geworden. Der Rat des Kreises hat keinen neuen beschafft. Doch Alex besitzt seit 1955 ein Auto. Einen Opel 1,2 Liter. Er macht alle Fahrten für den Betrieb mit seinem Wagen.

Für derartige Fahrten gab es damals eine gesetzliche Regelung, für alle volkseigenen Betriebe verbindlich. Wurde ein privates Kraftfahrzeug von einem Betriebsangehörigen für betriebliche Zwecke genutzt, dann wurden dem Eigentümer 0,20 M für den gefahrenen Kilometer erstattet. Für jeden Mitfahrer darf der Eigentümer weitere 0,03 M pro Kilometer kassieren. Jedoch alle Benzin- und Reparaturkosten muß einzig und allein der Kraftwagenbesitzer tragen. Diese Verordnung war Alex bekannt.

Alex war ein emsiger Kraftfahrer. Er war mehr unterwegs als in den ihm anvertrauten Betrieben. Die Arbeiter der Gruben machten den Rat des Kreises auf diese Fahrten aufmerksam, irgend etwas schien da nicht zu stimmen. Eine Revision wurde angesetzt, die Autoabrechnung überprüft.

Der Betriebsleiter hatte viel geschwindelt und veruntreut. Besonders in dem einen Jahr, in dem der Hauptbuchhalter des Betriebes krank war. Er hatte Fahrten berechnet, die er nie gemacht hatte; dagegen oft sogar weniger Kilometer über den Daumen gepeilt, als die Strecken wirklich in sich hatten. Er hatte Reparaturen an seinem Wagen vom Betrieb bezahlen lassen. Er hatte in vielen Fällen, in denen der Betrieb ihm das Benzin lieferte, 0,12 M pro Kilometer angerechnet.

In diesen Fällen hätte er, so berechneten die Sachverständigen, höchstens 2,6 Pfennig pro Kilometer kassieren können. Denn der Satz von 0,20 M pro Kilometer darf, wenn eine Person fährt, nie und nimmer überschritten werden. Wird das Benzin geliefert, muß der Preis dem Verbrauch des Wagens entsprechend abgerechnet werden (Alex' Wagen war mit 12 Litern pro 100 Kilometer amtlich getestet).

Es war natürlich sehr schwer für die Sachverständigen, zu prüfen, welche Fahrten wirklich gemacht worden waren und welche Alex vorgetäuscht hatte. Die einwandfrei geschwindelten Fahrten, die unberechtigten Reparaturkosten und die 12-Pfennig-Berechnung bei geliefertem Benzin (abzüglich der 2,6 Pfennig), all das ergab die stattliche Summe von 529,37 M.

Hingegen, oft ist Alex mit Betriebsangehörigen auf Reisen gegangen. Er hätte in diesem Fall 0,23 M oder 0,26 M berechnen können, wenn es eine echte Fahrt und eine dienstnotwendige Fahrt war. Dies hatte er auch versäumt. Er hatte immer nur 0,20 M berechnet. Es mag hier als Beweis gelten, daß Alex wohl ein Betrüger war, aber kein ausgepichter Lump. Diese nichtberechneten Summen konnten aber mit dem veruntreuten Betrag nicht aufgerechnet werden. Denn wenn ein Mensch bewußt das Volkseigentum schädigt, so hat er nicht das Recht, im gleichen Verfahren Gegenrechnung aufzustellen.

So muß Alex für ein Jahr und zehn Monate wegen fortgesetzter Untreue zum Nachteil des Volkseigentums ins Zuchthaus gehen.

Einem tüchtigen, fleißigen Mann waren Stellung und Auto zu Kopfe gestiegen. Bewußt hatte er den Betrieb geschädigt, den er selbst hochgebracht hatte.

Zu diesem Prozeß hatte der Rat des Kreises alle Leiter der örtlichen Industrie eingeladen, damit sie an Alex' Schicksal lernen sollten, wie man nicht handeln darf. Besser wäre es gewesen, Alex wäre von Zeit zu Zeit in einem Abendkursus oder in einem 14-Tage-Lehrgang über die Betriebsabrechnung in einem volkseigenen Betrieb und über das Rechnungswesen belehrt worden.

Schade, daß ein so tüchtiger Mensch schuldig werden konnte. Schade, daß es Jahre und Jahre dauern wird, bis wir ihm wieder einen ähnlichen Betrieb anvertrauen können.

Der Traum von der Selbständigkeit

1958

Rechnen wir einmal zurück. Wenn Max heute dreißig Jahre alt ist, dann war er 1945 siebzehn. Richtig, er wurde noch als Luftwaffenhelfer eingezogen. Als der große Betrug des Krieges zu Ende war, ging Max mit gutem Erfolg in die Maurerlehre. Später besuchte er die Baufachschule und wurde Bauingenieur. Er heiratete eine tüchtige Frau.

Eigentlich dürfte bei einer solchen geraden Entwicklung nichts schiefgehen. Max müßte eine sehr gut bezahlte Stellung als Bauleiter, als technischer Direktor oder gar mehr innehaben. Da er nie in kapitalistischen Betrieben gearbeitet hat, könnte man glauben, er sei auch von kapitalistischen Einflüssen frei. Das ist leider nicht so, die sozialistische Wirklichkeit hat noch nicht Fuß gefaßt in Maxens Wunschträumen, in seinem Bewußtsein.

Max hatte sich in den Kopf gesetzt: Ich will selbständig, »Herr im eigenen Haus« werden.

Max pachtete vor einigen Jahren – seinen Wunschträumen folgend – einen Kunststeinbetrieb. Er hatte nicht ausreichend Kapital, also mußte er beim Berliner Stadtkontor einen größeren Kredit nehmen. Eine Bedingung war, daß Max nicht mehr als 800 M für sich verbrauchen durfte.

Lebenslustig war Max aber auch. Chef spielen machte ihm Freude, und diese Freude wurde oft durch kleine Feiern gefüttert. Wenn es dann zu Hause Unannehmlichkeiten gab, fand Max Trost bei seiner hübschen Sekretärin. Nun sind bei einer solchen Lebensführung eines Unternehmers »nur« 800 M monatlich ein arges Hindernis.

Max wußte sich Rat, er manipulierte in den Lohnlisten, erfand vier tote Seelen, die als unsichtbare Helfer seinem Gewerbe unschätzbare Dienste leisteten.

Aber es gab sehr bald Geisterbeschwörer, er bekam eine Steuerstrafe von 3 000 M, und nun verlangte das Stadtkontor mit Recht, daß Max diese Strafe von seinem Einkommen bezahle, in Raten, so daß ihm für die weiteren 10 Monate nur ein Verbrauch von 500 M zugebilligt wurde.

Max aber hatte mit seinen dreißig Jahren schon Fett angesetzt, und das mußte erhalten werden. Er konnte sich nicht mehr bescheiden. Wenn eine private Baufirma bei ihm Kunststeine bestellte, gab er für die Lieferung erst einmal eine Teilrechnung, die er ordnungsgemäß verbuchen ließ und deren Bezahlung er, wie es seine Verpflichtung war, über das Berliner Stadtkontor einnahm. Die Schecks aber, die er für den zweiten Teil der Lieferung bekam, wurden nicht verbucht und gingen sofort auf sein Privatkonto. Siebenmal hinterzog er so seine Steuer, und 7 300 M waren direkt in seine Tasche geflossen und umgewandelt durch die Kehlen gegossen worden.

Bei einer Buchprüfung durch zwei Sachbearbeiter wurde auch diese Geschichte aufgedeckt. Max wurde, nachdem er die Sache zugegeben hatte, für den nächsten Tag zum Referat Steuern bestellt. Unser Unternehmer war an diesem Abend sehr aufgeregt; es war ihm klar, daß er mit einer Anzeige wegen Steuerhinterziehung zu rechnen hatte. Dann war es fraglich, ob man ihm die Gewerbeerlaubnis lassen würde. Mit dem Gewerkschaftsvorsitzenden seines Betriebes besprach er die ganze Angelegenheit. Dieser dunkle Ehrenmann – heute ist er spurlos verschwunden – soll ihm geraten haben: »Drücken Sie dem Steuerprüfer 2 500 M in die Hand, und die Sache geht nicht ans Gericht.« An diesem Abend wurde noch in Maxens Betrieb heftig getrunken, und der Unternehmer posaunte diesen Rat herum.

Jedenfalls, als Max am anderen Morgen das Zimmer des Sachbearbeiters betrat, wußte der schon durch einen Telefonanruf aus Maxens Betrieb, mit welcher Absicht sich unser Unternehmer trug.

Und der Steuerprüfer – mit Max allein im Zimmer – begann folgende Unterhaltung: »Wie kamen Sie eigentlich auf die Geschichte?« Max: »Ich konnte doch nicht mit den 500 M auskommen.« Steuerprüfer: »Was soll ich da sagen, ich habe doch auch nicht mehr Gehalt und muß auch auskommen. Ich möchte mir ja auch gern ein Motorrad kaufen und kann das nicht von meinem Gehalt.«

Max: »Was kostet denn so ein Motorrad, das kann doch nicht so schlimm sein?«

Es war dann von – versteht sich – 2 500 M die Rede. Max versprach dem Sachbearbeiter, das Geld zu besorgen, wenn die Steuerhinterziehung nicht zur Staatsanwaltschaft ginge. Zwischendurch bat der Sachbearbeiter den Steuersünder, ihm ein Rendezvous mit der Sekretärin zu vermitteln, von der die Behörde genau wußte, daß sie Maxens Freundin war.

Kurzum, statt die geplante Bestechung zu vereiteln, provozierte der Sachbearbeiter sie geradezu. Er veranlaßte sogar Max, ihm einen Schuldschein auszustellen. »Gegen eine entsprechende Gegenleistung verpflichte ich mich, Herrn XYZ die Summe von 2 500 M zu zahlen.« Dann zeigte er Max wegen Bestechung an.

Als Zeuge in dieser Sache geladen, spielte der Sachbearbeiter erst den großen Mann. Er habe Max die Maske vom Gesicht reißen wollen. Von der Richterin belehrt, daß es seine Pflicht gewesen wäre, durch Zuziehung eines zweiten Kollegen und durch eine betont sachliche Verhandlungsführung die geplante Bestechung zu verhindern, wurde unser Sachbearbeiter sehr kleinlaut und bleich.

Als dann die Sprache auf das gewünschte Rendezvous mit der Sekretärin kam, stotterte er nur noch, er habe die Absicht gehabt, weitere Verfehlungen des Steuersünders durch eine Bekanntschaft mit der Sekretärin aufzudecken. »Und dazu bedienen Sie sich der Vermittlung des Angeklagten?« Nach dieser Frage der Vorsitzenden brach unser unsachlicher Sachbearbeiter auf dem Zeugenstuhl zusammen und war nicht mehr vernehmungsfähig.

Es erfolgte gegen Max Strafanzeige wegen Steuerhinterziehung und Bestechung. Vor der ersten Vernehmung verließ er den demokratischen Sektor. Seine Frau machte den unüberlegten Schritt jedoch nicht mit. Sie bemühte sich, die Sache ins reine zu bringen. Ein Rechtsanwalt wurde von ihr beauftragt, Max traf sich auch mit ihm und war bereit, zurückzukommen. Er wollte nur wissen, wie hoch seine Steuernachzahlung sei. Leider hielt das Referat Steuern sehr mit der Auskunft zurück; erst nach monatelangem Drängen erklärte derselbe Sachbearbeiter dem Rechtsanwalt, Max habe eine Summe von etwa 70 000 M zu zahlen. Diese Zahl aber war die Summe an Steuerschulden, die der inzwischen beschlagnahmte Betrieb noch zu zahlen hatte. Man hatte eine nicht sachdienliche Auskunft gegeben.

Nach einem Besuch bei seiner Frau wurde Max im demokratischen Sektor verhaftet.

Das Gericht beurteilte den Fall Max außerordentlich klug. Als Hauptschuld wertete es die Steuerhinterziehung und sprach dafür eine Gefängnisstrafe von acht Monaten aus. Bei der Bestechungsgeschichte berücksichtigte das Gericht ganz offensichtlich die schlechte Arbeitsweise des Sachbearbeiters und gab Max für seine Verfehlung nur eine Strafe von zwei Monaten Gefängnis. Zusammengezogen also als Gesamtstrafe wurden neun Monate Gefängnis für ausreichend gehalten. Der Haftbefehl wurde aufgehoben, und in zwei Jahren, wenn Max sich in seinem Beruf bewährt hat, soll die ganze Strafe null und nichtig sein.

Durch einige bittere Erfahrungen in Westberlin hat Max den Traum von der freien Unternehmerschaft ausgeträumt. Und es scheint, daß er sich in diesen schweren Monaten wieder erinnert hat, daß er einmal ein Arbeiter war.

Zwanzig Prozent ehrlich

1959

Nie hätte das Mädchen Irene etwas Unrechtes getan, nimmermehr wäre es ihr eingefallen, einer Kollegin, sagen wir, 10 M aus der Manteltasche zu stehlen oder die Gehaltstüten falsch zu füllen, um für sich etwas Rahm abzuschöpfen. Sie war tüchtig und beliebt, hatte es von der Stenotypistin mit ihren 22 Jahren zur Schulsekretärin gebracht und stand fest auf ihren, sagen wir es ruhig, wohlgeformten Beinen.

Daß es ihr privat scheußlich ging, muß auch erwähnt werden. Sie hatte vor nicht allzulanger Zeit den Mann ihres Lebens erobert, die große Liebe. Es war geheiratet worden, und ein kleiner Sprößling hatte sich eingestellt. Indes kam an das Tageslicht, und zwar sehr bald, daß der Mann irgendwo in Westdeutschland schon eine Frau hatte, daß er Bigamist und daß die geschlossene Ehe mit dem Mädchen Irene nichtig war. Der Mann wurde verurteilt und verschwand spurlos nach seiner Strafverbüßung. Das Mädchen Irene blieb mit dem Sproß und vielen Schulden zurück.

Als Schulsekretärin mußte Irene die Gehälter auszahlen. Sie holte die Lohnsumme von der Bank ab und verteilte sie, wie jeden Monat, in die Gehaltstüten. Da bemerkte sie zu ihrem Erstaunen, daß sie genau 1 000 M übrig hatte. Also hatte sie sich sicher beim Verteilen der Gehälter verzählt. Sie schüttete noch einmal aus allen Lohntüten den Inhalt heraus und begann mit der Neuverteilung – diesmal besonders sorgsam. Aber trotz aller Vorsicht blieben wieder genau 1 000 M übrig. Noch während Irene staunend vor der unfaßbar großen Summe saß, deren Herkunft sie sich nicht erklären konnte, kam ihre Mitarbeiterin ins Zimmer.

»Kollegin Irene, eben kommt ein Anruf von der Bank. Es fehlen in der Kasse 1 000 M. Der Kassierer fragt, ob er Ihnen nicht irrtümlich 1 000 M zuviel ausgezahlt hat.«

Irene war in Versuchung geführt, und in diesem Augenblick widerstand sie nicht. »Nein«, sagte sie, »ich habe nicht zuviel. Bei mir stimmt es genau.« In diesen wenigen Sekunden hatte sie sich überlegt, wie sie von den 1 000 M ihre Schulden begleichen und notwendige Dinge kaufen konnte.

Irene nahm die 1 000 M mit nach Hause. In der Nacht konnte sie nicht schlafen. Sie rechnete hin und her. Die Gewissensbisse kamen. Sie sah, in welcher Angst der Kollege Kassierer war, der die 1 000 M ersetzen mußte. Sie überlegte, welche Summe sie unbedingt brauchte, um aus ihren Schwierigkeiten herauszukommen: Am nächsten Morgen versteckte sie 800 M in einem alten Bügeleisen und brachte 200 M zur Bank zurück. Sie gab an, man habe ihr tatsächlich 200 M zu viel ausgezahlt, sich selber beweisend, daß sie zu zwanzig Prozent ein ehrlicher Mensch war.

Der Kassierer aber schüttelte den Kopf. Er wisse genau, daß ihm ein gebündeltes Päckchen von 1 000 M fehle. Wenn die Schulsekretärin 200 M zuviel habe, müsse sie auch die anderen Scheine besitzen. Eine Haussuchung brachte die versteckte Summe ans Tageslicht. Still, beschämt, reumütig stand Irene vor ihren Richtern. Acht Monate Gefängnis, ausgesetzt auf zwei Jahre, war das Urteil. Ein Schaden war nicht entstanden.

Als ich diese Geschichte einem Bekannten erzählte, erinnerte er sich an einen ähnlichen Vorfall im Jahre 1932. Er hatte auf einer Depositenkasse einer Berliner Großbank eine Summe abgehoben und stellte zu Hause fest, daß ihm 100 Mark zuviel ausgezahlt worden waren. Er ging sofort zur Bank zurück und sagte das dem Kassierer. Der Geschäftsleiter der Bank kam hinzu, hörte, was mein Bekannter monierte, und ordnete an: »Machen Sie sofort einen Kassensturz.«

Der Kassierer schloß den Schalter. Nach zehn Minuten sagte er meinem Bekannten im Beisein des Geschäftsleiters: »Sie müssen sich irren, meine Kasse stimmt auf den Pfennig.«

Mein Bekannter ging kopfschüttelnd weg und wunderte sich, wie er zu den 100 M gekommen war. Am Abend erschien der Kassierer in der Wohnung meines Freundes und sagte ihm: »Sie hatten natürlich recht. Ich habe Ihnen 100 Mark zuviel ausgezahlt. Wenn ich das aber vor dem Filialleiter zugegeben hätte, wäre ich sofort entlassen worden.«

Heute denkt niemand daran, einen Kassierer wegen eines Irrtums zu entlassen. Ja, selbst für Irene, die einmal gestrauchelt war, wurde eine Stellung gefunden, die genausogut bezahlt wird wie die, die sie durch ihre Tat verloren hat.

Um das
Glück
des Lebens

Ein Exempel
sollte
statuiert
werden

1957

»Ein Mann, der nicht Musik hat
in sich selbst,
den nicht die Eintracht
süßer Töne rührt,
taugt zu Verrat, zu Räuberei
und Tücken.
Trau keinem solchen!
Horch auf die Musik.«

Haben diese Worte aus Shakespeares »Kaufmann von Vene-
dig« in dem kleinen unscheinbaren Mann aus Berlin-Wilmers-
dorf widergeklungen, einem Menschen, der wohl Musik hatte
in sich selbst, der aber in einer Umwelt lebt, die zu Verrat, zu
Räuberei und Tücke taugt?

Ist die Zeit so schlecht geworden, wollte sich niemand mehr
durch den süßen Klang seiner Fiedel rühren lassen, waren
Walzer und Tango ganz verschwunden, vergessen? Max hatte
keine Kraft mehr.

Wenn er Trompete oder wenigstens Klarinette als zweites
Instrument hätte spielen können. Vielleicht wäre ihm ein be-
scheidener Platz am Katzentisch des Lebens beschieden worden. Aber ein Geiger nur?

Seit drei Jahren ging er zweimal wöchentlich zum Arbeitsamt der Künste, zur Wisokü am Breitenbachplatz in Westberlin. Die Angestellte schüttelt traurig den Kopf. »Heute
nichts, wieder nichts.« Ein Musiker mit 46 Jahren, ein kleiner,
gedrückter Mensch, ist nicht mehr unterzubringen. Jung muß
man sein, Trompete muß man schmettern, Garderobe muß

man haben. Dann kann man in einem Schauorchester anfangen. Aber mit 46 Jahren Tanzmusiker? Unmöglich.

»Und wie soll ich meine Frau und meine drei Kinder ...?«

Nun steht Max vor dem Schöffengericht in Moabit. Angeklagt wegen Transportgefährdung, und außerdem noch, weil er sich die Beförderung durch ein Verkehrsmittel in der Absicht erschlichen hatte, das Entgelt nicht zu entrichten.

So schwere Straftaten für unseren armen Max?

Über die Anklage des Moabiter Staatsanwalts könnte man lachen, wenn sie nicht so traurig, ja so unsagbar zynisch wäre. Ein Angestellter der BVG hatte die Anzeige gegen Max erstattet. Der Musiker hatte sich am Sonntag, dem 3. August, zum Äußersten entschlossen. Er nahm seiner Frau die letzten 5 DM aus der Tasche und trank sich Mut an. Danach fuhr er mit einem einfachen Fahrschein vier bis fünf Stunden auf der U-Bahn hin und her. Der Alkohol reichte nicht aus, und seine Hemmungen, sein Selbsterhaltungstrieb waren zu groß.

Da plötzlich, als der Bahnhof Seestraße geschlossen wurde, als die letzte U-Bahn abfahren wollte, verließ er das Abteil und stürzte sich vor den anfahrenden Zug. Glücklicherweise konnte er noch gerettet werden.

Max schlurfte nach Hause, nachdem ein kleines Protokoll angefertigt worden war, ohne zu erzählen, was er vorgehabt hatte. Die Tage schlichen weiter.

Was dachte sich eigentlich der Staatsanwalt bei seiner Anklage? Es muß ein Exempel statuiert werden. Alle Arbeitslosen und alle Lebensmüden sollen ein für allemal gewarnt werden. Falls sie es wagen, sich vor einen fahrenden Zug zu stürzen, machen sie sich nämlich einer schweren strafbaren Handlung schuldig – Transportgefährdung. Das kostet das Leben und außerdem noch sechs Monate Gefängnis. Vor allem aber bringt es eine Eintragung ins Strafregister ein. Wenn das nicht abschreckend wirkt.

Die drei Richter, das muß hier registriert werden, hatten mehr Verstand. Sie stellten fest: Max war in einer so schweren seelischen Depression, daß er nicht in der Lage war, das Strafbare seiner Handlung einsehen zu können. Sie billigten ihm so den Schutz des Paragraphen 51 zu. Sie sprachen ihn frei.

Apathisch, wie bei dem ganzen Prozeß, verließ Max das Gericht. Nicht wie ein Mann, der Musik in sich hat.

Heb den Kopf, Max. Horch auf die Musik.

Die Hühnerpsychologie

1958

Die Glücksgöttin war an seiner Wiege vorbeigegangen und hatte sich nicht einmal umgeschaut. Und so war er weder mit Schönheit, Anmut, Verstand noch mit reichen Eltern gesegnet. Sein Leben verlief traurig und freudlos. Sein Ende im Alter von 26 Jahren war schrecklich.

Nicht einmal in der Hilfsschule war er mitgekommen, das einzige, was an ihm bemerkenswert war, war seine Liebe zu den Pferden, seine Zuneigung zu diesen großen, starken, gutmütigen Geschöpfen, die geduldig schnaubend ihr schweres Geschick in den Städten der Menschen tragen. Die Eltern des Werner Koltermann waren froh, daß er als Kutscher Arbeit fand.

Nun, da er heute tot ist, weint keine Geliebte an seinem Grab; nur sein alter Vater ist gekommen, um fast teilnahmslos zu hören, auf welche tragische Weise sein stiller Sohn umkam. Wenig wußte dieser Vater von ihm. Mehr erfuhren wir von zwei Fuhrunternehmern. Der eine, bedächtig, lebenstüchtig, körperlich und finanziell gleich gewichtig, hatte diesen kleinen, etwas schmuddeligen Kutscher eingestellt, an einem Nachmittag. Als er abends noch einmal seine Pferdeställe aufsuchte, fand er Werner neben den Pferden im Stroh schlafend. Zur Rede gestellt, erzählte der Erwachende, daß er keine Bleibe habe und daß er im Stall schlafen möchte. Der neue Chef verbot das, aber am nächsten Morgen bemerkte er, daß der neue Kutscher doch im Stall übernachtet hatte. So unordentlich er mit sich, seinem Körper und seiner Kleidung war, so gut war er zu den Pferden. Jedoch blieb Werner Koltermann nicht lange bei diesem Chef.

Sein letzter Arbeitsplatz war bei einer Fuhrunternehmerin. Sie nahm sich des kleinen, sehr gutmütigen, hilflosen Kutschers an. Von ihm erfuhr sie, daß er noch immer wohnungslos war. Er hatte keinen Personalausweis. Sie merkte an seinem Wesen, daß er nicht fähig war, sein Geld einzuteilen.

Sie ging mit ihm zur Polizei, besorgte ihm einen Ausweis, verschaffte ihm ein Zimmer. Sie verwaltete sein Geld und sorgte dafür, daß er nicht alles vertrank. Daß er noch immer etwas hatte, um seine Kleidung zu ergänzen.

Ich glaube, mit seinem Ausweis, mit seiner richtigen Woh-

nung, mit seinem geordneten Geld fühlte sich Werner Koltermann zum erstenmal im Leben wie ein richtiger Mensch. Er
wollte anerkannt werden als Gleicher unter Gleichen. Vor allem von seinen Kollegen, von den Fuhrleuten, die er jeden
Tag an der Schuttkippe traf. Dort, an der Spree, in der Nähe
der Wallstraße, wurde der Schutt des letzten Krieges auf die
Kähne gebracht. Dort war früher die Börse, heute der Treff-
punkt aller Kutscher. Dort wollte er nicht mehr das häßliche
Wort »Stinkbombe« hören, mit dem er gehänselt wurde. Aber
nie gelang es ihm, für voll genommen zu werden, trotz seiner
derben Reden. Auch jetzt nicht, da er einen Ausweis und eine
Wohnung hatte. Die »Stinkbombe« haftete ihm an.

An diesem Tag ging es hoch her an der Schuttkippe. Einer
der vielbeneideten Glücklichen hatte gerade verkündet, daß er
ein Zehntel eines Fünfertreffers sein eigen nannte. Den anwesenden Fuhrleuten spendierte er eine Flasche Bier. Als Werner Koltermann auf sie zutrat, fingen sie wieder an, ihn zu
hänseln. Die »Stinkbombe« müßte wieder einmal gewaschen
werden. Schon früher hatte ihn einer mit einem Eimer Wasser
übergossen, ein anderer ihn in eine Tonne gesteckt. So ergriffen ihn diesmal vier der Anwesenden und hielten ihn über das
Geländer der Spree. »Damit du mal wieder sauber wirst.«

»Hilfe, Hilfe«, schrie Werner Koltermann, »laßt mich los,
ich kann doch nicht schwimmen.« Die vier setzten ihn wieder
auf die Erde. Er lief weg. Und dann ärgerte er sich. Auch das
hatte er ihnen zugeben müssen. Wieder kam er sich mißachtet
vor. Und er drehte sich um und rief: »Ich habe euch angelo-
gen, ich kann besser schwimmen als ihr alle zusammen.« Und
kam zu den vieren zurück. Der älteste der Fuhrleute, ein vor-
bildlicher Familienvater, ein tüchtiger Pferdepfleger, ein
Mann, der seit vielen Jahren bei ein und demselben Fuhrun-
ternehmer tätig ist und dort eine Vertrauensstellung genießt,
der sagte: »Ich spendiere euch eine Lage, wenn wir ihn in die
Spree werfen.«

Sie griffen ihn. Er wehrte sich und strampelte. Er dachte
nicht mehr an sein Leben, er dachte nur an den so mühevoll
erworbenen Personalausweis. »Nehmt mir wenigstens meine
Papiere aus der Tasche.« Das taten sie und hoben ihn an diesem 20. August 1958 in seiner ganzen Kleidung, mit Jacke,
Fuhrmannsmütze und Schuhen über das Geländer und ließen
ihn in die Spree fallen.

Werner Koltermann tauchte nur noch einmal auf, mit dem Gesicht zum Wasser. Und da bemerkten die vier, daß er wirklich nicht schwimmen konnte. Zwei von ihnen zogen sich die Schuhe aus und sprangen ihm nach. Die anderen wiesen ihnen die Stelle, an der noch Blasen aufstiegen. Ein unbeteiligter Fuhrmann sprang hinterher. Polizei und Feuerwehr wurden alarmiert und kamen. Aber sie konnten nicht einmal den toten Werner Koltermann bergen. Er tauchte nach zwei Tagen erst wieder auf.

Die vier standen vor dem Stadtgericht Berlin und mußten ihr unverantwortliches Tun verantworten. Sie hatten sich wie die Hühner benommen, die sich alle auf ein krankes Huhn aus ihren eigenen Reihen stürzen und es zu Tode picken. Ihre Tat hatten sie nicht begangen mit der Absicht zu töten. Sicher nicht. Dennoch hatten sie einen Menschen umgebracht. Aus einer unmenschlichen Haltung einem Kollegen gegenüber, einem Kollegen, der von Natur aus benachteiligt war.

Das Gericht gab den drei jüngeren Tätern eine Strafe von 15 Monaten, dem älteren eine von 16 Monaten Gefängnis, wohl bedenkend, daß diese Strafe keine Sühne ist, sondern Erziehung. Erziehung für die Übeltäter, die sicherlich nie wieder etwas Ähnliches tun werden, die vielleicht sogar in ihrem künftigen Leben einem schwächeren Kollegen helfen werden, statt ihn zu verspotten.

Damit würden sie ihr Opfer, den armen Werner Koltermann, am besten ehren.

In der Gaststätte »Zum Steinbock«
1960

Das Gastzimmer in der Kneipe »Zum Steinbock« ist leer. Der Wirt – oder richtiger der Mann der Inhaberin –, Karl Meditz, hat mehrere Schüsse aus seiner Gaspistole abgegeben. Er hat gerufen: »Knüppel 'raus!«, und die schlampige 17jährige Kellnerin Vollmer hat den schweren vorbereiteten Holzknüppel hinter der Theke hervorgeholt. Alles ist durch den Gasgestank nach draußen oder in den anliegenden Saal gestürzt. Der Knüppel aber ist auf ungeklärte Weise nach draußen gewandert.

Und nun dringt ein Mann ein, allein wieder in die gasgeschwängerte Gaststube, ein 22jähriger Brauer, Heinz Finck. Er hebt ein weißes Papier vom Tisch der Gastwirtschaft auf. Es ist die Reisebescheinigung der DDR (P. M. 12 genannt) auf den Namen Otto Krahmann. Herr Finck geht hinaus und gibt den Ausweis einem Gast, der vorher in der Kneipe war, der sich aber aus Angst vor dem wilden Wirt nicht mehr hineinwagt.

Kurze Zeit darauf wird dieser kleine, schmächtige Mann vor der Gaststätte, an der Ecke Sibeliusweg und Sven-Hedin-Straße in Hannover-Buchholz mit dem Knüppel niedergeschlagen. Er sackt zusammen. Er kann nicht mehr sprechen. Der 19jährige Günter Achilles führt den Schlag. Oder waren es zwei Schläge?

Draußen hat sich eine Menschenmenge angesammelt. Die Bewohner sind durch die Schüsse aus ihrer Abendruhe aufgeschreckt. Krahmann wird von seinem Schwager Berner und seinem Freund Steinbach, die beide in Hannover wohnen, in Steinbachs Wohnung gebracht. Ein Funkwagen wird alarmiert. Als der Streifenführer hört, daß Otto Krahmann aus Brotterode (Kreis Schmalkalden) stammt, ruft er entsetzt: »Um Gottes willen – aus der Ostzone, auch das noch!«

Und das gibt den Ton an. Was bei dem ersten Polizeibeamten noch berechtigtes Entsetzen, Angst vor Komplikationen war, das beherrscht von nun an alle Stellen in Hannover, die sich mit dem Tode Otto Krahmanns beschäftigen müssen. Im Jüdischen gibt es ein weises Sprichwort: »Auf dem Gannef (Dieb) brennt sogar der Hut.« Das schlechte Gewissen treibt die Behörden von einer Unkorrektheit der Verschleierung zur Fälschung. Das fängt schon im Krankenhaus an.

Die Sektion des am 20. Oktober 1959 verstorbenen Otto Krahmann wird im Krankenhaus Hannover-Oststadt nur nach pathologischen Gesichtspunkten durchgeführt. Ergebnis: Tod ist durch Hirndruck eingetreten. Ein gerichtsmedizinisches Gutachten, das bei jedem gewaltsamen Tod eingeholt werden muß, erfolgt nicht. Im Gutachten steht nicht, daß der Tod durch äußere Einwirkung verursacht wurde. Und so geht das weiter.

Auf dem Totenschein bestätigt der behandelnde Arzt amtlich als Todesursache: Herz- und Kreislaufversagen infolge Hirndruck. Auf dem Leichenpaß, der notwendig ist, um den Körper in die Heimat zu überführen, steht nur noch als Todesursache: Hirndruck. Das Standesamt Hannover bescheinigt, daß es 8 Tage nach dem Tode des Otto Krahmann nicht in der Lage ist, infolge fehlender Urkunden den Sterbefall in das Register einzutragen, hat aber keine Bedenken, die Leiche zur Bestattung freizugeben.

Und nach 10 Tagen erscheint in der »Hannoverschen Presse«, einer sozialdemokratischen Zeitung, die dem Polizeipräsidenten nahesteht, eine Notiz: »Politischer Streit endete tödlich.« Es sei, so heißt es, in der Gaststätte »Zum Steinbock« über die Oder-Neiße-Grenze diskutiert worden.

Vor der Jugendstrafkammer des Landgerichts Hannover wurden drei Tage lang Zeugen über Zeugen in dieser Sache gehört. Frau Lea Krahmann, Witwe des Getöteten, war als Nebenklägerin zugelassen. Sie konnte nicht erscheinen, weil sie gerade mit einem Kinde niedergekommen war. Sie hatte Rechtsanwalt Professor Dr. Kaul aus Berlin als ihren Vertreter bestellt.

Angeklagt war der 19jährige schmächtige Günter Achilles, der zugegebenermaßen den tödlichen Schlag geführt hatte. Angeklagt waren der 39jährige Gastwirt Karl Meditz und vier weitere junge Männer im Alter von 19 bis 20 Jahren, die alle zu einer Bande gehören, die den Schwager und den Freund Krahmanns mißhandelt hatten. Außer Achilles sind alle in dieser Sache auf freiem Fuß. Der Gastwirt Meditz wurde erst vier Wochen nach der Tat einmal kurze Zeit verhaftet, aber alsbald wieder freigelassen. Werner Theile, der nach der tödlichen Schlägerei eine erneute Straftat beging, sitzt dafür in Haft. Ja, selbst während der dreitägigen Verhandlung beteiligte sich einer der Mitangeklagten, Harry Spiekermann, am Zerschlagen einer Schaufensterscheibe. Er wurde auf frischer Tat ertappt und so am zweiten Verhandlungstage aus der Polizeihaft vorgeführt.

Über diese Gruppe von (wie es im westdeutschen Strafrecht heißt) Heranwachsenden ließe sich ein ganzes Buch schreiben. Sie wohnen alle zusammen in einer Jugendwerksiedlung. Werner Theile und Heinz Tilgner sind vor nicht langer Zeit aus der DDR gekommen. Sie haben in der kurzen Zeit, in der sie in der Bundesrepublik leben, eine ganze Reihe von Straftaten begangen.

Sie berufen sich darauf, ganz unpolitisch zu sein, und berichten mit Stolz (und das Gericht findet das durchaus in Ordnung), daß sie weder ein Buch noch eine Zeitung lesen. Sie kennen nur ihren Beruf, Kneipe, Schlägerei, Gefängnis und ab und zu einmal ein Mädchen.

Auch Achilles, derjenige, der den Knüppel führte, hat eine Freundin, eine Republikflüchtige. Sie hat aber noch so viel innere Haltung, daß sie dem Freund sofort nach der Tat eine rechts und eine links herunterhaut. Sie ist, wie jeder aufmerksame Beobachter es im Gerichtssaal feststellen konnte, sehr eng mit der Gastwirtin Meditz befreundet.

Die zentrale Figur ist dieser Gastwirt Karl Meditz. Er ist sogenannter Volksdeutscher. Nach der Besetzung seines Heimatlandes Jugoslawien meldet er sich freiwillig zur deutschen Luftwaffe und wird als Fallschirmjäger ausgebildet. Nach dem Kriege wird er in Westdeutschland eingebürgert, fühlt sich aber ständig wegen seines ausländischen Dialektes in der Bundesrepublik als Mensch zweiter Klasse. Er hantiert immer mit Waffen. Schon einmal wurde er wegen illegalen Waffenbesitzes bestraft, ein zweites Verfahren läuft. Das alles deutet darauf hin, daß er in einer Geheimorganisation Mitglied ist.

Seine Kneipe liegt in einer Siedlung, in der mehr als 75 Prozent Ausländer leben. Es sind meistens Menschen, die im Krieg gegen ihr eigenes Vaterland in der Wehrmacht oder Waffen-SS gekämpft haben. Die Gäste in der Kneipe »Zum Steinbock« sind Ausländer und Jugendliche aus der Jugendwerksiedlung. Sie bewundern den ehemaligen Fallschirmspringer Meditz. In diesem Milieu wurde Otto Krahmann erschlagen.

Hat niemand gewußt, daß Otto Krahmann aus der DDR kam? Doch, jener Brauer Heinz Finck, der in die Kneipe hineinging und den Ausweis holte. Wurde das Dokument in der Kneipe herumgereicht?

Und noch jemand hat das zugegeben. Die Wirtin und Frau des eigentlichen Hauptangeklagten Meditz sagte es bei ihrer allerersten Vernehmung. Aber beim Untersuchungsrichter verweigert sie überhaupt die Aussage. Jetzt wieder, in der Hauptverhandlung, will Frau Meditz aussagen.

»Und warum haben Sie vor dem Untersuchungsrichter die Aussage verweigert? Das verstehe ich nicht«, fragt sie der Vorsitzende, Landgerichtsdirektor Hinkel.

Frau Meditz antwortet wörtlich: »Man hat mir gesagt, meine Angaben vor der Polizei waren unrichtig.« Dreimal wiederholte sie das mysteriöse »Man«. Landgerichtsdirektor Hinkel fragt: »War es vielleicht der Untersuchungsrichter?« – »Ja«, sagt sie.

Natürlich stimmte das nicht. Es war nicht der Untersuchungsrichter, aber Meditz war damals noch in Freiheit, damals wie heute wieder in Freiheit. Er hatte ihr über diesen Teil ihrer Angaben bittere Vorwürfe gemacht. Ja, selbst in der kurzen Zeit, als Meditz in Haft war, konnten sich die beiden, wie Prof. Kaul durch ein Kreuzverhör feststellte, im Gefängnis über die Tat und die Aussagen der Frau Meditz unterhalten. Sie konnten ihre Aussagen abstimmen.

Schon der Haftrichter beachtet das Geständnis Achilles' vor der Polizei nicht. Er läßt sich von Achilles vormachen, daß er nur rein zufällig nach hinten geschlagen habe, ohne zu wissen, ob jemand da stand. Achilles braucht nicht einmal vom Stuhl aufzustehen, um das zu demonstrieren. Und der Haftbefehl lautet dann auch nur noch auf Körperverletzung und nicht Totschlag.

Alle Mittäter und Zeugen verkehrten weiter in der Gaststätte »Zum Steinbock«. Und als Prof. Kaul den Gastwirt Meditz fragt, ob über die Tat hinterher gesprochen wurde, sagte er ja. »Was haben Sie gesagt, was die Zeugen aussagen sollen?« – »Die Wahrheit«, sagt Herr Meditz.

Merkwürdig, nur ein einziger Zeuge sagt wirklich die Wahrheit. Und gerade er ist nach der Schreckenstat nicht mehr in die Kneipe »Zum Steinbock« gegangen. Eben der Brauer Heinz Finck. Er ist angeblich auch der einzige unter den Gästen, der wußte, daß Otto Krahmann aus der DDR kam.

Die Kneipe wurde nicht geschlossen, die Täter nicht verhaftet, sie hatten Zeit, sich mit den Zeugen zu beraten. So arbeitete die Polizei in Hannover. Nach der Ursache der Schlägerei wurde nie gefragt. Ja, selbst aus den amtlichen Unterlagen war nicht zu ersehen, ob Otto Krahmann eines natürlichen oder gewaltsamen Todes gestorben war.

Jetzt griffen die Behörden der DDR ein. Der Schwager Berner und der Freund Steinbach wurden durch ein Telegramm vom Vater Otto Krahmanns veranlaßt, in die DDR zu kommen. Hier in Schmalkalden machten sie sehr interessante Aussagen über den Tod und die vermutlichen Motive der Täter. Berner wußte sogar zu berichten, daß es zu einer lebhaften Diskussion über die DDR gekommen war.

Otto Krahmanns Leiche wurde exhumiert, und ein Gerichtsmediziner aus Jena obduzierte sie. Er stellte fest, daß Otto Krahmanns Schädeldecke zweimal durch Einwirkung einer stumpfen Gewalt verletzt wurde. Ob zweimal durch Schlag oder einmal durch Fall, konnte der Mediziner natürlich nicht feststellen, aber jeder, der der Hauptverhandlung in Hannover folgte, wußte, Otto Krahmann war nicht auf das Pflaster gefallen. Diese so wichtigen Tatsachen, ob hier nur eine gefährliche Körperverletzung, ob Totschlag oder Mord vorliegt, wurden von der Polizei, von den Medizinern, von der Staatsanwaltschaft in Hannover überhaupt nicht zur Kenntnis genommen.

Der Schwager Otto Krahmanns, Berner, ist kein Held. Er hatte in der Kneipe sehr gehässig mit einem polnischen Gast diskutiert. Vor Gericht in Hannover drückt er sich vor seiner Schmalkaldener Aussage. Er will sich keinesfalls mit den Ansichten seines erschlagenen Schwagers Krahmann identifizieren.

In einer Gerichtspause hört ein Korrespondent einer westdeutschen Zeitung, wie der Ermittlungsführer dieser Sache, Polizeimeister Klages, sich mit dem Hauptangeklagten Meditz unterhält. Er hört ihn sagen: »Beruhigen Sie sich, Herr Meditz, ich sage doch nur aus, wonach ich gefragt werde.« Der Korrespondent teilt diesen Gesprächsfetzen Prof. Kaul mit. Polizeimeister Klages, im Gerichtsverfahren von Prof. Kaul befragt, ob er sich im Gange mit Meditz unterhalten habe, verneint das.

»Seien Sie vorsichtig, ich habe einen Zeugen.« Klages gibt alles zu. Er hat das wirklich gesagt. Nun springen die Verteidiger der sechs Angeklagten auf. Sie verteidigen nicht mehr ihre Mandanten, sie fühlen sich bemüßigt, die Polizei zu verteidigen – die Polizei, die eigentlich dafür da ist, die Totschläger zu überführen.

Man müßte wohl annehmen, die Polizeibehörden von Hannover würden Polizeimeister Klages ernstlich ermahnen oder ihn gar vom Dienst suspendieren, weil er sich über seine Aussage mit einem Angeklagten, der eines schweren Verbrechens bezichtigt wird (Anstiftung zum Totschlag), verständigt hat.

In der nächsten Pause tritt Herr Klaus Wagner, der Korrespondent der großen westdeutschen Zeitung »Frankfurter Allgemeine Zeitung« auf Prof. Kaul zu, flehentlich: »Bitte, Herr

Doktor, bestätigen Sie dem Herrn Polizeirat, daß ich es nicht war, der Ihnen diese Information gab.« Das sind die Sorgen der hannoverschen Polizei.

Daß Prof. Kaul von einer Gruppe junger Leute in eleganten Klubjacken auf der Straße, im Restaurant, im Gerichtssaal verfolgt und angepöbelt wurde, das interessiert die Polizei nicht. Meditz und seine Komplicen konnten vom Gericht verlangen, daß der Chefkommentator des Deutschlandsenders, Karl-Eduard von Schnitzler, aus dem Gerichtssaal verwiesen werde. Wie stark fühlt sich diese Bande, begünstigt durch Polizei und öffentliche Meinung! Der Geist im Zuhörerraum des Landgerichts Hannover ist derselbe Geist wie der in der Kneipe »Zum Steinbock« und war die beste Illustration, aus welchen Gründen Otto Krahmann erschlagen wurde.

In seinem Plädoyer als Nebenkläger betonte Prof. Kaul, diese Hauptverhandlung zeichne sich durch vorbildliche Fairneß, Korrektheit und Präzision aus. »Wären die Ermittlungen mit gleicher Akribie durchgeführt worden wie diese Verhandlung, so hätten wir alle es in diesen Tagen nicht so aussichtslos schwer gehabt, die Vorgänge in der Kneipe zu rekonstruieren. Die Polizei ist mit etwa dem gleichen Eifer an die Ermittlungen gegangen wie ein Jagdhund, der zur Jagd getragen werden muß. Aber bitte, glauben Sie nicht, die Polizei in Hannover habe nicht so viel Zeit. Sie hatte Zeit, durch ein zehn Seiten langes Gutachten feststellen zu lassen, ob ich etwa die Unterschrift von Frau Lea Krahmann gefälscht habe.«

Die Strafen, die die Jugendstrafkammer in Hannover auswirft, sind denkbar gering. Es wurden verurteilt: Günter Achilles 18 Monate Jugendstrafe, Karl Meditz 1 Jahr Gefängnis und 3 Jahre Berufsverbot, Siegfried Bruch 6 Monate Jugendstrafe mit Bewährung, Harry Spiekermann 250 DM Geldstrafe, Werner Theile 9 Monate und 2 Wochen Gefängnis (dies ist eine Gesamtstrafe, die für seine Beteiligung an dem Überfall und einer anderen Strafsache gebildet wurde), Heinz Tilgner 10 Tage Gefängnis.

Der Vorsitzende, der formell sehr korrekt die Verhandlung führte, fand nicht eine Ermahnung, nicht ein belehrendes Wort.

Er konnte es sich leisten, sehr korrekt zu sein. Denn die Zeugen waren durch ihre Aussagen vor der Polizei, vor dem Untersuchungsrichter bis ins einzelne festgelegt.

Wenn die Hauptverhandlung die wirklichen Gespräche in der Gastwirtschaft und die wahren Hintergründe der Bluttat jetzt nicht mehr erörtern konnte, weil eben alles von der Polizei verhindert wurde, dann kann kein Mensch von dem Gericht ein gerechtes Urteil verlangen. Ein einziger Skandal aber ist es, daß der Hauptschuldige, der Anstifter, der Kommandeur der Schlägertruppe Meditz mit einem Jahr Gefängnis bestraft wurde.

Soll dieses Urteil einen Täter abschrecken? Es hat die gegenteilige Wirkung.

Ende eines Martyriums
1960

Um Rita gab es viele Menschen, die es ehrlich und gut mit ihr meinten. So waren es vor allem die Kolleginnen im Kinderhort. Rita hatte als Helferin dort begonnen. Aber für diese Arbeiten reichten ihre Fähigkeiten nicht aus. Sie bat darum, nicht entlassen zu werden, und sie wurde als Reinigungshilfe weiter beschäftigt. Rita kam meist ohne Frühstück und ohne Brote zur Arbeit; auch ihr Uwe, der dort mit betreut wurde, hatte weniger als alle anderen Kinder. Mit Rita wurde das Brot geteilt, der kleine Uwe ganz besonders gepflegt.

Auch das Gericht in Pankow glaubte es sicherlich gut zu meinen, als es dem Scheidungsbegehren Ritas nicht sofort entsprach. Wohl muß das Gericht bemerkt haben, daß Rita seit ihrer Geburt an einem spasmischen Körperschaden litt – ihr rechtes Bein ist um fünfzehn Zentimeter verkürzt –, seit ihrem fünfzehnten Lebensjahr litt sie auch an epileptischen Krämpfen. Außerdem waren zwei Kinder aus der Ehe vorhanden, mit einem dritten war sie schwanger. Sie selber wog bei ihrer Geburt nur einunddreiviertel Pfund und ist zu 70 Prozent erwerbsunfähig. Sie hatte die Hilfsschule besucht. Nun war sie verheiratet, und ihr Mann widersprach ihrem Scheidungsbegehren. Lag es nicht im Interesse ihrer Kinder, daß die Ehe erhalten blieb? Sollte etwa die sanfte, fast hilflose Frau jetzt mit drei Kindern allein bleiben? Hatte der Mann nicht vor Gericht versprochen, sich zu bessern?

Ich weiß nicht, wieweit sich das Gericht beim Ehescheidungsverfahren im Jahre 1956 ein Bild über die Ehe und die

Eheleute gemacht hat. Wußte es, daß sich der Ehemann schon auf der Hochzeitsfeier davongeschlichen hatte, daß er spätabends völlig betrunken zurückkam, daß er an diesem Hochzeitstag die hochschwangere Rita verprügelte? Wußte es, daß er ständig die schwächliche Frau schlug? Daß er an keinem Arbeitsplatz länger als vierzehn Tage blieb? Hatte das Gericht erfahren, daß die erwerbsunfähige Frau nie ein regelmäßiges Kostgeld bekam, daß Willi, ihr Mann, einundzwanzig Jahre alt, alles, alles vertrank? Mußte diese gebrechliche, schwer benachteiligte Frau nicht vor den Kräften des brutalen gefühlsrohen Menschen geschützt werden?

Durfte bei einer genauen Prüfung dieser Ehe noch eine Bewährung für ein halbes Jahr gegeben werden? Hier verfängt auch das Prinzip »im Interesse der Kinder« nicht. Täglich waren die Kinder Zeugen der übelsten Prügelei. Und heute muß der Staat sowieso für alle drei Kinder sorgen.

Rita hatte den jungen Mann geheiratet, weil er vielleicht der erste war, der einmal nett und gut mit ihr umging. Ihre Eltern waren einsichtig genug, sie vor der Ehe mit Willi zu warnen. Sie hätten gerne das Kind, das Rita damals erwartete, aufgezogen und wären froh gewesen, wenn Rita nicht geheiratet hätte.

Ja, selbst die Mutter Willis warnte Rita. Sie kannte ihren jähzornigen, unbeherrschten, trunksüchtigen Sohn. Er erschien ihr als Wiederholung ihres Mannes, mit dem sie damals in Scheidung lebte. Aber in dieser Verlobungszeit erlernte Willi den Beruf eines Krankenpflegers. Für Rita erschien er als der für sie vorbestimmte Mann, der sie trotz ihres Leidens, trotz ihrer Anfälle heiraten wollte. Ritas sehnlichster Wunsch, ein glücklicher Mensch wie alle anderen, gesunden, zu werden, schien in Erfüllung zu gehen.

Das Versprechen, das Willi dem Scheidungsgericht gab, hielt er nicht. Im Laufe seines kurzen Lebens hat er fünfzig Arbeitsplätze gehabt. Er schlug seine Frau weiter. Einmal sogar auf der Straße, kurz nach dem Scheidungstermin, als sie wieder hochschwanger war. Die Nachbarn holten eine Funkstreife der Volkspolizei. Leider wurde auch hier versäumt, ein Strafverfahren gegen Willi wegen Körperverletzung einzuleiten, obwohl zweifellos öffentliches Interesse vorgelegen hätte. Rita kam durch diese schwere Mißhandlung mit einer Frühgeburt nieder.

Auf einer seiner Arbeitsstellen lernte Willi Irmchen kennen. Sie war zehn Jahre älter als er, tüchtig, resolut, gepflegt. Sie lebt von ihrem Mann, der zwanzig Jahre älter ist als sie, getrennt. Willi reist auf der alten, abgeleierten und immer noch so erfolgreichen Tour. Er sei einsam, seine Ehe sei unglücklich, seine Frau verstehe ihn nicht. Er wolle sich scheiden lassen.

Irmchen sah den verlotterten Mann, und sie glaubte, ihn retten zu können. In der ersten Zeit, da er zu ihr ging, behauptete sie, habe er nichts mehr getrunken. Dann aber erwirkte Rita einen Zahlungsbefehl, weil sie mit ihren drei Kindern nicht mehr ein noch aus wußte.

Rita wandte sich an die Säuglingsfürsorge. Sie wandte sich auch an den Abschnittsbevollmächtigten der Volkspolizei. Willi zog zurück nach Haus. Er trank und prügelte weiter. Einmal warf er Rita einen Kinderroller ins Gesicht.

Auch Irmchen hat schon Prügel bekommen. Sie will Schluß machen. »Ich hatte die Faxen dicke«, erklärte sie jetzt vor Gericht.

Am Abend des 6. Oktober 1959 hat sich Rita mit den Kindern früh schlafen gelegt. Sie weiß, es ist Lohntag. Wenn Willi überhaupt nach Hause kommt, wird es spät, er wird, wie gewöhnlich, betrunken sein. Er kommt gegen Mitternacht, er hat Irmchen mitgebracht. Jetzt weckt er Rita und verlangt, daß sie für beide Kaffee macht.

Sie weigert sich aufzustehen.

»Wenn du nicht aufstehst, dann knallt's!« Rita folgt ihm, wie immer, wenn er sie bedroht.

Schon beim Kaffeetrinken provoziert Willi seine Frau. Er schüttet ihr ein Glas Wein ins Gesicht. Irmchens Mantel bekommt einige Flecke, und sie will ihn reinigen. Willi schlägt auch Irmchen, sie bekommt Herzanfälle, sie muß sich hinlegen. Er verlangt, daß sich Rita neben sie legt. Dann müssen beide Frauen nach seinen Befehlen exerzieren. Er verlangt Schmuck und Uhren von beiden, schleudert sie gegen den Ofen und zwingt Rita, die Uhr Irmchens aufzuheben. Er wirft einen Tisch auf Rita, sie bricht zusammen und blutet aus Mund und Nase. Der älteste Junge wird wach und ist Zeuge dieses widerwärtigen Geschehens.

Irmchen gelingt es, sich davonzumachen. Rita hilft ihr und reicht ihr noch den Mantel hinaus. Vorher hatte Willi sogar von dem kleinen vierjährigen Jungen verlangt, er möge einen Strick holen, um Tante Irmchen aufzuhängen. Er hatte auch Rita aufgefordert, sie möge zu den Kindern gehen, damit er mit Irmchen allein in dem anderen Zimmer bliebe.

Jetzt, da Irmchen verschwunden ist, verlangt er von Rita, daß sie sie wieder herbeihole. Wieder prügelt er sie, so daß sie aus der Nase blutet. Wieder droht er mit Totschlagen.

Rita setzt sich zum ersten Male im Leben zur Wehr. Sie stößt den sinnlos betrunkenen Mann vor die Brust. Er fällt taumelnd auf das Bett und schläft, durch Alkohol und Wut müde geworden, ein. Rita sieht seine noch gebundene Krawatte auf dem Boden liegen. Sie erwürgt ihn damit. Während der Tat überfällt sie eine Ohnmacht. (Die Ärzte sind der Annahme, daß es sich um einen epileptischen Anfall handelt.) Als sie wieder erwacht, erschrickt sie. Sie mobilisiert die Volkspolizei. Sie will rasch einen Arzt herbeiholen, um ihrem Mann das Leben zu retten. Vergeblich.

Das Plädoyer des Staatsanwalts vor dem Strafsenat II des Stadtgerichts Berlin war ein Anklageplädoyer gegen den Getöteten. Rita war des Totschlags angeklagt. Sie sei jedoch nur bedingt zurechnungsfähig. Mildernde Umstände müssen ihr weitestgehend zugebilligt werden. Er beantragt eine Gefängnisstrafe von acht Monaten, bedingt ausgesetzt auf zwei Jahre.

Das Gericht glaubte über diesen Strafantrag hinausgehen zu müssen, verurteilte Rita zu einem Jahr Gefängnis unbedingt. Jedoch hob es den Haftbefehl mit sofortiger Wirkung auf. Wohl anerkannte das Gericht, daß Rita ihrer Meinung nach in einer Art Notwehr gehandelt habe. Das Gericht war auch der Meinung, daß eine Gefängnisstrafe als Erziehungsmittel für Rita nicht notwendig sei, da diese Frau, ausgestattet mit geringen Geistesgaben, in eine Situation geraten war, in der sie sich nicht mehr anders zu helfen wußte. Die ausgesprochene Gefängnisstrafe soll andere in ähnlicher Situation abschrecken.

Diese Abschreckung ist meiner Meinung nach unnötig. Denn jede normale Frau ließe sich ein solches Martyrium, wie es Rita erdulden mußte, nie gefallen.

Es gibt ja bei uns Gesetze zum Schutz von Mutter und Kind. Daß sie von Ritas Umgebung, von dem Scheidungsgericht, von der Funkwagenbesatzung, von dem Abschnittsbevollmächtigten nur formal angewandt wurden, das ist nicht Ritas Verschulden.

Ums Recht

Der stille Zuhörer

1964

Nur ein Mann mit einem energischen Arbeitergesicht, unauffällig gekleidet mit einer bescheidenen Jacke und grauer Kordhose, saß im Zuhörerraum. Er war weder Zeuge noch Sachverständiger. Auch kam er nicht von der Presse. Er hatte den Angeklagten nie gesehen; aber es stellte sich heraus, daß seine Anwesenheit das Besondere war in diesem Gerichtsverfahren. Und erst zum Schluß griff er in das Geschehen ein.

Lothar, der Angeklagte, machte keinen so energischen Eindruck, er ist dreißig Jahre alt, und in seinem beigen Regenmantel wirkt er eher ungepflegt. Seine Schuhe sind nicht gerade auf Hochglanz poliert, und ich vermute, seine Socken haben ziemliche Löcher. Auch hat sein dunkelblondes Haar lange keinen Friseur mehr gesehen. Er ist ziemlich heruntergekommen; wenn ich mir dagegen die Zeugin Hedda, seine geschiedene Frau, ansehe, so kann ich mir ausrechnen, wie tief er gesunken ist. Sie ist genauso groß und schlank wie er und fast gleichaltrig. Der dunkelgrüne Wollmantel, den sie trägt, sieht neu aus. Ihr schwarzes Haar ist anmutig gekräuselt, sie ist nicht auf fein zurechtgemacht, aber gepflegt; ihr Einkommen ist nicht einmal besonders hoch, 430 Mark, sie muß allein die Kosten für Ernährung und Kleidung und die Sorge für das gemeinsame siebenjährige Kind tragen.

Um die Sorge für dieses Kind geht es. Hedda hatte sich im Jahre 1959 scheiden lassen; das Zusammenleben mit Lothar war unerträglich geworden. Er war wohl tüchtig als Schlosser, aber trank zuviel, und er wurde unleidlich. Er schlug seine Frau, und als er eines Tages mit Messern nach ihr warf, ging sie zum Gericht und reichte die Scheidungsklage ein. Und noch heute, nach fast fünf Jahren, versucht Lothar, diesen Vorfall abzuschwächen, er sei nicht ausdrücklich zum Schrank gegangen und habe die Messer herausgeholt, er habe am Tisch gesessen und gerade ein Messer in der Hand gehabt.

Die Ehe wurde geschieden. Und da Lothar damals noch in gutem Lohn und Brot stand, wurde sein Unterhaltssatz für das Kind auf 75 Mark festgesetzt. Er war damals fünf Jahre lang erfolgreich in ein und demselben Betrieb tätig.

Aber Lothar zahlte nicht; er ist anscheinend gekränkt, daß ihm die noch immer geliebte Frau den Stuhl vor die Tür gesetzt hatte. Auch heute hat er noch den unausgesprochenen Wunsch, zurückzukehren, denn bei ihr ist Ordnung, Liebe und Behaglichkeit. Aber weil er gekränkt ist, steht er wohl auf dem Standpunkt: Es geschieht ihr schon ganz recht, wenn ich bummle, Geld bekommt sie auf keinen Fall.

Und so lebt er seither. Bis zum Jahre 1961 hat er mit Abständen gearbeitet, danach so gut wie gar nicht. 1962 wurde er schon einmal wegen böswilliger Verletzung seiner Unterhaltspflicht angeklagt und zu drei Monaten Gefängnis verurteilt. Er hat diese Strafe abgesessen, und in dieser Zeit hat Hedda einmal 29 Mark von der Haftanstalt überwiesen bekommen.

Aber diese Strafe hat ihn nicht gebessert. Lothar lebt untätig weiter, er wird von seiner Tante etwas unterstützt. In seinem Wohnhaus ist er höflich und gefällig, er trägt den Rentnern die Kohlen hinauf und hackt ihnen das Holz, und sie geben ihm ab und zu ein Trinkgeld. Aber sie wundern sich, warum ein so kräftiger, junger Mann nicht arbeitet.

Lothar wird öfter von Behörden vorgeladen und vom Abschnittsbevollmächtigten aufgefordert, Arbeit anzunehmen. Das hat aber nur eine ganz kurze Wirkung. Einmal hat er drei Monate als Schweißer gearbeitet, aber er fehlt unentschuldigt, trinkt, und dann muß das Arbeitsverhältnis gelöst werden. Die Sorge für das Kind trägt nur die Mutter. Dreimal hat die Tante 20 Mark gezahlt, einmal gelang es Hedda, den Lohn zu pfänden.

Nun steht Lothar das zweite Mal wegen Verletzung der Unterhaltspflicht vor Gericht. Soll man ihn jetzt wieder und noch länger einsperren? Schon vor Beginn des Prozesses haben sich die Richter und die Staatsanwaltschaft zusammengesetzt und den Fall überlegt. Vom Sitzen des Vaters wird das Kind nicht satt und Lothar nicht an die Arbeit herangeführt. Und sie kamen gemeinsam auf einen anderen Gedanken.

Mit einem Betrieb wurde gesprochen, einer Druckerei, die einen Schlosser sucht. Und dieser Betrieb schickte zu dem Verfahren den Vorsitzenden der Konfliktkommission, jenen Mann, den stillen Zuhörer. Als der Fall des Lothar nun von allen Seiten erörtert war, fragte der Vorsitzende des Gerichts den Angeklagten, ob er jetzt bereit sei, eine Arbeit als Schlosser aufzunehmen.

»Wieviel kann ich verdienen?« fragte er.

»Zwei Mark zwanzig die Stunde.«

Ob er die Aussicht habe, mehr zu verdienen.

»Nein«, sagte der Vorsitzende. »Wenn Sie sich vor dem Prozeß selber Arbeit gesucht hätten, wäre das wahrscheinlich möglich gewesen; aber Sie wußten ja, worum es hier ging.« Und dann sagte der Richter weiter: »Wir können Sie heute zu fünf Jahren Gefängnis verurteilen, diese Möglichkeit gibt uns das Gesetz; aber Sie können auch als freier Mann die Arbeit annehmen, dann kann das Gericht Ihnen eine bedingte Strafe geben.«

Und Lothar stimmte eilig zu. So verurteilte das Gericht ihn zu einer Gefängnisstrafe von fünfzehn Monaten mit einer Bewährungszeit von zwei Jahren. Und in dieser Zeit ist er verpflichtet, an dem ihm vom Gericht vermittelten Arbeitsplatz zu bleiben. Bummelt er, ist also der Betrieb mit seinen Arbeitsleistungen nicht zufrieden, muß er die Strafe antreten. Und außerdem kann das Gericht bei ihm noch die Arbeitserziehung anordnen.

Mit dieser neuen, der sozialistischen Ordnung entsprechenden Entscheidung ist ein neuer Weg beschritten: Die Justiz ist nicht mehr blind; sie ist vorausschauend und vorausdenkend geworden. Die Gerechtigkeit ist nicht ein fernes Ideal, sondern steht auf realem Boden. Lothar, der Vater, wird zur ordentlichen Arbeit erzogen. Das Kind wird jetzt auch von seinem Vater ernährt. Nicht das Gefängnis, sondern das Heranführen an eine sinnvolle Tätigkeit ist hier die Lösung.

Und nach der Verhandlung sah der Zeuge in dieser Sache, wie der Angeklagte und der stille Zuhörer gemeinsam das Gerichtsgebäude verließen.

Nur ein Plakat

1954

Im Saal des Kreisgerichts Stralsund-Land hängt ein wirkungsvolles Plakat des FDGB, sonst ist der Raum kahl und häßlich wie das Schulzimmer eines altpreußischen Gymnasiums. Der Angeklagte, Robert, ist ein Bauer aus der Gemeinde Katzenow, ein Mann, dem man ansieht, daß er in seinem Leben hart heranmußte.

Nach dem Kriege diente Robert vier Jahre als Knecht bei einem Bauern in Westdeutschland; sein Ziel, einmal eine eigene Wirtschaft zu führen, einmal sein eigener Herr zu sein, blieb im Westen unerreichbar. Er kam zu uns herüber, weil seine Braut aus der Stralsunder Gegend stammte. Durch die Bodenreform und mit Hilfe seines Schwiegervaters war es möglich, einen Hof von 15 Hektar zu übernehmen.

Seit April 1952 arbeitete Uschi auf seinem Hof. Ja, sie war arbeitsam und tüchtig, das schmächtige Kind mit den strähnig blonden Haaren und den großen Händen. Auch sie war, wie der Bauer, durch den Krieg heimatlos geworden. Früh verlor sie ihre Mutter, und die Stiefmutter war wenig liebevoll zu ihr. Der Vater soll heute mit einer anderen Frau in Stralsund leben. »Wo?« fragt der Richter. Uschi, die Zeugin, zuckt die Achseln.

Mit vierzehn Jahren stand Uschi auf ihren eigenen Füßen und schlug sich durchs Leben. Schon deswegen muß ihr unsere ganze Sympathie gehören. Sie kümmert sich allein um eine Arbeitsstelle und findet sie beim Bauern Robert. Er bezahlt sie mit monatlich 35,40 Mark und ganz zum Schluß mit 50 und 60 Mark. »Doch das Essen war gut«, bestätigt Uschi in ihrem unverfälschten Gerechtigkeitssinn. Aber arbeiten mußte sie schwer. Eggen, pflügen, drillen, den Kuhstall versorgen, alles mußte die damals Fünfzehnjährige bewältigen, besonders schwer hatte sie es, als die Bäuerin schwanger wurde und ein drittes Kind zur Welt kam.

Die Arbeit, zwölf bis vierzehn Stunden am Tage, war ihr zuviel. Sie konnte sich aber nicht wehren, sie wußte nicht, wie. Von dem Jugendschutzgesetz, von einem Gesetz der Arbeit hatte sie keine Ahnung. Ihre Wut richtete sich in erster Linie gegen die Bäuerin, weil sie ja nicht mehr mitarbeitete, nicht mehr mitarbeiten durfte, und für die sie doppelt heranmußte. Als eines Tages eine ältere Landarbeiterin zu der Bäuerin kam, um das Neugeborene zu besichtigen, schimpfte Uschi los: »Da kommt wieder eine von den Klatschtanten.« Es kam zu einer heftigen Szene mit der Bäuerin. Uschis Ausdrücke waren nicht zart. Die Wut über den unerträglichen Arbeitstag, über ihre unfrohe Jugend kam zum Durchbruch. Sie wandte aber nur die Mittel an, die ihr von der Natur gegeben waren. Sie tobte, spuckte und schimpfte.

Als Robert von der Arbeit nach Hause kam, ergriff er die Partei seiner Frau. Auch er kannte die Gesetze der Republik nicht. Für ihn war Uschi eben eine Magd, wie sein Vater Mägde im alten Polen hatte oder wie er selber Knecht war in Westdeutschland. Es kam ihm gar nicht zum Bewußtsein, daß die Deutsche Demokratische Republik nicht nur ihm, dem Umsiedler, sondern auch Uschi, der Umsiedlerin, eine neue, bessere Heimat war. Aber Uschi, weitertobend, drohte eine Kanne Magermilch umzuwerfen, da fesselte er, der Achtunddreißigjährige, die Fünfzehnjährige an einen Pfahl. Nach einigen Minuten löste der Bauer die Stricke, und Uschi rannte mit geschwollenen Händen zu dem einzigen Menschen im Ort, zu dem sie Vertrauen hatte, zu einem alten Rentner.

Der Bauer kam ihr nach. Der Rentner versuchte, beide zu versöhnen. Uschi überredete er, die Nacht auf dem Bauernhof zuzubringen. Und sie folgte, legte sich aber in den Kuhstall, um sich, wie sie sagte, zu beruhigen. Der Bauer brachte sie auf ihr Zimmer. Er habe Angst, sie würde im Stall wieder ein Unheil anrichten. Uschi wehrte sich heftig und warf Tisch und Stühle die Treppe hinunter. Der Bauer fesselte sie in ihrem Zimmer an Händen und Füßen und legte sie auf ihr Bett. Er war es, der die Polizei benachrichtigte und verlangte, daß man das Mädel in eine Nervenheilanstalt bringen sollte. Uschi ist nicht nervenkrank; sie kennt sehr genau die Gründe für ihr Toben. Vor Gericht sagt sie es selber: »Heute arbeite ich bei einem anderen Bauern mit einer geregelten Arbeitszeit und verdiene 90 M.« Dort tobt sie nicht mehr.

Robert wurde zu vier Monaten Gefängnis verurteilt. Auch wenn er vielleicht Strafaufschub bekommt, ist es ihm eine Warnung, daß heute im Kreis Stralsund nicht mehr die altpommersche Gesindeordnung herrscht.

Im Gerichtssaal des Kreisgerichts Stralsund hängt, wie schon erwähnt, ein wirkungsvolles Plakat des FDGB. Aber ein Plakat ist nicht genug. Uschi mußte erst von der Staatsanwältin belehrt werden, daß ihre Rechte von einer Gewerkschaft geschützt werden. Sie wurde sofort zur Gewerkschaft Land und Forst geschickt, um mit ihrer Hilfe ihren Tariflohn und ihre Feriengelder nachzuverlangen.

Und wenn wir ihr nach der Ernte noch in diesem Jahr in einem Ferienheim des FDGB begegnen, dann wissen wir, daß auch für sie eine neue, bessere Zeit angebrochen ist.

Stimme und Herz

1957

Zwei junge Frauen stehen sich in einem thüringischen Gericht gegenüber. Sie mögen fast gleichaltrig sein. Die Angeklagte mit ihrem herben, hageren Gesicht wirkt älter. Renate ist aber nur zweiundzwanzig Jahre alt. Schüchtern und offen zugleich. Ein Mensch, dem die Jugend gestohlen wurde.

Von der Staatsanwältin, der anderen jungen Frau, weiß ich weder Alter noch Lebensgeschichte. Sie sieht frischer und unbekümmerter aus. Ein wenig zu unbekümmert.

Wie gut, daß der Richter mit großem Takt die Verhandlung leitet, denn in Wahrheit wird hier die Anklage von der Angeklagten erhoben. Nicht bewußt, doch für jeden, der fühlen kann.

Ihre Mutter hat sie nicht gekannt, sie starb geistesgestört, als Renate zwei Jahre alt war. Vorher war die Ehe für nichtig erklärt worden; der Vater war noch nicht geschieden gewesen, als er Renates Mutter heiratete.

Die junge Staatsanwältin, gerade der Hochschule entwachsen, zeigte ihr juristisches Wissen, als sie mit der Angeklagten einen Disput anfing. Renate müsse doch wissen, daß Kinder aus nichtig erklärten Ehen den Status von ehelichen haben. Eine Sache, die völlig belanglos war und die der Richter schnell ins rechte Gleis brachte.

Das Kind kam in ein privates Heim, und die Leiterin übernahm die Patenschaft. Bald aber entschied das Jugendamt – es war in der Nazizeit –, das Kind müsse einer Familie übergeben werden. In dieser Familie waren eigene Kinder vorhanden, und Renate wurde wie ein echtes Stiefkind behandelt. Da es dauernd Streitigkeiten gab, kam sie wieder in ein Kinderheim, und dort wurde sie wieder anderen Pflegeeltern überantwortet. Hier erlebte das nun sechsjährige Kind, das zwischen beiden Pflegeeltern schlief, wie der Pflegevater auf die Pflegemutter schoß.

Später soll er sie auch ermordet haben.

Nun kam Renate mit ihren zwei älteren Brüdern in ein Kinderbeobachtungsheim. Mit eigenen Augen sah das Kind, wie die Nazis Kinder aus sogenannten erbkranken Familien reihenweise umbrachten. Täglich erlebte Renate, wie die Leichen der Ermordeten abgeholt wurden. Renate und ihre Brüder waren bedroht.

· Der Richter ließ sich die Akten aus der Nazizeit kommen. Hierin wurde Renate als erbbiologisch wertlos bezeichnet, da der Vater »asozial« sei und die Mutter geistesgestört war. Die Kinder entkamen der Gefahr wahrscheinlich durch das Eingreifen der Patentante. Die gute Frau nahm das Kind zu sich.

1945 schien eine bessere Zeit für die Kleine anzubrechen. Die großen Lücken in der Schulbildung sollten ausgefüllt werden. Da aber trat eines Tages der Vater auf, holte das Kind von der Schule ab und nahm es einfach mit. Die damals noch schwachen Behörden legalisierten den Kindesraub.

»So, nun mußt du uns alle ernähren«, erklärte der Vater und meinte damit sich, seine dritte Frau und ein kleines Baby. Drei Jahre lang ging Renate über die grüne Grenze. Sie mußte Waren schmuggeln und Flüchtlinge über die Grenze hin- und herschleusen.

Die beiden Brüder waren in dieser Zeit nach Westdeutschland ausgerissen. Sie wurden an der Schweizer Grenze gestellt und kamen am Bodensee in ein Kinderheim. Auch Renate brannte eines Tages durch; sie wird in Nürnberg aufgegriffen und zu ihrer Patentante nach Thüringen zurückgebracht.

Endlich, als Dreizehnjährige, kommt das Kind in eine normale Bahn. Sie holt in der Schule das Versäumte schnell auf, erlernt Handweberei. In der Kulturgruppe entdeckt man ihre selten schöne Stimme, bei ihr, die in der Nazizeit als erbbiologisch wertlos bezeichnet wurde. Die Patentante sorgt dafür, daß sie ein Konservatorium besucht mit einem Stipendium von 135 M.

»Sie lügen ja schon wieder, Angeklagte«, hält ihr die sehr junge Staatsanwältin vor. »An den Hochschulen beträgt das Stipendium für Waisen 180 M.« In ruhigen Worten erläutert Renate, daß ein Konservatorium keine Hochschule sei.

Nach ihrer Ausbildung sucht Renate an einem Ort, in dem ihre Patentante lebt, Arbeit. Nachmittags nimmt sie zur Weiterbildung ihrer Stimme Privatstunden, und vormittags macht sie in einem Fremdenheim bei einem Monatsverdienst von 70 bis 80 M die Zimmer sauber.

Beim Aufräumen in einem Zimmer findet sie nun eine Geldbörse unter der Matratze. Sie hofft, daß sie etwa zehn Mark enthalte. Ohne hineinzusehen, versteckt sie die Börse in einem anderen Zimmer. Jedoch nach einer Viertelstunde ist ihr Diebstahl entdeckt. Nach kurzem Leugnen gesteht sie und zeigt der Polizei das Versteck. Die Börse enthält 165 M.

Das ist Renates Geschichte und Delikt.

Die Staatsanwältin erinnert das Gericht, daß Renate schon einmal als Dreizehnjährige eine Lebensmittelkarte gestohlen hat. Damals kam sie gerade aus ihrer völlig demoralisierenden Umgebung in die guten Hände ihrer Pflegeeltern. Die Staatsanwältin erinnert, daß sie als Zimmermädchen eine ganz besondere Vertrauensstellung bekleidet. Bei einem Monatsverdienst von 70 bis 80 M.

Aber das Gute an ihrem zu scharfen Plädoyer ist ein vernünftiger Antrag: Vier Wochen Gefängnis; die Strafe soll zwei Jahre lang ausgesetzt werden, mit der Hoffnung, ganz gestrichen zu werden, wenn Renate sich gut führt. So entschied das Gericht.

Renate wird sich bewähren. Zum Herbst hat sie ein Theaterengagement. In zwei Jahren wird sie Solistin sein.

Die Staatsanwältin konnte nach einer abgeschlossenen Hochschulbildung und nach sechsmonatiger Praktikantenzeit unseren Staat vertreten. Fast habe ich mich ihretwegen geschämt.

Früher gab es bei Richtern und Staatsanwälten eine mehrjährige Referendarzeit. In den ersten Jahren nach dem Krieg mußten wir aus Zeitgründen auf diese Einarbeitung in die Praxis verzichten.

Wir brauchten schnell neue Richter, denn wir mußten mit den Blutrichtern und Staatsanwälten aus der Nazizeit radikal Schluß machen. Wenn eine junge Sängerin zwei Jahre am Theater braucht, um zu lernen, wie man als Solistin auftritt, wieviel notwendiger wäre es heute für einen jungen Staatsanwalt oder Richter. Denn er vertritt unseren Staat vor der Öffentlichkeit.

Zwei Jahre. Hoffen wir, daß beide junge Frauen die Zeit nutzen; Renate für die Stimmbildung und die Staatsanwältin für ihre Herzensbildung.

Auch das muß man ändern

1954

»Darüber wollen Sie schreiben?« – »Warum nicht?« – »An der Sache ist doch gar nichts weiter dran«, sagte mir die Richterin vor der Verhandlung. Bei einer solchen Begrüßung werde ich meist mißtrauisch.

Frau Elfriede, Verkaufsstellenleiterin einer Konsumfleischerei in der Schönhauser Allee zu Berlin, wurde von der Staatsanwaltschaft bezichtigt, sie habe Wurst zu erhöhten Preisen verkauft und dabei in die eigene Tasche gewirtschaftet. Und außerdem noch Lebensmittelfälschung in betrügerischer Absicht begangen.

Und Frau Elfriede saß. Aber sie war nicht allein. Zu der Verhandlung erschienen vier Hausfrauen aus dem Norden Berlins, die wissen wollten, was eigentlich Frau Elfriede getan hatte. Es waren zufriedene Kundinnen einer Konsumfiliale.

Gesund und rotbäckig und gar nicht zerknirscht begegnete Frau Elfriede ihren Richtern. Ein Mensch aus Fleisch und Blut, auch im übertragenen Sinne des Wortes. Sie hatte das Fleischerhandwerk richtig gelernt, mit Gesellenprüfung und allem, was dazu gehört. Auch ihr Mann war Fleischer. Schon ihr Vater war Metzger in Stuttgart, ihr Großvater hatte Geselchtes in München verkauft. Sie war also unter dem Duft von Markknochen und Lendenschnitten groß und stark geworden. Sie konnte einen Hammel von einem Schwein unterscheiden und wußte, daß man von einem Ochsen nicht mehr als Rindfleisch erwarten kann.

Seit Oktober 1951 arbeitete sie in der Filiale. Erst als Verkäuferin, nach zwei Jahren wurde sie Leiterin. Unter ihren kundigen Händen stiegen Umsatz und Gewinn. Mit Herz und Nieren war sie im Geschäft. Das mußte ihr sogar die Leitung der Konsumgenossenschaft vor Gericht bestätigen.

Doch eines Tages machte die Zentrale der Genossenschaft, wie es so schön heißt, eine Grobinventur. Damals sollte sich ein Manko herausgestellt haben, eine Fehlmenge von 269 Kilo

Fleisch. Eine genaue Inventur zur gleichen Zeit aber ergab ein Warenplus von 500 Kilo und ein Kassenplus von 6 000 M. Da wurde die Staatsanwaltschaft ganz mißtrauisch. Hier muß doch etwas nicht stimmen. Nun begann man mit Untersuchungen.

In der Filiale waren drei junge Kolleginnen, mit deren Leistungen Frau Elfriede gar nicht zufrieden war. Wahrscheinlich sogar mit Recht, wie wir später sehen werden. Die drei waren auf der Wurstseite tätig. Frau Elfriede stand am Block und hatte die Unterstützung der älteren Kolleginnen. Es war die Fleisch- und Speckseite. So gab es im Konsum zwei Parteien, Wurst gegen Fleisch, es gab Streit, aber keinen Wettstreit. Die Wurstseite war schnippisch und zeigte kein allzu großes Geschäftsinteresse. Ja, sie warf der Leiterin vor, sie gebe sich viel zu viel Mühe.

»Das ist doch hier kein Privatgeschäft. Wir sind doch alle im Konsum, da braucht man sich doch nicht so anzustrengen.«

Frau Elfriede blieb nicht stumm. Ob ihr Ton immer richtig war, ist wurscht. In einer Fleischerei faßt man sich nicht mit Samthandschuhen an. »Was wollt ihr«, soll sie gesagt haben, »ihr seid doch alles Nieten.« Darauf gab's gekränkte Leberwüste, und deswegen sollte aus Frau Elfriede Hackfleisch gemacht werden.

»Wie konnte nur ein so großer Überschuß entstehen?« fragt die Richterin. Frau Elfriede begann ihren Fachvortrag. Eine tüchtige Kraft habe die Möglichkeit, in einer Fleischerei Waren zu veredeln. So habe sie gekochten Schinken bereitet. Den Kunden schmeckte er. Auch die Konsumleitung wurde unterrichtet und war einverstanden damit. Wie sie es früher gelernt hatte, sammelte Frau Elfriede auch alle Wurstzipfel und Fleischreste, um daraus Salat zu machen.

»Sie hat Gurken in den Fleischsalat geschnitten und ihn so gestreckt«, behauptete die Staatsanwaltschaft. »Das ist Lebensmittelfälschung. Sie hat angeordnet, daß billige Leberwurst als Kalbsleberwurst verkauft wurde. Das ist Betrug an den Kunden.« Hierbei stützte sich der Ankläger auf die Wurstseite.

Von dieser Partei erschien nur eine Zeugin. Die anderen hatten vorgezogen, dem Termin fernzubleiben und die Ladung nicht zu beachten. »Wie haben Sie festgestellt«, wurde sie gefragt, »daß Frau Elfriede Gutsleberwurst als Kalbsleberwurst verkaufen ließ?«

Schlecht ist sie nicht, vom leichten Leben der leichten Mädchen will sie nichts wissen. Als die Polizei sie in Zwickau zum letztenmal aufgriff, hatte sie wohl vierzehn Tage im Park oder im Wartesaal übernachtet, seit drei Tagen hatte sie nichts gegessen. Schlimm ist ihre Geschichte. Sechs Geschwister sind noch zu Hause.

»Mein Vater säuft herum«, sagt sie, »und meine Stiefmutter haßt mich.« Mit zehn Jahren kommt sie ins Heim. Später wird sie zu einem Bauern gebracht, bei dem es ihr ganz gut gefällt. Sie reißt aber aus, als sie merkt, daß er sie als Kind annehmen will. Inge zieht es vor, zum schlechten, echten Vater zu gehen, als beim guten Pflegevater zu bleiben. Einmal strauchelt sie fast. Bei einem Landeinsatz werden ihr von einem anderen Mädchen die Habseligkeiten gestohlen, sie holt sich das Verlorene bei einer anderen wieder.

Der Richter, der heute als Vorsitzender der Strafkammer des Kreisgerichts Zwickau-Land über ihr Schicksal zu entscheiden hat, war damals auch ihr Jugendrichter. Er hat es damals bei einer Verwarnung und ein paar Freizeitarbeiten belassen. Er sorgte dafür, daß Inge als Spinnerin in der Volkseigenen Kammgarnspinnerei in der Silberstraße anfangen und im Ledigenheim des Betriebes wohnen konnte.

Jedoch die Freude an der Arbeit konnte bei ihr nicht aufkommen; allwöchentlich kam der Vater zu ihr und zwang sie, ihm ihr ganzes Geld abzuliefern. Sie blieb oft der Arbeit fern.

Einmal versuchte sie, mit einer Freundin nach Westdeutschland »rüberzumachen«. Ein andermal verbrannten an einem nassen Wintertag ihre Schuhe an einem Ofen, an dem sie zum Trocknen standen. So versäumte sie wieder ihren Dienst und verlor Arbeit und Heim, und es begann ein zielloses Herumstreunen. Sie versuchte mehrmals Autos anzuhalten, um nach Berlin mitgenommen zu werden. Erfolglos, man kann sich denken, wieso. Oft aufgegriffen, verwarnt, gemahnt, sich Arbeit und Quartier zu verschaffen, hatte sie nicht die Kraft, vielleicht auch nicht das Selbstvertrauen, möglicherweise auch nicht den Willen, wahrscheinlich auch nicht das Wissen, aus der Misere herauszukommen. Schließlich wurde sie in Haft genommen.

Vier Wochen hat sie gesessen, als sie vor Gericht kam, und vernünftigerweise bekam sie auch vier Wochen Haft, die also am Tag der Verhandlung als verbüßt galten.

»Wie kann ich das wissen, ich bin doch kein Experte«, sagte die eine Belastungszeugin schnippisch.

Und nun zu der Gurkenbeimischung. Dem Gericht lag ein Gutachten vor: Im normalen Fleischsalat des Konsums sind 35 Prozent Fleisch, im verfälschten Fleischsalat der Frau Elfriede aber 43 Prozent Fleisch. Die Anklage war haltlos. Eine Untreue, ein Betrug, eine Lebensmittelfälschung lag nicht vor. Frau Elfriede wurde freigesprochen. Bei einer wirklichen Untersuchung hätte Frau Elfriede nicht angeklagt, sondern prämiiert werden müssen.

Aber das ist nicht alles. Durch gehässige Beschuldigungen hatte Frau Elfriede unschuldig in Untersuchungshaft gesessen. Der Volkspolizei waren Bedenken gekommen. In ihrem Schlußbericht hatte sie gefordert, den Haftbefehl zu überprüfen. Der Haftrichter versagte und verlängerte die Untersuchungshaft. Und als sie in den späten Nachmittagsstunden freigesprochen wurde, durfte sie nicht nach Hause gehen. Sie mußte noch eine Nacht im Gefängnis sitzen.

Auch das muß man ändern.

»Ach, darüber wollen Sie schreiben?« höre ich noch die Richterin. »An der Sache ist doch gar nichts dran.«

Hohes Amt und hoher Podest

1959

Vom Fleisch und vom Verderben ist hier die Rede. Zum ersten ist es ein juristisches Problem und zum zweiten, im übertragenen Sinn, ein moralisches. Anton war 1956 in unsere Republik gekommen. Er ließ in Essen eine Frau mit zwei Kindern zurück; für sie hat er pflichtgemäß über die Notenbank seine Unterhaltszahlungen geleistet. Warum er zu uns kam, das allerdings weiß ich nicht. Er kam und wurde ein fleißiger Arbeiter. Der 25jährige hat seine Frau aufgefordert, ihm nachzukommen. Sie aber blieb ihm und uns fern.

Anton hatte einmal eine Fleischerlehre durchgemacht und wenige Monate in Westdeutschland als Geselle in einer Wurstfabrik gearbeitet. Dann ging er zum Bergbau.

Als er bei uns heimisch wurde, ließ er sich in einem kleinen Städtchen im Kreis Sömmerda nieder. Er arbeitete in einer

»Wie kann ich das wissen, ich bin doch kein Experte«, sagte die eine Belastungszeugin schnippisch.

Und nun zu der Gurkenbeimischung. Dem Gericht lag ein Gutachten vor: Im normalen Fleischsalat des Konsums sind 35 Prozent Fleisch, im verfälschten Fleischsalat der Frau Elfriede aber 43 Prozent Fleisch. Die Anklage war haltlos. Eine Untreue, ein Betrug, eine Lebensmittelfälschung lag nicht vor. Frau Elfriede wurde freigesprochen. Bei einer wirklichen Untersuchung hätte Frau Elfriede nicht angeklagt, sondern prämiiert werden müssen.

Aber das ist nicht alles. Durch gehässige Beschuldigungen hatte Frau Elfriede unschuldig in Untersuchungshaft gesessen. Der Volkspolizei waren Bedenken gekommen. In ihrem Schlußbericht hatte sie gefordert, den Haftbefehl zu überprüfen. Der Haftrichter versagte und verlängerte die Untersuchungshaft. Und als sie in den späten Nachmittagsstunden freigesprochen wurde, durfte sie nicht nach Hause gehen. Sie mußte noch eine Nacht im Gefängnis sitzen.

Auch das muß man ändern.

»Ach, darüber wollen Sie schreiben?« höre ich noch die Richterin. »An der Sache ist doch gar nichts dran.«

Hohes Amt und hoher Podest

1959

Vom Fleisch und vom Verderben ist hier die Rede. Zum ersten ist es ein juristisches Problem und zum zweiten, im übertragenen Sinn, ein moralisches.

Anton war 1956 in unsere Republik gekommen. Er ließ in Essen eine Frau mit zwei Kindern zurück; für sie hat er pflichtgemäß über die Notenbank seine Unterhaltszahlungen geleistet. Warum er zu uns kam, das allerdings weiß ich nicht. Er kam und wurde ein fleißiger Arbeiter. Der 25jährige hat seine Frau aufgefordert, ihm nachzukommen. Sie aber blieb ihm und uns fern.

Anton hatte einmal eine Fleischerlehre durchgemacht und wenige Monate in Westdeutschland als Geselle in einer Wurstfabrik gearbeitet. Dann ging er zum Bergbau.

Als er bei uns heimisch wurde, ließ er sich in einem kleinen Städtchen im Kreis Sömmerda nieder. Er arbeitete in einer

Ziegelei. Dann bewarb er sich beim Konsum. Als man dort hörte, er sei gelernter Fleischer, übertrug man ihm sofort eine Verkaufsstelle als Leiter. Außer ihm war dort noch eine Verkäuferin tätig. Mit ihr lebte Anton zusammen. Sie war schon längere Zeit im Konsum, wollte aber nicht die Verantwortung für den Fleischerladen übernehmen.

Im Anfang ging alles gut – ein Jahr lang. Nur der Kühlraum machte Anton zu schaffen. Im vorigen Sommer mußte die Filiale einige Zeit geschlossen werden, die Kühlanlage wurde überholt.

In diesem heißen Sommer machte der Kühlraum erneut Schwierigkeiten. Die Kältemaschine lief nur noch mit halber Kraft. Am Montag, dem 26. Juni, ging Anton zum Vorstand der Konsumgenossenschaft in seinem Ort und verlangte, daß ein Mechaniker sofort bestellt würde. Der Kollege versprach, sein möglichstes zu tun, aber er sagte, es sei ungewiß, wann der Monteur aus Erfurt Zeit habe. Er gab Anton aber den Rat, das Fleisch über Nacht in den Kühlraum der anderen Konsumfiliale im Ort zu schaffen.

Anton schlug diesen Rat in den Wind. Er war ihm zu lästig. An den Wochentagen ging das mehr oder weniger noch gut. Ein kleiner Teil des Fleisches verdarb auch schon jetzt.

Am Wochenende wurde die Lage prekär. Obwohl am Donnerstagabend in der Verkaufsstelle noch für 3 413 M Fleisch vorhanden war, bestellte Anton für Freitagmorgen noch für 2 605 M Fleisch- und Wurstwaren. Er konnte erfahrungsgemäß am Freitag und Sonnabend mit einem Umsatz von etwa 2 000 M rechnen. Jedoch an diesem Wochenende wurden bei Anton und seiner Freundin nur für 1 600 M Fleisch und Wurst gekauft. Und so wanderte der ganze Rest über Sonntag in das schlecht kühlende Kühlhaus.

Am Montag trat das Verderben ein. 113 Kilo Schweinefleisch und 45 Kilo Speck waren völlig ungenießbar und mußten vernichtet werden, ein Schaden von 1 226 M war entstanden.

Die juristische Beurteilung über Fleisch und Verderben war leicht: ein klarer Verstoß gegen unsere Wirtschaftsgesetzgebung, fahrlässig, grob fahrlässig. Das wurde vom Staatsanwalt des Kreisgerichts Sömmerda richtig erkannt und richtig gewürdigt. Es wurde berücksichtigt, daß Anton sehr unerfahren war, vor allem in der selbständigen Geschäftsführung. Er konnte nicht einteilen und nicht disponieren. Es wäre besser für ihn und für uns gewesen, wenn er eine Zeitlang erst einmal unter einem erfahrenen Verkaufsstellenleiter eingearbeitet worden wäre. Das sollte sich die Konsumgenossenschaft im Kreis Sömmerda auch sagen lassen. Fünf Monate Gefängnis, bedingt ausgesetzt auf zwei Jahre, und Schadenersatz sind gute Erziehungsmaßnahmen für den leichtfertigen Anton.

Eine andere Beurteilung des Staatsanwalts und des vorsitzenden Richters erschien mir etwas unüberlegt, nämlich die Kritik an Antons Lebensführung. »Das geht nicht«, sagte sehr ärgerlich der Staatsanwalt, »daß Sie als verheirateter Mann mit einer anderen Frau zusammen leben. Haben Sie nichts von unseren Moralgesetzen gehört? Entweder lassen Sie sich scheiden oder ziehen mit Ihrer Frau zusammen.«

Anton zuckte die Achseln. »Was soll ich tun?« fragte er. »Ich habe bei diesem Kreisgericht meine Scheidungsklage eingereicht. Sie wurde abgewiesen. Dann habe ich meiner Frau geschrieben, sie soll hierherkommen. Das hat sie abgelehnt. Und ich will nicht wieder nach Westdeutschland gehen.«

Nein, das wollte der Staatsanwalt nicht, das wollte der Richter auch nicht.

Ein juristisches Urteil über Fleisch und Verderben wird erst gefällt, wenn alle Umstände, die dazu beigetragen haben, mündlich vorgetragen sind. So ist es Brauch und Sitte in unserer Republik, also auch in Sömmerda. Bei moralischen Urteilen über Fleisch, Sünden und Verderben sollte man die gleichen Grundsätze anwenden. Ein Richter und ein Staatsanwalt haben die hohe Verantwortung, jede moralische Verurteilung sollte wohlüberlegt sein. Sie haben ein hohes Amt, aber sie sollten nicht auf einem hohen Podest sitzen.

Richten ist helfen
1956

Inge hat ein altes Kindergesicht mit einer tiefen Falte um die Mundpartie. Not, Schmerz und die Enttäuschung, um die Kindheit betrogen worden zu sein, haben sich auf ihrem Antlitz eingefurcht. Gedrungen ist ihre Figur, fast stämmig, ein Mensch, der scheinbar zupacken kann. Aber angeklagt ist die blonde Achtzehnjährige wegen Landstreicherei, wegen Wohnungslosigkeit.

Schlecht ist sie nicht, vom leichten Leben der leichten Mädchen will sie nichts wissen. Als die Polizei sie in Zwickau zum letztenmal aufgriff, hatte sie wohl vierzehn Tage im Park oder im Wartesaal übernachtet, seit drei Tagen hatte sie nichts gegessen. Schlimm ist ihre Geschichte. Sechs Geschwister sind noch zu Hause.

»Mein Vater säuft herum«, sagt sie, »und meine Stiefmutter haßt mich.« Mit zehn Jahren kommt sie ins Heim. Später wird sie zu einem Bauern gebracht, bei dem es ihr ganz gut gefällt. Sie reißt aber aus, als sie merkt, daß er sie als Kind annehmen will. Inge zieht es vor, zum schlechten, echten Vater zu gehen, als beim guten Pflegevater zu bleiben. Einmal strauchelt sie fast. Bei einem Landeinsatz werden ihr von einem anderen Mädchen die Habseligkeiten gestohlen, sie holt sich das Verlorene bei einer anderen wieder.

Der Richter, der heute als Vorsitzender der Strafkammer des Kreisgerichts Zwickau-Land über ihr Schicksal zu entscheiden hat, war damals auch ihr Jugendrichter. Er hat es damals bei einer Verwarnung und ein paar Freizeitarbeiten belassen. Er sorgte dafür, daß Inge als Spinnerin in der Volkseigenen Kammgarnspinnerei in der Silberstraße anfangen und im Ledigenheim des Betriebes wohnen konnte.

Jedoch die Freude an der Arbeit konnte bei ihr nicht aufkommen; allwöchentlich kam der Vater zu ihr und zwang sie, ihm ihr ganzes Geld abzuliefern. Sie blieb oft der Arbeit fern.

Einmal versuchte sie, mit einer Freundin nach Westdeutschland »rüberzumachen«. Ein andermal verbrannten an einem nassen Wintertag ihre Schuhe an einem Ofen, an dem sie zum Trocknen standen. So versäumte sie wieder ihren Dienst und verlor Arbeit und Heim, und es begann ein zielloses Herumstreunen. Sie versuchte mehrmals Autos anzuhalten, um nach Berlin mitgenommen zu werden. Erfolglos, man kann sich denken, wieso. Oft aufgegriffen, verwarnt, gemahnt, sich Arbeit und Quartier zu verschaffen, hatte sie nicht die Kraft, vielleicht auch nicht das Selbstvertrauen, möglicherweise auch nicht den Willen, wahrscheinlich auch nicht das Wissen, aus der Misere herauszukommen. Schließlich wurde sie in Haft genommen.

Vier Wochen hat sie gesessen, als sie vor Gericht kam, und vernünftigerweise bekam sie auch vier Wochen Haft, die also am Tag der Verhandlung als verbüßt galten.

Was soll nun aus Inge werden? Nach den Normen des Strafgesetzes ist sie ein erwachsener Mensch und müßte selber für sich sorgen können. Jeder kapitalistische Staat und die bürgerliche Justiz würden so denken. Aber Richter und Staatsanwalt in Zwickau dachten weiter, menschlicher, kurzum: sozialistisch. Schon in der Verhandlung hatte der Richter gefragt, ob sie nicht Lust habe, in der Landwirtschaft zu arbeiten. Ja, das wolle sie, aber nicht in der Zwickauer Gegend, am liebsten weit weg, in Mecklenburg, weit weg vom Vater.

Noch vor der Beratungspause riefen Richter und Staatsanwalt gemeinsam beim Rat des Kreises Zwickau-Land (Innere Angelegenheiten) an und baten einen Mitarbeiter, zur Urteilsverkündung ins Gericht zu kommen. Denn noch am selben Tag würde Inge, weil ja die vier Wochen um sind, wieder allein auf der Straße stehen.

Nach dem Urteil setzten sich alle zusammen: der Staatsanwalt, Richter und Schöffen, der Vertreter des Kreises und Inge, nicht mehr als Angeklagte und Verurteilte, sondern als freie Bürgerin. Sie wird gefragt, ob sie einverstanden ist, für kurze Zeit auf ein nahegelegenes Volksgut zu gehen, bis der Rat des Kreises in Mecklenburg eine passende Arbeit gefunden hat. Sie sagt dankbar zu. Es sieht so aus, als ob sich die tiefe Furche in Inges Antlitz glätte.

Unsere Menschen
1956

Sie trägt den Kopf der Arbeiterin, wie ihn Käthe Kollwitz oft gezeichnet hat. In ihren Zügen spiegelt sich ihr Leben wider, ein Leben voller Mühe und Plage. Sie ist still, verschlossen, aber auch voll Selbstbewußtsein. Vor dem Kreisarbeitsgericht in Magdeburg klagt sie um ihr Recht.

Ihre Gegner, Vertreter der Kreiskonsumgenossenschaft Wolmirstedt in Barleben, sind jünger, glatter, wortgewandter. Sie nennen sich Kollegen der Frau. Sie ist Lagerarbeiterin in einem Textillager des Konsums in Tangerhütte, sie war es mit einem Stundenlohn von 1,13 M. Nebenbei ist sie noch einiges andere. So zum Beispiel Kreistagsabgeordnete.

Das Textillager des Konsums in Tangerhütte mußte aufgelöst werden und ist heute schon aufgelöst; seine Geschäfte wurden von dem Großhandelskontor Textil in Burg übernommen. So mußten die Kollegen entlassen werden, und der Frau schlug der stellvertretende Vorsitzende des Konsums vor, eine neue Lagerarbeit in Barleben zu übernehmen. »Ich konnte diese Arbeit nicht übernehmen, ich hätte meine Sprechstunden als Abgeordnete in Tangerhütte nicht aufrechterhalten können. Der Weg, die weite Reise täglich hätten zuviel Zeit in Anspruch genommen.« So ernst nimmt sie ihre ehrenamtlichen Pflichten.

Gern hätte sie im Lager für Fischwaren des Konsums, das weiter in Tangerhütte blieb, gearbeitet, aber nach Meinung der Kollegen von der Leitung reichten dafür ihre fachlichen Fähigkeiten nicht aus.

Nein, es war noch anders. Die Frau ist Mitglied der BGL. Sie schlug zuerst eine andere Kollegin für das Fischlager vor. »Die andere ist nämlich alleinstehend und hat Kinder zu versorgen. Sie müßte als erste die Stelle haben.«

Aber als auch diese Frau nicht dafür in Frage kam, dachte sie an sich, und auch sie wurde abgelehnt.

Und nun bekam sie ein Kündigungsschreiben mit 14 Tagen Frist. Dagegen wandte sie sich. Als Mitglied der BGL konnte sie ohne Zustimmung der Gewerkschaft Handel gar nicht entlassen werden. Aber die Kreiskonsumgenossenschaft hatte nicht einmal die BGL um ihr Einverständnis ersucht. Dennoch gab die Konfliktkommission dem Konsum recht, die Frau aber ging zum Arbeitsgericht.

Der Rechtsreferent des Konsums, ein junger, sehr gewandter Auch-Kollege, meinte, es sei der Form Genüge geschehen, daß der Konsum die Gewerkschaft von der Kündigung in Kenntnis gesetzt habe. Der FDGB ist verpflichtet, sich zu äußern, wenn er mit der Kündigung nicht einverstanden ist. Sagt er nichts, bekundet er damit sein Einverständnis. Das war seine Ansicht.

Der stille Zuhörer dieses Prozesses wunderte sich, worin die Tätigkeit dieses sicherlich gut bezahlten Rechtsreferenten besteht, der nicht einmal die gesetzlichen Bestimmungen über den Kündigungsschutz eines BGL-Mitgliedes kennt und nicht die Leitung des Konsums auf diese zwingende Vorschrift aufmerksam machte und dann noch solche Auffassungen vor dem Arbeitsgericht vertritt.

Im übrigen, meinte die Konsumgenossenschaft, es sei zu einer Vereinbarung über die Lösung des Arbeitsverhältnisses gekommen. Dem aber widersprach die Frau. Beide Parteien boten für ihre Behauptungen Zeugen an. Der Richter wies erst einmal die Leitung der Genossenschaft auf den Widerspruch hin, trotz der angeblichen Vereinbarung ein formelles echtes Kündigungsschreiben verfaßt zu haben. Er fragte aber die Frau, ob sie einen Vergleichsvorschlag habe. Sie war einverstanden, wenn ihr der Lohn bis zum Prozeßtage, also weitere vier Wochen, nachgezahlt wird. Die Konsumgenossenschaft erklärte sich mit diesem Vergleich einverstanden.

Nach dem Verfahren gab der stellvertretende Vorsitzende des Konsums noch eine etwas formelle Selbstkritik von sich; er sprach von der Sorge »um unsere Menschen«.

Der stille Zuhörer schämte sich vor der Frau und diesen »unseren Menschen«.

Du willst ja nur Geld machen

1959

»Betrug«, sagte der Staatsanwalt, »Betrug zum Schaden von Volkseigentum.« Der Mann, Hauptreferent im Ministerium für Verkehrswesen, wurde aus der Haft vorgeführt. Ihm sieht man an, er ist trotzig, rechthaberisch, energisch. Ein Bauernsohn, der sich hochgearbeitet hat, Mitte der Dreißig, hat er früher aus eigener Kraft sein Studium erkämpft und finanziert. An der Darstellung seines Lebenslaufs merkt das Gericht, dies ist kein reuiger Sünder, dieser Mann kämpft um das, was er sein Recht nennt.

Der Staatsanwalt wirft ihm vor, zweimal die gleichen Verbesserungsvorschläge eingereicht und zweimal Geld dafür kassiert zu haben. Ferner beschuldigt er ihn, einen anderen Verbesserungsvorschlag nicht selber, sondern durch einen zweiten Kollegen vorgelegt zu haben, in der Absicht, sich rechtswidrig zu bereichern. Er sei Ingenieur im Ministerium, und zu seinem Aufgabengebiet gehöre die Verbesserung der technischen Einrichtungen. Durch den Namen des Kollegen habe er sich eine Prämie erschlichen, die ihm nicht zustehe. Ein schwerer Vorwurf, denn die Prämie betrug 5 000 M. Und eine dritte Beschuldigung: Für einen abgelehnten Vorschlag hat er sich 580 M auszahlen lassen.

Der Hauptreferent verteidigt sich. Er sei Ingenieur und im

Ministerium beschäftigt. Doch sein Aufgabengebiet sei klar umrissen. Er habe die Materialkontingente auf die verschiedenen Dienststellen der Reichsbahn aufzuschlüsseln und zu verteilen. Er sei nicht als Konstrukteur beschäftigt, er sei Mitglied der Brigade der Rationalisatoren, er sei einer von zehn.

Der Energische weist nach: Bisher hat er 18 Verbesserungsvorschläge eingereicht. Er erklärt unwiderlegt, alle waren brauchbar, ganz besonders die, die hier zur Sprache stehen, die ihm zur Last gelegt werden.

Der »Zeuge in dieser Sache« wundert sich. Ein Mann mußte verhaftet und vor Gericht gestellt werden, der 18 Verbesserungsvorschläge machte und der damit unsere Sache weiterbringen will.

Zuerst die Sache, die er nicht unter seinem Namen eingereicht hat.

Es handelt sich um die Verkleinerung der Unterlegplatten für Schwellen. »Ich habe diesen Vorschlag nach den statistischen und dynamischen Gesichtspunkten durchgerechnet. Es ist eine Arbeit, die zum Sachgebiet Oberbautechnik gehört. Über die Möglichkeit habe ich mit unserem stellvertretenden Hauptabteilungsleiter gesprochen. Der wußte von meinem Vorschlag. Dann machte ich einem anderen Kollegen das Angebot, diese Sache einzureichen. Er sollte mit einem Drittel an der Prämie beteiligt sein. Er machte die Berechnungen über die voraussichtlichen Einsparungen und kam selber darauf, daß es auch eine Frachtersparnis bedeutet. Er legte mir diese Arbeit vor, und ich sollte sie mit unterschreiben. ›Gib das so ab‹, sagte ich, und er tat es. Der Vorschlag erbringt der Reichsbahn eine Ersparnis von einer Million Mark im Jahr.«

»Und warum haben Sie ihn nicht selbst eingereicht, und warum haben Sie ihn zumindest nicht mit unterschrieben?« fragte der Vorsitzende.

»Ich hatte schon so viele Verbesserungsvorschläge gemacht, daß der Leiter unseres Erfindungs- und Verbesserungsbüros sagte: ›Du willst dir wohl einen F 9 kaufen!‹ Andere sagten: ›Deine Vorschläge denkst du dir wohl auf dem Sportplatz aus. Du willst ja nur Geld machen.‹ So wurden alle meine Vorschläge auf die lange Bank geschoben. Wäre diese Verbesserung zwei Monate später in die Wirklichkeit umgesetzt worden, dann hätte es einen Verlust von mehreren hunderttausend Mark für die Reichsbahn bedeutet.«

Die Logik war zwingend, zumal es sich herausstellte, daß der Leiter des Büros für Vorschlags- und Erfindungswesen beim Ministerium für Verkehr und auch der stellvertretende Hauptabteilungsleiter flüchtig sind.

Der gerichtliche Sachverständige, erfahren in allen Patent- und Erfindungsdingen, muß bestätigen: Die Arbeit in dem Büro, das die Vorschläge zu prüfen hatte, war höchst liederlich geführt worden. Auch war der Angeklagte nicht als Entwicklungsingenieur im Ministerium tätig, er hatte eine andere Aufgabe. Damit müssen alle seine Verbesserungsvorschläge, soweit sie Konstruktionsvorschläge sind, nach den geltenden Sätzen prämiiert werden. Wenn der Angeklagte den Vorschlag allein oder gemeinsam mit einem anderen eingereicht hätte, so hätte er genauso prämiiert werden müssen, wie er prämiiert wurde. Damit entfällt die Anklage wegen Betrugs in diesem Punkt.

Auch der zweite Vorwurf ist nicht stichhaltig. Der Angeklagte kann nachweisen, daß er für zwei verschiedenartige Verbesserungsvorschläge Geld bekommen hat. Daß die Nummern der Verbesserungsvorschläge auf den Überweisungszetteln bei zwei Geldbeträgen dieselben sind, kann dem Angeklagten nicht zur Last gelegt werden. Es ist die Liederlichkeit des Büros. Hingegen behauptet der Ingenieur, daß er einen Verbesserungsvorschlag eingereicht habe: Klemmplatten sollen in Zukunft abgeschert und nicht wie bisher abgesägt werden. Für diesen Vorschlag habe er nur eine Anerkennungsprämie von 100 M bekommen. Ein anderer Techniker, Leiter eines Werkes, habe sich dieses Vorschlags bemächtigt, darüber eine Diplomarbeit geschrieben, und ein Kollektiv sei für diesen Vorschlag mit einer Prämie von 5 000 M bedacht worden. Eine Behauptung, die der »Zeuge in dieser Sache« nicht nachprüfen kann, die aber unbedingt nachzuprüfen ist und nachgeprüft werden muß.

Auch der dritte Vorwurf kann von dem Angeklagten entkräftet werden. Es ist eine Methode, Federringe durch einen Stahlabfall zu ersetzen. Diesen Vorschlag gab er bei der Abteilung Vorschlags- und Erfindungswesen ab. Er wurde schriftlich abgelehnt. Später bekam er den Bescheid, mündlich, daß sein Vorschlag angenommen sei. Er wurde von seinem Hauptabteilungsleiter beauftragt, einen Artikel über diese Methode in der Fachpresse zu veröffentlichen. Von der Prämie hat er –

wie er freimütig den Untersuchungsbehörden mitteilte – dem Leiter des Büros für Vorschlags- und Erfindungswesen eine Summe abgegeben. Das ist unkorrekt. Wenn nur so ein Vorschlag durchzusetzen ist, der unserem Volksvermögen tausend Tonnen Stahl einspart – ? Genauso falsch ist es, wenn der Erfinder seinen Namen nicht selber unter einen Verbesserungsvorschlag setzt.

Brecht läßt Galilei sagen: Nicht immer ist der gerade Weg zwischen zwei Punkten auch der kürzeste. So konnte einer sprechen, der in der Zeit der Inquisition neue Entdeckungen machte. Der Ingenieur lebt aber im Zeitalter des Aufbaus des Sozialismus. Er müßte den kürzesten Weg wählen. Es wäre besser für uns alle gewesen, er hätte die beiden dunklen Figuren, die geflohen sind, angezeigt.

Nun aber wurde er vier Monate in Haft genommen. Wenn der mit der Untersuchung beauftragte Staatsanwalt sorgfältig gearbeitet hätte, dann hätte er in wenigen Tagen von einem Sachverständigen erfahren können, daß der Hauptanklagepunkt hinfällig war, der Hauptanklagepunkt nämlich, ob der Angeklagte die betrügerische Absicht hatte, sich über den Namen eines anderen die Prämie zu erschleichen. Bei den anderen Dingen war es vielleicht etwas schwieriger, weil in den Akten des Büros keine Ordnung herrschte. Jedoch waren die Summen, um die es ging, relativ niedrig.

Selbst noch im Prozeß wollte der Staatsanwalt nicht einsehen, daß der letzte Anklagepunkt nicht aufrechtzuerhalten war.

Er hielt diese Sache – ohne das juristisch zu begründen – für einen Betrug. Er schlug eine Strafe von vier Monaten vor. Ein solcher Strafantrag, der genau der Länge der Untersuchungshaft entspricht, wirkt meist peinlich.

Das Gericht tat das einzig Vernünftige. Es sprach den Neuerer frei.

Weil sie Geld mitbrachten

1958

Schade, daß ich Frau Frieda und Herrn Erich vor einem Berliner Gericht begegnen mußte. Über beide hätte ich lieber in einem anderen Zusammenhang geschrieben. Sie könnten – abgesehen von dieser dummen Geschichte – mit ihren unauffälligen Namen, ihrer Herkunft, ihrem Lebensweg, ihren Interessen und ihrem Eifer symbolisch für ein rechtschaffenes Ehepaar aus dem Mittelstand unserer Zeit sein.

Erich ist Lebensmittelkaufmann, er hat sich, wie es in seinen Kreisen heißt, von der Pike an emporgearbeitet. Im Jahre 1936 eröffnete er einen eigenen Laden. Seine Frau war ihm während der fast 25jährigen Ehe ein fleißiger und getreuer Helfer. Das »Großdeutsche Reich« machte im Jahre 1939 seiner sogenannten selbständigen Existenz ein Ende; er wurde in einen Rüstungsbetrieb dienstverpflichtet.

Als 1945 der grausige Spuk endlich vorbei war, zog es ihn wieder in seinen Laden. Herr Erich hatte überlegen und rechnen gelernt. Er verpachtete bald sein Geschäft an die Konsumgenossenschaft. Von ihr wurden er als Filialleiter und seine Frau als erste Verkäuferin weiter beschäftigt.

Die beiden haben die Verkaufsstelle – das ist unbestritten – mit all ihren Kenntnissen, mit aller Liebe und Sorgfalt geführt. Sagen wir gleich, sie führen sie auch heute noch. In diesen elf Jahren ist ihnen nie ein Manko unterlaufen. Ich glaube es gern, daß Herr Erich und seine Frau Frieda bei ihren Kunden beliebt sind. Daß sie als Angestellte der Genossenschaft ein sorgloseres Leben führen denn als selbständige Gewerbetreibende, das glaube ich allerdings auch.

Herr Erich verschließt sich nicht der neuen Zeit. Ehrenamtlich betätigt er sich in der Nationalen Front bei der Wohnungskommission. Daß er für die Genossenschaft wirbt, ist bei seinem Geschäftsinteresse selbstverständlich. Die beiden haben in unserer Übergangsepoche einen guten Weg beschritten.

Der Umsatz muß ständig gesteigert werden, das verlangt die Konsumgenossenschaft. Das verlangt übrigens auch jedes andere Geschäft. Für jedes Quartal wird ein Soll festgelegt. »Wenn wir das Soll erreicht haben, dann wurde für das nächste Quartal das Ziel ein wenig erhöht«, sagte Herr Erich vor Gericht und findet dieses Prinzip durchaus in Ordnung. Denn Stehenbleiben ist Rückschritt.

Das Verkaufsziel für das III. Quartal des Jahres 1957 betrug 120 000 M. Kurz vor Ende September bemerkte Frau Frieda, daß der Verkaufsstelle nach ihrer Schätzung am Umsatz ungefähr 2 700 M fehlen würden. Es wäre, so meinte sie, so schön, einmal wieder die beste Verkaufsstelle zu sein. Außerdem gibt es für Umsatzsollerfüllung eine Quartalsprämie für die Verkaufsstellenleitung.

Ich höre leider in den Gerichten oft, daß jemand sich Geld aus der Verkaufsstellenkasse nimmt. Hier erfuhr ich zum erstenmal das Umgekehrte. Herr Erich und Frau Frieda legten bares Geld in die Kasse, ihre gesamten Ersparnisse, und vergrößerten damit scheinbar ihren Umsatz. Und so erreichten sie im III. Quartal ihr Soll.

Sie wurden für ihre Tüchtigkeit gelobt und gepriesen. Herr Erich erhielt 89 M Quartalsprämie und eine Verkäuferin, die von nichts wußte, bekam 31 M, weil sie das Ehepaar im Urlaub vertreten hatte.

Erich und Frieda aber zitterten. Drei Wochen lang. »Wenn nur nicht eine Inventur gemacht wird.« Sie hätte ein Plus von 2 700 M ergeben. Vielleicht wäre dann das ganze ersparte Geld weg. Der Umsatz Anfang Oktober war so gering, daß die beiden nicht riskieren konnten, ihr Geld wieder abzuziehen. Am Tag des Geldumtausches hatten die beiden tatsächlich keinen Pfennig Geld im Haus, um es umtauschen zu können.

Als aber einige Tage später Frau Frieda mit Westgeld ihrer Mutter, das die alte Dame bei ihnen hatte liegenlassen, in den Westsektor fuhr, mußte Frau Frieda bei einer Kontrolle ihren Personalausweis zeigen. Und in der Hülle lag ein Zettel über die eingezahlten und über die wieder zurückgezogenen Summen. Frau Frieda mußte bekennen, was die Notizen zu bedeuten hatten.

Wie man die Sache auch drehen und wenden mag, die beiden hatten die Konsumgenossenschaft um die Quartalsprämie betrogen. Wie gut, daß an diesem Tag das Strafrechtsergänzungsgesetz schon in Kraft war. So konnte das sehr einsichtige Gericht die beiden bedingt wegen Betrugs an genossenschaftlichem Eigentum zu zwei Monaten Gefängnis verurteilen. Führen sie sich beide im Laufe eines Jahres gut – und daran zweifelt keiner, der das Ehepaar vor Gericht sah –, so ist diese Strafe null und nichtig. Sie brauchen sie nicht abzusitzen und gelten auch als nicht vorbestraft. Nur Herr Erich bekam noch eine Geldstrafe von 200 M, über die er sich wahrlich nicht zu beschweren braucht.

Wirklich schade, daß ich den beiden vor Gericht begegnen mußte.

»Neues Recht wird geboren«
1961

Ein wenig skeptisch war ich, als ich hörte, daß kleinere Straftaten nicht mehr vor dem ordentlichen Gericht verhandelt werden sollen. Die Konfliktkommission des Betriebes, in dem der Täter arbeitet, soll in Zukunft bei kleineren Delikten die Entscheidung treffen. Freiheits- oder Geldstrafen darf die Konfliktkommission nicht aussprechen. Also, so sagte ich mir, sind die Möglichkeiten, auf den Missetäter einzuwirken, doch sehr beschränkt.

Angeklagt vor dem ordentlichen Gericht ist eine kleine Frau von zierlicher Gestalt, mit einem etwas spitzmäusigen Gesicht und einer kindlichen Stimme. Sie ist so furchtbar aufgeregt und kann so schwer ihre Lebensgeschichte, die erst 24 Jahre umfaßt, darlegen, daß sie von dem Richter beruhigt werden muß. Sie ist das Kind eines ordentlichen Arbeiters und hat nach einer normalen Schulzeit Spitzendreher in einem großen Betrieb gelernt.

Sehr früh heiratete sie. Sie mußte damals durch zwei Geburten ihre Arbeit unterbrechen. Ihr Mann verließ sie und uns, ließ sie mit zwei Kindern zurück. Unterhalt zahlt er nicht. Ein einziges Mal hat er ihr geschrieben, daß er nicht zahlen kann, da er seine Auswanderung nach Übersee vorbereitet und sich so dem Arm der deutschen Gerichtsbarkeit entzieht. Den Ältesten, einen Jungen, bringt die kleine Frau bei ihrem Vater unter. Sie hat sich verpflichtet, ihm monatlich 50 Mark Kostgeld zu zahlen, aber das kann sie wahrscheinlich nur sehr selten einhalten. Der Vater, ein Invalidenrentner, mahnt sie nicht.

Nun ist ein drittes Kind unterwegs, und wieder heiratet die kleine Frau. Der zweite Mann ist ein guter Arbeiter. Sie hat ihn in ihrem Lehrbetrieb kennengelernt. Er will in seinem neuen Betrieb jetzt Meister werden, will die Abendoberschule besuchen. Er geht und wird Arbeitseinrichter.

Dort verdient er 460 Mark, er bekommt ungefähr 390 Mark ausgezahlt.

Die kleine Frau arbeitet nicht mehr. Sie muß jetzt ihre zwei kleinen Kinder beaufsichtigen, eines davon ist ein halbes Jahr alt, und an zwei Plätze in einer Kinderkrippe ist nicht zu denken. Und nun beginnen die Sorgen. Die beiden Eheleute haben Abzahlungsverpflichtungen mit in die Ehe eingebracht, insgesamt 80 Mark. Die Miete kostet 57 Mark. Dem Mann gibt sie 20 Mark Taschengeld – sie sagt, er darf doch nicht darunter leiden, daß er eine Frau mit zwei Kindern geheiratet hat. 50 Mark soll, wie gesagt, der Vater bekommen, der den Ältesten versorgt. Also hat die Frau genaugenommen 123 Mark Wirtschaftsgeld, um eine vierköpfige Familie zu beköstigen und zu bekleiden. Das kann sie einfach nicht.

Schon einmal stahl sie in einem Selbstbedienungsladen. Sie hatte zehn Mark in der Tasche, die sollten für vier Tage reichen. In einem, wie sie glaubt, unbeobachteten Augenblick steckt sie sich zwei Büchsen Schweinefleisch, ein Glas Wiener Würstchen, ein Paket Babysan in den Einkaufsbeutel. Nur das Puddingpulver wandert in das richtige Drahtkörbchen.

Sie wird erwischt, die Polizei nimmt ein Protokoll auf, sie wird verwarnt. Ihrem Mann aber sagt sie nichts. Es erfolgt keine Anklage. Sie will jetzt besser einteilen und legt fest, was sie jeden Tag ausgeben kann. Aber es reicht wieder nicht. So steht sie eines Tages mit 2 Mark im Selbstbedienungsladen und will eine kleine Dose Babysan kaufen. Es sind aber nur große Dosen da, die kosten 4 Mark. Wieder erzählt sie ihrem Mann nichts. Aber diesmal erfolgt eine Anklage.

Auch der Mann kommt mit dem Geld nicht aus. Er wird bei einem Ladendiebstahl entdeckt. Da er in einem volkseigenen Betrieb tätig ist, kommt seine Sache vor die Konfliktkommission. Diese hat auch vom Staatsanwalt von den beiden Diebstählen der Frau gehört.

Die Beschlüsse der Konfliktkommission sind beispielhaft. Der Mann wird natürlich verwarnt, das versteht sich. Aber die Kommission erwirkt zunächst, daß die monatlichen Abzahlungsraten auf 50 Mark insgesamt gesenkt werden. Der Mann wird wieder als Dreher beschäftigt, dort verdient er monatlich mehr als als Einrichter. Die junge Frau wird jetzt im gleichen Betrieb eingestellt, in einer anderen Schicht, so daß immer einer bei den Kindern sein kann. Mit einem Schlage verändert sich ihre gesamte wirtschaftliche Situation. 800 bis 900 Mark stehen nun der Familie zur Verfügung. Das Wirtschaftsgeld ist reichlich. Die kleine Frau kann sich sogar wöchentlich ein Taschengeld einstecken. Sie nimmt nur 10 Mark.

Das Gericht, das sich nun mit den beiden Straftaten der Frau beschäftigte, hatte tatsächlich wenig zu tun. Es sprach der Frau nur einen öffentlichen Tadel aus.

Der Kaderleiter des Betriebes, als Zeuge vor Gericht, bestätigt, daß die kleine Frau jetzt eine tüchtige, beliebte Kollegin ist; sie fühlt, daß ihr niemand im Betrieb ihre Diebstähle nachträgt.

Der Kaderleiter weiß aber auch, daß es bei einem so jungen Ehepaar nicht gut ist, wenn sie beide in getrennten Schichten arbeiten. Das soll, und das erklärt er ausdrücklich, nur eine Übergangslösung sein, bis zwei Plätze in einer Kinderkrippe gefunden sind.

Ich mußte einsehen, daß die Entscheidung, die die Konfliktkommission getroffen hatte, so gut war, wie sie kein Gericht besser und schneller hätte treffen können. Das Gericht hat nicht die Möglichkeiten, die wirtschaftliche Lage einer Familie so grundlegend zu ändern.

Unendlich groß und überaus klug und durchdacht sind die Kommentare und Abhandlungen bürgerlicher Wissenschaftler über das Strafrecht. In vielen hundert Bänden steht ihre Weisheit in den Bücherregalen und muß von den Studenten der bürgerlichen Jurisprudenz gelesen, gelernt und gepaukt werden.

Von alledem wußten die Mitglieder der Konfliktkommission dieses volkseigenen Betriebes nichts. Aber dennoch waren sie mit ihrer Entscheidung viel weiser, als es alle bürgerlichen Juristen und Strafrechtskommentatoren sein können. Weil sie die Staats- und Gesetzesmacht des Sozialismus richtig verstanden haben.

Der Schöffe

1959

So weinen! – Das kleine Persönchen weinte nach der Verhandlung draußen auf dem düsteren, trüben Gang des Gerichtsgebäudes herzzerbrechend. Das Herz und die Liebe waren in ihr zerbrochen. Und die Liebe zu ihrer besten Freundin. Zu allem aber kam die Scham, Scham vor sich selber, vor den früheren Kolleginnen des Betriebes, die alle, alle gekommen und ihr nicht freundlich gesinnt waren.

Da hatte sie mit ihrer Zierlichkeit, mit der Unbekümmertheit ihrer achtzehn Jahre und dem blonden, fast rotblonden Kopf schon einiges erreicht. Sie saß nach zwei Jahren Handelsschule in einem staatlichen Amt, Sekretärin eines wichtigen Chefs, verdiente gutes Geld und hätte froh und glücklich sein können bei ihrer Jugend und bei ihrem Äußeren. Und war doch so unglücklich und war doch so schwach, war angeklagt.

Sie aber hatte nicht die Sympathie der Zuhörer. Die Sympathie hatte die Staatsanwältin, die genauso klein und zierlich, jedoch fünf, sechs Jahre älter war. Und die Zuhörer fanden den Antrag auf vier Monate Gefängnis – so lautete später das Urteil – sehr mild.

Die kleine Angeklagte war an ihrer großen Liebe gescheitert. An der Liebe zu einem Mann, der ohne Geld herumlungerte. Er hatte die kleine Person ausgenommen, schamlos. Einmal hatte er 100 M gefordert, dann jede Woche 20 bis 30 M. Sie wollte ihn nicht aufgeben, diese erste tiefe Liebe in ihrem Leben. Sie wollte den Namen nicht nennen, nicht den Richtern, nicht der Staatsanwältin. Nicht vor den Kolleginnen, die den Saal füllten.

Eines Tages hatte sie den Schlüssel zur Betriebsverkaufsstelle der HO stecken sehen. Sie nahm ihn an sich. Und in der Mittagszeit, als die Verkäuferin zu Tisch war und als sie sich überzeugt hatte, daß auch die Küchenleiterin, die nebenan ihren Schreibtisch hatte, weg war, schloß sie auf und entnahm der HO-Kasse 70 M.

Ein zweites Mal glückte es ihr wieder, und sie holte 40 M. Der Diebstahl des Schlüssels und die beiden anderen Diebstähle waren bemerkt worden. Ein drittes Mal versuchte die Kleine, die Küchenleiterin durch ein Telefongespräch von ihrem Arbeitsplatz zu locken. Es gelang ihr nicht.

Dann aber ging sie in die Falle. Die Küchenleiterin hatte sich heimlich in der HO eingeschlossen. Die kleine Person drang nun ein drittes Mal ein. Sie wurde unsanft überrascht.

Auf der Polizei hatte sie gestanden, auch aus dem Portemonnaie ihrer besten Freundin 80 M und aus der Tasche der Putzfrau 9 M gestohlen zu haben. Hier aber, vor Gericht und vor den Kolleginnen, wollte sie diese Dinge ableugnen. Mit der Ausrede, das habe sie nur zugegeben, damit nicht der Eindruck entstünde, daß sie das Volkseigentum allein schädigen wollte. Alles Zureden, auch das Verlesen ihres Bekenntnisses vor der Polizei, waren vergeblich, sie stritt ab.

Und erst nachdem die Staatsanwältin ihren Antrag gestellt hatte, nachdem die Angeklagte ihr letztes Wort gesprochen und draußen auf dem Gang saß, sich vor Schmerz auf eine Bank legte und bitterlich weinte, da kam ein Schöffe, ein alter, bejahrter Arbeiter, der gut und gerne ihr Großvater hätte sein können, zu ihr, setzte sich neben sie auf die Bank, redete sie nicht mit Angeklagte an, sondern mit »Fräuleinchen«. Und als er ihr davon sprach, daß sie sich nun endlich frei machen solle von ihrem Leugnen, daß sie sich frei machen solle von dem Lumpen, der sich doch weggemacht habe, da schrie sie: »Es ist ja nicht wahr, er war noch bei meinen Eltern und hat ihnen 200 M gestohlen.« Jetzt wurde sie ehrlich, und sie bekannte, was sie vor den Kolleginnen nicht wahrhaben wollte, daß sie es auch war, die das Geld der Freundin und der Putzfrau gestohlen hatte.

Ganz heimlich, vielleicht ist das nicht vorgesehen in der geltenden Strafprozeßordnung, ohne daß die draußen sitzenden Kolleginnen der Kleinen es merkten, kam das Gericht noch einmal zusammen, rief die Staatsanwältin aus ihrem Zimmer und trat noch einmal in die Hauptverhandlung ein. Im leeren Saal bekannte die kleine Person unter Schluchzen ihre Schuld an dem Kollegendiebstahl, der nach ihrer Meinung schlimmer wog als der Diebstahl am Volkseigentum.

Wie kommen junge Menschen dazu, so zu stehlen? Versagten hier die Eltern, Kollegen? Wie kann die Liebe zu einem Lumpen ein Mädchen von 18 Jahren fast selber zum Lumpen machen?

Hatte je der Vater der kleinen Person so gut mit ihr gesprochen wie der Schöffe? Mag sein, aber vielleicht gingen seine Ermahnungen nicht bis zu ihr hin, sondern sie blieben in der

Grenze der Familie, in einem Bereich, wo man dem Angehörigen rücksichtsvoll zuhört, aber ihn nicht zu ernst nimmt. Jetzt jedoch nützt ihr kein »Wäre« und »Wie hätten Schuld, Scham, Strafe vermieden werden können?«. Jetzt hilft ihr nur der eigene Wille zum Anderswerden, denn kaum noch einmal wird ein Gericht aus Rücksicht auf die kleine Person die vorgeschriebene Prozeßordnung beiseitelegen.

Liebe
und Tod

Der Tod
der jungen
Hildegard

1960

Der Fall, der uns heute geschildert werden soll, trägt alle Züge des Außerordentlichen, des Einmaligen. Es wäre ein Stoff für die Sensationspresse. Das allein darf uns nicht schrecken, auch darüber zu berichten, jedoch mit einem anderen Ziel. Unsere Aufgabe ist es, zu untersuchen, auf welchem Boden ein derartiges Verbrechen gedeihen konnte.

Am 26. Mai 1959 gegen 12 Uhr mittags kommt Frau Irmgard Siebert sehr aufgeregt auf das Volksgut Blumenthal (Kreis Burg, Bezirk Magdeburg). Sie teilt mit, daß ihre Kollegin Hildegard S. verunglückt sei. Sie seien beide an der Elbe spazierengegangen, hätten an einer Buhne Steinchen in die Elbe geworfen, dabei sei die Kollegin S. plötzlich ausgerutscht. Sie habe das Gleichgewicht verloren und sei gleich in die Elbe gestürzt. Frau Siebert habe ihr nicht nachspringen können, da sie nicht schwimmen kann. Fräulein S. sei noch einmal aufgetaucht und dann verschwunden.

Sofort eilten Arbeiter an die Unglücksstelle. Die Volkspolizei und die Feuerwehr wurden alarmiert. Vergeblich. Erst nach acht Tagen trieb die tote Hildegard S. an Land. Es wurde festgestellt, daß der Tod durch Ertrinken eingetreten war, ob Selbstmord oder Unglücksfall, blieb offen. Im engeren Kreis glaubte man eher an Selbstmord, da Fräulein S. im sechsten Monat schwanger ging.

Den Angaben der Frau Siebert wurde geglaubt. Sie galt als gut beleumdete Frau, die ein schweres Leben hinter sich hatte. Sie war als Kind armer Eltern aufgewachsen, hatte sich als Dienstmädchen bei reichen Leuten durchschlagen müssen. Nach 1945 war ihr Leben leichter geworden. Sie arbeitete in einer Spinnerei, seit 1954 war sie in der Volkseigenen Grundstücksverwaltung in Burg tätig. Die 48jährige Frau hatte sich zur Referentin für den Außendienst emporgearbeitet. Ihr oblag es, die Häuser zu begutachten und Reparaturen zu überwachen. Die kleine schwarzhaarige Frau genoß das Vertrauen ihrer Kollegen. Sie war BGL-Vorsitzende. Seit 1934 war sie verheiratet, hatte Kinder und sogar schon ein Enkelkind.

Die verunglückte Hildegard S. war auch Referentin in der Volkseigenen Grundstücksverwaltung in Burg. Referentin für unbebauten Grundbesitz. Zwischen beiden bestand gutes Einvernehmen. Kollegin S. war am 26. Mai von ihrem Jahresurlaub aus Thüringen zurückgekehrt. Frau Siebert hatte sie herzlich begrüßt und sie für einen späteren Tag zu einer ehemaligen Kollegin eingeladen, die gerade ihrem ersten Kind das Leben geschenkt hatte.

Beide waren dienstlich mit Wilhelm Kruse, dem Leiter der Volkseigenen Grundstücksverwaltung, nach Blumenthal gefahren, in Kruses eigenem Wagen. Nachdem die dienstliche Angelegenheit erledigt war, verschwand Kruse mit dem Leiter des Volksgutes im Büro, die beiden Kolleginnen wollten sich die Rinderoffenställe ansehen, danach waren sie zur Elbe hinuntergegangen.

Im Juli 1959 machte der Vater der Verunglückten die Burger Volkspolizei darauf aufmerksam, daß er an einen Selbstmord seiner Tochter oder an einen Unfall nicht glauben könne. Er teilte auch mit, daß seine Tochter von Kruse im Dezember 1958 verführt worden sei. Daß er ihr die Ehe versprochen habe. Daß beide Vorbereitungen getroffen hatten, die Republik zu verlassen. Daß seine Tochter schon ihr Sparkassenbuch abgehoben hatte. Daß seine Frau und er durch Zufall von dieser Geldabholung erfahren und daß sie bei dieser Gelegenheit auch Kenntnis bekommen hätten von der Schwangerschaft ihrer Tochter Hildegard. Es sei ihnen, den beiden alten Eltern, gelungen, die Tochter zu bewegen, in Burg zu bleiben.

Kruse habe seine Tochter verschiedene Male abends und nachts zu einem Rendezvous bestellt, in der Nähe der Blumenthaler Brücke an einem Kanal. Meist sei Kruse zu diesem

Rendezvous nicht gekommen, dagegen sei mehrmals die Kollegin Siebert bei diesen Verabredungen allein aufgetaucht. Seine Tochter habe sich schließlich geweigert, zu diesen ihr unheimlich vorkommenden Verabredungen zu gehen. Der Vater hatte ein sehr genaues Tagebuch über diese Verabredungen geführt.

Die Volkspolizei und die Staatsanwaltschaft in Burg nahmen diese Mitteilungen nicht mit dem nötigen Ernst zur Kenntnis. Kruse galt als einwandfreier Mann, er war in seinem Betrieb beliebt, war verheiratet, führte ein gutes Familienleben. Außerdem war erwiesen, daß Kruse an jenem Spaziergang an der Elbe nicht teilgenommen hatte. Daß die BGL-Vorsitzende Siebert ihrer Kollegin etwas angetan haben sollte, das erschien undenkbar, dafür fand die Volkspolizei in Burg kein Motiv. Die Mitteilungen des alten Herrn S. wurden als verständlicher Schmerz über den Verlust seines einzigen Kindes gewertet.

Herr S. ließ nicht locker. Er schrieb an den Generalstaatsanwalt in Berlin. Von dort wurde der Bezirksstaatsanwalt in Magdeburg mit der Angelegenheit beauftragt, zwei Genossen von der Mordkommission in Magdeburg nahmen die Ermittlungen auf. Nach langen Recherchen wurden im November 1959 Wilhelm Kruse und Irmgard Siebert plötzlich verhaftet. Am 22. Dezember standen beide unter der Anklage des gemeinsamen Mordes vor dem Strafsenat II des Bezirksgerichts in Magdeburg. Sie hatten schon in der Voruntersuchung ein Geständnis abgelegt.

Wilhelm Kruse ist ein kleiner, graumelierter Mann mit buschigen Augenbrauen, 44 Jahre alt, äußerlich mit glatten Umgangsformen, voll brennenden Ehrgeizes. 1946 hatte er sich in die Arbeiterpartei eingeschlichen. Er hatte verschwiegen, daß er 1933 als 18jähriger in die Marine-SA eingetreten war. 1944 war er Angestellter des Landratsamts in Burg. Weil er ein Arbeiterkind war, beließ man ihn dort in der Kreisverwaltung. Er kam später in das Referat Jugendhilfe, in kurzer Zeit wurde er Referatsleiter. Wegen seiner Fragebogenfälschung wurde seine Karriere unterbrochen, er wurde von dort in die Volkseigene Grundstücksverwaltung versetzt. Doch auch hier wurde er wieder bald Leiter. Er herrschte völlig unkontrolliert. »Im Betrieb bestimme ich allein.« Diesen seinen Lieblingsspruch setzte er durch. Und nicht nur in betrieblichen

Angelegenheiten. Er wurde Betriebspascha auch in den Dingen der Moral. Kruse hat sich allen Frauen in seinem Betrieb genähert; und es muß hier bald festgestellt werden, es ist ihm auch meist gelungen. Aus Taktgründen wurde vor Gericht nur eine Kollegin aus dem Betrieb vernommen – eine von mehreren –, die sich seinem Werben widersetzt hatte. Seit ihrer Weigerung hatte sie im Betrieb keinen guten Tag. Seit diesem Tag war alles, was sie tat, nach Kruses Meinung schlecht, nachlässig.

Sein besonderer Liebling war die BGL-Vorsitzende Irmgard Siebert. Sie war ihm völlig hörig. Der Gerichtsmediziner charakterisierte das Verhältnis so: Frau Siebert konnte sich mit Kruse verständigen, sie konnte seinen Befehlen gehorchen, ohne daß sie nur ein Wort miteinander sprachen. Aber sie sprachen sehr ausführlich miteinander. Ihr hatte er auch erzählt, daß Hildegard S., die 29jährige, ein Kind von ihm erwarte; daß sie sich weigere, es abtreiben zu lassen. Er fürchte, daß er, wenn es bekannt würde, seine gute Stellung verlöre. »Dann muß sie eben beseitigt werden«, sagte Irmgard Siebert.

Lange berieten beide, wie. Ob mit Gift, ob man sie betäubt vor einen Zug werfen sollte; sie sahen sich die lokalen Gegebenheiten an.

Sie kamen überein, daß Irmgard Siebert die Hildegard S. ins Wasser stürzen sollte. Sie machten eine Stelle an einem Kanal ausfindig. Jedoch es gelang ihnen nicht, das Mädchen dorthin zu bestellen.

Schon im März hatte sich Kruse von seinem Fahrer, einem passionierten Angler, eine Stelle an der Elbe zeigen lassen, die eine besonders reißende Strömung hat. Hierher fuhr er auch kurz vor dem Mordtage mit seiner Vertrauten Siebert. Der betriebliche Grund am 26. Mai war nur vorgeschoben. Es war der gemeinsam verabredete Mordtag. Die Tat geschah ohne Zeugen, beide waren sich ihrer Verschwiegenheit gewiß. Kruse und Siebert wurden vom Bezirksgericht zu lebenslänglichem Zuchthaus wegen gemeinschaftlichen Mordes verurteilt.

»Was im Betrieb geschieht, das bestimme ich.« Diese häufigen Äußerungen Kruses hörten wir im Gerichtssaal durch den Mund zweier Zeugen, Genossen der Sozialistischen Einheitspartei, vom Hauptbuchhalter und vom Chauffeur. Sie beschwerten sich in bewegten Worten über die selbstherrlichen Gewohnheiten ihres früheren Chefs. Wenn sie vor einem Jahr den Mund aufgetan hätten, wenn sie die betrieblichen Schweinereien Kruses eher ans Tageslicht gebracht hätten …

Sie hatten Kenntnis von den Allüren ihres Vorgesetzten, sie haben sicherlich gewußt, wie seine Beziehungen zu den vielen Kolleginnen waren. Sie haben es geduldet. Sie haben den Karrieristen, Manager und Betriebscasanova nicht bloßgestellt. Sie haben gewußt, daß die BGL-Vorsitzende Siebert nur eine Kreatur Kruses war.

Es wäre ihre Pflicht gewesen, dagegen Sturm zu laufen, selbst auf die Gefahr hin, Unannehmlichkeiten erdulden zu müssen. Auch sie haben eine Schuld auf sich geladen, nicht aber eine Mitschuld am Tod der jungen Hildegard S. Daß ein Mord die Folge ihres Versagens war, das konnten sie wirklich nicht voraussehen.

Glanz und Elend der Rosemarie Nitribitt
1960

Ihre Telefonnummer lag bei den Portiers der großen Frankfurter Hotels, im »Frankfurter Hof« und im »Carlton«. Wenn die Herren nach einer anstrengenden Aufsichtsratssitzung, nach einer schwierigen Verhandlung bei der Deutschen Bank sich erholen wollten, dann fragten sie den Portier: »Haben Sie nicht zufällig eine Adresse? Sie wissen ja.« Und der Portier wußte. Er rief in der Stiftstraße 36 an.

Eine ehemalige Schauspielerin, die bei der Hure Nitribitt saubermachte, hat einmal einen solchen Anruf entgegengenommen. Sie sagte es jetzt vor dem Schwurgericht in Frankfurt am Main aus. »Der Portier eines dieser großen Hotels rief an. Er hätte drei Herren, die er schicken wolle. Ich sagte ihm, daß Rosi nicht da sei. Darauf sagte der Portier: ›Das macht doch nichts. Was die kann, das können Sie doch auch.‹ Ich habe aber gesagt, ich bin hier die Putzfrau, und habe den Hörer empört aufgehängt.«

Nun soll man aber nicht glauben, daß der Staatsanwalt gefragt hätte: Wann war das, von welchem Hotel aus wurde angerufen? Er hätte hier einen echten Fall von gewohnheits- und gewerbsmäßiger Kuppelei. Aber wen interessiert das schon? Die Portiers dieser Hotels geben ja keine halboppositionelle Zeitung heraus.

So sieht der ganze Schwurgerichtsprozeß gegen den Handelsvertreter Heinz Pohlmann aus, der von der Frankfurter Staatsanwaltschaft beschuldigt wurde, am 29. Oktober 1957 zwischen 15.30 Uhr und 17.00 Uhr die Prostituierte Rosemarie Nitribitt ermordet zu haben.

Vielleicht war Heinz Pohlmann wirklich der Mörder. Er hatte die kleine, völlig verwahrloste Straßenhure gemanagt. Aus einem Mädchen, das kaum den eigenen Namen richtig schreiben konnte, hatte er des westdeutschen Wirtschaftswunders liebstes Kind gemacht. Pohlmann ist ein oft vorbestrafter Bürger. Ein Mann, den nichts, aber auch gar nichts zu den Frauen zieht, ein ausgesprochen schöner Mann. Und dem kleinen Hürchen hatte es gefallen, daß er gar nichts von ihr wollte, was die anderen an ihr so begehrenswert fanden. Er erschien ihr als ein Mann von Welt, voller Erfahrung.

Er bringt ihr die Art und Weise bei, die Männer richtig auszunehmen. Er veranlaßt sie, sich vom ersten leicht verdienten Geld ein Auto anzuschaffen, eine elegante Wohnung. Er weiß, die Herren Wirtschaftskapitäne sind bereit, für heimliche Sünden Unsummen zu bezahlen, wenn zwei Dinge beachtet werden: erstens, die Sünden müssen wirklich heimlich sein; zweitens, die Kosten dafür können über Geschäftsspesen verbucht werden.

Ein Direktor von Mannesmann ist beispielsweise bereit, 1 000 DM für einen vergnügten Abend springenzulassen, wenn die Firma es bezahlt. Also will er nicht irgend jemand auf der Straße anreden oder in einer obskuren Bar eine Bekanntschaft machen. Und er braucht Quittungen für Mannesmann. Mann ist Mann.

Pohlmann arrangiert das alles für die blonde Rosi. Die Herren können ihre Abenteuer bei verschiedenen Tankstellen oder Restaurants bezahlen, und sie bekommen ordnungsgemäße Quittungen. Das Geld wird nach einem Abzug von zehn Prozent der blonden Rosi ausgehändigt.

So bezahlt die Firma alles, die Herren von Rhein und Ruhr amüsieren sich nicht mal aus ihrer eigenen Tasche, sie betrügen ihre Frauen, ihre Firmen und ihren Staat, alles zur gleichen Zeit.

Es bemerkten die Mitbewohner des Hauses Stiftstraße 36

am 2. November 1957, daß Fräulein Nitribitt seit drei Tagen ihre Brötchen und ihre Milch nicht mehr von der Wohnungstür hereingeholt hatte. Die Polizei wurde benachrichtigt. Die Wohnung wurde geöffnet, und man fand die Prostituierte erwürgt auf.

Die Polizei fand auch noch mehr. Das Bild des reichsten Mannes Westdeutschlands im silbernen Rahmen auf dem Kamin, das Bild des jungen Herrn Thyssen. Sie fand eine exakte Buchführung der Namen und Adressen aller Kunden. Wann und wieviel. Sie fand auch den kleinen Pudel Showing verstört und hungrig. Der Pudel war keine Überraschung, aber die Liste mit den fünfhundert Namen aus Politik und Wirtschaft. Jeder dieser »Kunden« konnte es gewesen sein. Angst vor Erpressung? Lustmord? Raubmord?

Als der Tod der schönen Rosemarie bekannt wurde und als es durchsickerte, daß sie ein Kassenbuch geführt hatte, da hatte die Mordkommission in Frankfurt am Main keine ruhige Minute mehr. Da erschienen die großmächtigen Herren Generaldirektoren und Aufsichtsratsmitglieder, die sonst nie zu sprechen sind, alle persönlich und unaufgefordert im Polizeipräsidium. Er erschienen viel mehr, als die ordentliche Rosemarie in ihrem Buche hatte. Und alle erklärten: »Ja, auch ich war in der Stiftstraße, an dem und dem Tage. Aber um Gottes willen, ich habe mit der ganzen Sache nichts zu tun. Vernehmen Sie mich in aller Stille. Laden Sie mich bitte nicht zu einer Vernehmung. Sie müssen verstehen, das Ansehen der Bundesrepublik, das Renomme unserer Werke stehen auf dem Spiel. Gut, wir geben ja zu, mit der blonden Rosi haben wir gespielt. Aber wer hat es nicht getan? Wir möchten nicht in einem Atem mit ihr genannt werden.

Von höchster Stelle bekam die Kriminalpolizei in Frankfurt am Main die Weisung, vorsichtig und diskret die Ermittlungen zu führen. Namen durften unter keinen Umständen in die Öffentlichkeit getragen werden. Es kamen auch keine Namen in die Öffentlichkeit. Das war wichtiger, als den Mörder zu finden.

Schon in den ersten Tagen nach dem Mord fiel der Name Heinz Pohlmann. Er war der Vertraute, der Manager, der Zuhälter. Er kannte auch alle Namen und Adressen. Er war des Mordes verdächtig. Nebenberuflich war Heinz Pohlmann Handelsvertreter, mehr zur Tarnung. Gearbeitet hat er wenig.

In den Abrechnungen mit seiner Firma fehlten 10 000 DM. Es drohte ihm eine neue Anzeige wegen Unterschlagung. Tatsächlich zahlte er der Firma sofort nach dem Tode Rosemarie Nitribitts 6 500 DM zurück. Er kaufte sich für bare 10 000 DM ein neues Auto, obwohl er nachweislich stark verschuldet war.

Die Polizei konnte auch ermitteln, daß bei Rosemarie Nitribitt nach dem Mord 18 000 DM bares Geld gestohlen wurden. Zweifellos war Heinz Pohlmann am angenommenen Tattag bei der Nitribitt in der Wohnung. Er hatte ihr auch mittags eine Portion Reis gekocht. Und Reisreste fanden sich bei der Obduktion der Leiche im Magen. Er war auch noch da, als sich ein Freier bei ihr anmeldete. Er ging diskret in die Küche. Und als er sich in der Küche bemerkbar machte, hatte sie zur Tarnung hinübergerufen: »Frida, vergiß nicht, Brot mitzubringen.«

Eine Putzfrau, die auch kurze Zeit in der Nitribittschen Wohnung tätig war, wurde als Zeugin gehört. »Ich fand«, so sagte sie, »eine Sammlung von Peitschen. Ich fragte: ›Wofür haben Sie die denn, Fräulein Rosi?‹ – ›Ich habe einen Freund aus Bonn.‹«

Im Gerichtssaal lächelte alles. Nach einem Namen wird nicht gefragt. Soweit ist alles gesichert.

Heinz Pohlmann ist des Mordes angeklagt. Mit Ruhe läßt er den Prozeß an sich vorüberrauschen. Er ist gewiß: Verurteilt kann er nicht werden.

Er kann den Zweifel an seiner Schuld sogar durch einen Vertrag unterstützen. Und dieser Vertrag liegt dem Gericht vor. Der bekannte Hamburger Anwalt Ernst Müller hat ihn mit dem des Mordes beschuldigten Heinz Pohlmann getätigt.

Pohlmann erhält im Oktober 1959 bei Abschluß des Vertrages 20 000 DM. Weitere 20 000 DM ein Jahr später und weitere 10 000 DM nach Abschluß des Verfahrens gegen Pohlmann, spätestens am 1. Februar 1961.

Herr Pohlmann verpflichtet sich, keine Pressekonferenzen, keine Rundfunkinterviews zu geben.

Wer zahlt das Geld? Wer hat ein Interesse daran, daß Pohlmann schweigt?

Von dem gleichen Hamburger Anwalt sind Pohlmann 250 000 DM angeboten worden, wenn er jede Veröffentlichung in der Presse über seine Kenntnisse des Falls Nitribitt unterläßt. Dieses Geschäft soll sich zerschlagen haben, denn Pohlmann hat gewisse Erlebnisse an eine Münchner Illustrierte verkauft. Es ist nicht bekannt, ob er in diesen Erlebnissen Namen genannt hat. Es ist ferner nicht bekannt, ob er nicht doch diese Summe für das Schweigen erhalten hat.

Wer 250 000 DM zu opfern bereit ist, was muß er zu fürchten haben? Nur daß er Kunde der Dame gewesen ist? Könnte er das nicht billiger haben? Wer 250 000 DM zu opfern bereit ist, der fürchtet vielleicht, als Mörder genannt zu werden?

Von wem das Geld kommt? Danach wird Herr Pohlmann nicht gefragt. Er würde es auch nicht beantworten, sonst würde ihm die zweite und dritte Zahlung aus dem Vertrag mit dem sauberen Hamburger Anwalt gesperrt.

Im Mordfall Nitribitt ist alles fraglich. Pohlmann hat vielleicht bewußt die Polizei auf sich gelenkt, um den richtigen Täter, den Geldgeber der Viertelmillion zu decken. Die Hose, die er an dem angeblichen Tattag getragen hat, war erst versteckt, später wird sie aufgefunden. Sie weist einen großen Reinigungsfleck auf, aber niemand weiß, war es Rost oder Blut? Ein Indiz, das nichts beweist.

Es gibt Zeugen, die vor Gericht beschwören, Rosemarie Nitribitt nach der vermeintlichen Tatzeit noch gesehen zu haben. Ganz präzise Angaben zweier Verkäuferinnen einer Fleischerei. Hat aber die Nitribitt wirklich damals noch gelebt? Scheidet Pohlmann aus dem Kreis der Täter ganz aus? Aber nicht aus dem Kreis der Mitwisser?

Die Polizei hat nicht einmal die Hundeexkremente beschlagnahmt und untersuchen lassen. Daran wäre vielleicht zu beweisen gewesen, wieviel Tage der Pudel Showing nicht aus der Wohnung gekommen ist und wieviel Tage das Mädchen tot in seiner Wohnung lag. Die Polizei hatte nur ein Interesse, das Buch mit den Namen zu verbergen.

Auch der Anwalt, der den Vertrag mit Pohlmann abgeschlossen hat, wird als Zeuge nicht gehört. Er hätte sowieso nicht ausgesagt, wer die ungenannten Geldgeber sind. Er hätte sich auf seine Schweigepflicht als Anwalt berufen.

Aber wenn dieser Vertrag einen Mund verschließt, um den Mörder zu decken, wo bleibt da die Anwaltsehre? Ein Vertrag, bei dem es um 250 000 DM geht, kann in Westdeutschland nicht gegen die guten Sitten verstoßen.

250 000 DM sind unüberwindliche Hindernisse für die Ermittlungstätigkeit der Kriminalpolizei. Und wenn die Machtmittel der Polizei vor soviel Geld versagen, kann man vom Frankfurter Schwurgericht nicht erwarten, daß es den Mörder der Rosemarie Nitribitt einwandfrei feststellt und verurteilt.

Gegen Pohlmann sprach vieles. Sein Lebenslauf, seine Vorstrafen, seine Geldausgaben nach dem Tode, seine befleckte Hose, sein schmutziger Gelderwerb.

Aber all das ist kein Beweis, daß er die blonde Rosi erwürgt hat. Das Schwurgericht mußte Heinz Pohlmann mangels Beweises freisprechen.

Er kann nun in Ruhe sein ganzes Schweigegeld einstreichen und verzehren, das ihm, dem dringend verdächtigen Mörder, von noch größeren Verbrechern bar bezahlt wurde.

Ein Mörder war unter uns
1956

»Der Mörder wird mit dem Tode bestraft. Ist in besonderen Ausnahmefällen die Todesstrafe nicht angemessen, so ist die Strafe lebenslanges Zuchthaus. So heißt es im Paragraphen 211 des Strafgesetzbuches. In unserem Staat«, fuhr der Staatsanwalt vor dem 2. Strafsenat des Bezirksgerichtes Karl-Marx-Stadt fort, »ist es umgekehrt. Bei uns wird im allgemeinen der Mörder mit lebenslangem Zuchthaus bestraft. Nur in besonderen Ausnahmefällen erkennen die Gerichte die Todesstrafe; denn wir sind überzeugt, daß auch ein Mörder zu erziehen ist.« Gegen den Angeklagten Heinrich Sell beantragte der Staatsanwalt wegen Mordes in zwei Fällen dennoch die Todesstrafe.

Heinrich Sell ist nicht nur ein Doppelmörder, er ist auch ein rückfälliger Mörder. Schon im Jahre 1939 wurde er vom Schwurgericht in Hamburg wegen Mordes an einer fünfzigjährigen, 71mal vorbestraften Prostituierten zu zwölf Jahren Zuchthaus und Sicherungsverwahrung verurteilt. Er hatte diese grausige Tat in einem Alkoholrausch begangen und wurde deshalb als eingeschränkt zurechnungsfähig eingestuft.

Der heute fünfzigjährige Sell wurde nicht als Verbrecher geboren. Ein Mörder wird nicht geboren; er ist ein Produkt seiner Veranlagung, seiner Umgebung und Erziehung. Sell stammt aus einer ehrlichen Familie. Gegen seinen Willen mußte er zu einem Schuhmacher in die Lehre gehen, dem die Eltern volle Erziehungsgewalt übertrugen. Hier wurde er wegen vieler Kleinigkeiten geprügelt, er brannte durch und kam nach Hamburg. Dort geriet er in die tiefsten Niederungen der menschlichen Gesellschaft. Er lernte die Liebe nur als Ware kennen. Sell lebte jahrelang ohne Arbeit. Er wird Strichjunge, Zuhälter, Verbrecher. Seine ungewöhnlich starke Triebhaftigkeit kennt keine Grenzen.

Er verlor jede Achtung vor den Menschen. Unter den widrigsten Umständen lernt er seine erste Frau kennen. Er beutet sie schamlos aus, und um diese Zeit wird er zum erstenmal ein Mörder.

In den Wirren der Nachkriegszeit gelingt es ihm, aus der Strafanstalt zu entkommen. Er läßt sich in Demitz in Mecklenburg als Schuhmacher nieder und heiratet dort, aber seine Frau läßt sich nach einigen Jahren scheiden, weil sie seine brutale Art nicht ertragen kann. In dieser Zeit wird auch bekannt, daß er seine Strafe für den Mord noch nicht verbüßt hat. Er wird verhaftet und kommt ins Zuchthaus nach Waldheim.

Nach der Verbüßung zieht Heinrich Sell nach Karl-Marx-Stadt. Mehrfach wird ihm von den Staatsorganen Arbeit nachgewiesen. Er arbeitet auch kurze Zeit im Kommunalen Großhandel als Transportarbeiter. Auf seiner Beurteilung steht: Er ist ein ruhiger und zurückhaltender Mensch, er ist kollegial. Aber er fängt an zu bummeln, versäumt seinen Dienst und wird fristlos entlassen. Ebenso ist seine Beurteilung von der Deutschen Spedition und von der Straßenreinigung Karl-Marx-Stadt. Überall muß er wegen Arbeitsbummelei aufhören.

Mit einer Frau Ilse Hönisch lebt er in einem eheähnlichen Verhältnis. Zuerst sogar glücklich. Frau Hönisch ist arbeitsam; es gibt bald Zerwürfnisse wegen seiner Faulheit.

Am Sonntag, dem 17. Juni 1956, sind die beiden bei einer befreundeten Familie eingeladen. Sell tanzt mehr mit der anderen Frau, und Frau Hönisch wird eifersüchtig. In der darauffolgenden Nacht versucht Frau Hönisch, sich ihm zu entziehen. Er will sein Ziel mit Gewalt erreichen. Er erwürgt Frau Hönisch genauso, wie er es 1939 in Hamburg mit der Prostituierten getan hat. Es ist wieder ein Sexualmord. Er packt die Tote in einen Kleiderschrank.

Nach und nach verkauft er alle Sachen der Ermordeten.

Nun lebt er in der Wohnung der Toten mit ihrem zwölfjährigen Sohn Konrad. Ihm sagt er, daß die Mutter zu den Großeltern gefahren sei. Das gleiche teilt er der Arbeitsstätte der Ermordeten mit. Kollegen äußern Bedenken. Eine Kollegin sagt sogar, wahrscheinlich hat Sell ihr etwas angetan; aber leider benachrichtigt sie nicht die Polizei.

Sell ist fest entschlossen, den kleinen Jungen zu beseitigen, um die Entdeckung seiner grausigen Tat hinauszuschieben. Am 21. Juni merkt der kleine Kerl, daß etwas nicht stimmt. Er sieht, daß Blut aus dem Kleiderschrank getropft war, und schreit: »Mutti, Mutti.«

Jetzt erdrosselt Sell auch den Jungen.

Endlich melden die Hausbewohner ihren Verdacht. Ein beherzter Polizist verhaftet Sell auf der Straße. Dieser leugnet nicht.

Sell versucht in der Hauptverhandlung in äußerst gewandter Weise, seine Tat als Eifersuchtsdelikt darzustellen. Vergeblich. Die Art und Weise, wie er seine Verbrechen ausführte, sprach gegen ihn.

Im Gerichtssaal, unter der Bevölkerung von Karl-Marx-Stadt gibt es keine Stimme für die Zuchthausstrafe. Hier mußte auf Todesstrafe erkannt werden, und so beschloß auch das Bezirksgericht.

Verworren und verworfen

1955

Seit Jahren hat wohl kein Kriminalfall die Berliner Öffentlichkeit so beschäftigt wie der Prozeß gegen die dreiundzwanzigjährige Sonja und ihren Stiefvater Helmut. In vieler Hinsicht waren die Tat und das Verfahren außergewöhnlich, und sicherlich wird man ihn später einmal in die berühmten Fälle, die »causes célèbres«, einreihen.

Jede Tragödie hat aber auch ihre Farce. Am 28. Oktober 1954 meldeten sich die beiden beim Bezirksstaatsanwalt in Lichtenberg, um einen Mord einzugestehen. Sonja konnte trotz ihrer eifrigen Bitte nicht vorgelassen werden, da sie ihren Personalausweis vergessen hatte.

Ein Mädchen, das sich beschuldigen wollte, seine eigene Mutter totgeschlagen zu haben, wurde nicht empfangen. Es mußte warten, bis der Stiefvater der Anklagebehörde die ungewöhnliche Selbstbezichtigung vorgetragen hatte. Man glaubte Helmut fast nicht, als er erzählte, daß die Leiche seiner getöteten Frau Erna seit drei Jahren unter einer Couch in der Wohnung in Berlin-Karlshorst verborgen sei.

Die Behauptungen der beiden stimmten. Der Gerichtsmediziner stellte schon beim Betreten des Hauses einen penetranten Leichengeruch fest. Im zweiten Stockwerk fand die Mordkommission das schon fast mumifizierte Skelett der Getöteten vor. Die Wohnung war peinlichst sauber, das kleine Zimmer aber, in dem die Tote lag, starrte vor Schmutz. Fliegen, Käfer, Maden – eine Stätte des Grauens.

Ein Jahr lang dauerte die Voruntersuchung, fast drei Wochen der Prozeß vor der Strafkammer 3d des Berliner Stadtgerichts. Er mußte, da viele intime Dinge behandelt wurden, zum großen Teil unter Ausschluß der Öffentlichkeit stattfinden. Trotz der langen Voruntersuchung, trotz der sehr gründlichen Prozeßführung wurde die ganze Wahrheit über den Tod der Frau Erna nicht restlos ermittelt.

Nur zwei Menschen werden genau wissen, was am 6. Oktober 1951 wirklich geschah. Das Schwere aber an diesem Fall war, daß gerade Sonja sechs bis sieben Darstellungen der Bluttat gab. Eine Auswahl, aber keine stimmte mit dem Tathergang genau überein, wie er sich aus der Sektion der Leiche und aus den vorgefundenen Blutspuren an der Tapete des Schlafzimmers ergab. Die Motive blieben im Dunkel; Sonja gab vieles zu, und glauben konnte man ihr eigentlich nichts. Der medizinische Sachverständige, Professor Destounis, bezeichnete sie als krankhafte Lügnerin, als einen durch Vererbung und Milieu geschädigten Menschen.

Sonja war vor der Ehe als Kind eines unbekannten Vaters geboren worden. Die Beziehungen zwischen Mutter und Tochter waren widernatürlich; der Sachverständige erklärte, daß ihm in der gesamten Kriminalliteratur kein derartiger Fall bekannt ist. Schon als Kind war die Angeklagte von der Mutter und deren Freundinnen in übelster Weise mißbraucht worden. Später – und das warf die Anklage dem Stiefvater vor – war Helmut in diese Exzesse mit einbezogen worden, geduldet hatte er sie immer.

Ungewöhnlich war auch dieser Stiefvater. Äußerlich ein stiller, verschlossener, gutaussehender und intelligenter Mann;

tagsüber ein sehr tüchtiger Angestellter, gewissenhaft, korrekt. Durch Fragebogenfälschung hatte er sich in die Partei der Arbeiterklasse geschwindelt. Aber all das war Maske. Seiner Frau gestattete er jede Ausschweifung. Er duldete es, daß sie in Cafés verkehrte, um dort Männer- und wahrscheinlich auch Frauenbekanntschaften zu machen. Er beteiligte sich an den Ausschweifungen. Es gefiel ihm wahrscheinlich sogar, daß von dem Geld, das seine Frau verdiente, kostbare Möbel gekauft wurden. Er sah darüber hinweg, wie seine Frau ihr Kind, das jetzt seinen Namen trug, in einer hysterischen Weise erzog. Die Mutter war meist brutal zu ihrer Tochter, um sie dann wieder maßlos zu verwöhnen.

Häufig riß Sonja von zu Hause aus, betrog die Menschen und stahl. Mit einer Haßliebe hing sie an der Mutter. Sie behauptete, daß sie Geld nahm, um der Mutter Geschenke machen zu können. Diese Version hatte einiges für sich; denn seit dem Tode der Mutter, seit diesem 6. Oktober 1951, war Sonja nicht mehr straffällig geworden.

Es ist erwiesen, daß Helmut an diesem Tage im Dienst war. Es steht auch fest, daß die Nachbarn einen Streit, ein Schreien und ein mehrfaches dumpfes Schlagen hörten. Immer wieder behauptet die Angeklagte, daß sie allein die Mutter nach einem Streit mit der stumpfen Seite einer Axt totgeschlagen habe. Nur die Darstellung des »Wie« wurde von ihr allzu häufig gewechselt. Manchmal gab sie an, den Mord begangen zu haben, um die Kleider und den Schmuck der Mutter zu erben, ein anderes Mal sagte sie, sie habe in Notwehr gehandelt, weil die Mutter ihr die Axt, die sie zum Holzspalten brauchte, aus den Händen gerungen habe. Das Gericht aber nahm an, daß die beiden Frauen in einen Streit geraten seien, in dessen Verlauf Sonja ihre Mutter mit Vorbedacht erschlug. Das Motiv schien Eifersucht zu sein. Denn eines steht fest, bei aller Verworrenheit und Verworfenheit: Sonja liebt ihren Stiefvater mit einer unheimlichen Leidenschaft. Ihre ganzen Selbstbezichtigungen in der Voruntersuchung und vor Gericht haben nur einen einzigen Sinn: den Geliebten zu schützen. Deswegen mußten ihre Aussagen auch mit großer Vorsicht aufgenommen werden.

Dunkel ist die Rolle, die Helmut in diesem ganzen Fall gespielt hat. Der Verdacht, daß er seine Stieftochter zu einem Mord angestiftet hat, lag sehr nahe. Unwahrscheinlich bleibt seine Behauptung, daß er drei Jahre lang mit einer Leiche in der Wohnung gelebt hat, ohne etwas davon zu bemerken. Allen Bekannten und der Polizei gegenüber erklärte er, daß sich seine Frau nach einem Streit – der sich tatsächlich am frühen Morgen zwischen den Eheleuten zugetragen hatte – aus der Wohnung entfernt hatte und wahrscheinlich nach Westdeutschland gegangen sei. Sonja hatte einige Kleider und den blutbefleckten Läufer in einen Koffer gepackt und diesen in einem Geschäft untergestellt. Auch den Hund der Mutter schaffte sie am selben Tage zu einer Toilettenfrau am Potsdamer Platz, angeblich nur für einige Stunden. Da aber der Hund eine Marke hatte, auf der Name und Adresse verzeichnet waren, wurde er ihr am nächsten Tag wieder zurückgebracht. »Um Gottes willen, daß man ja mein Vater nichts merkt«, sagte sie bei dieser Gelegenheit und bat die Frau, den Hund zu behalten. Das Verhalten war der Frau damals rätselhaft, im Prozeß konnte es durchaus als Entlastung für den Vater ausgelegt werden, daß er zu dieser Zeit noch nichts von der Bluttat wußte.

Alle Sachverständigen waren der Meinung, daß Helmut nach mindestens vier Wochen das Vorhandensein der Leiche durch den fürchterlichen Gestank bemerken mußte. Die Mieter im Haus beschwerten sich dauernd über den merkwürdigen Geruch. Sie hielten sich auch über das sonderbare Verhältnis zwischen Stieftochter und Stiefvater auf, sie fanden es höchst eigenartig, daß Frau Erna so plötzlich verschwunden war. Aber nicht einer hielt es für seine Pflicht, zur Polizei oder wenigstens zur volkseigenen Wohnungsverwaltung zu gehen. Helmut war, so schien es, für sie unangreifbar und unantastbar. Es gibt noch andere Symptome dafür, daß Helmut Bescheid wußte, den Lichtschalter im kleinen Zimmer montierte er ab. Einem Handwerker, der die Fenster der Wohnung verglasen wollte, brachte er sämtliche Rahmen in die Küche. Erst als das Wohnungsamt eine Kontrolle wegen der nunmehr unterbelegten Wohnung ankündigte, will er die Leiche entdeckt haben.

Eine Lücke in unserem Strafgesetzbuch ist, daß die Kenntnis von einer Bluttat, wenn ein Verwandter sie begangen hat, nicht zur Anzeige verpflichtet. Es gibt nur einen Paragraphen 367, der denjenigen mit einer Geldstrafe bis zu 150 M oder mit Haft (bis zu sechs Wochen) bedroht, der ohne Vorwissen der Behörde einen Leichnam beiseiteschafft. Aber diese polizeiliche Vorschrift wäre, wenn man das Liegenlassen einer Leiche als ein Beiseiteschaffen ansieht, auch nach drei Jahren verjährt. Die niedrige Strafandrohung entspricht nicht der Gesellschaftsgefährdung solcher Unterlassung.

Außerdem konnte das Gericht nicht mit Gewißheit feststellen, daß Helmut drei Jahre lang von dem Verbrechen Kenntnis hatte. Für den grausigen Totschlag, unter der Berücksichtigung, daß Sonja im Moment der Tat nicht voll zurechnungsfähig war, wird sie für 12 Jahre ins Zuchthaus gehen. Sechs Jahre Zuchthaus wurden Helmut wegen seiner Sittlichkeitsdelikte, begangen an seiner Stieftochter, zuerkannt.

Die Tragödie am Müggelsee

1959

Am 24. Januar 1959 entdeckte der Revierförster in einem Waldgelände, nahe am Berliner Müggelsee, die furchtbar zugerichtete Leiche eines jungen Mannes. Die sofort herbeigerufene Mordkommission fand am Tatort kaum eine Spur. Die Obduktion ergab, daß der Tod am 23. Januar gegen Mitternacht eingetreten war. Im Blut des Getöteten wurde noch ein Alkoholgehalt von etwa 1,65 Promille festgestellt. Die Todesursache: etwa 60 Messerstiche. In seiner Jacke war die Adresse eines Altwarenhändlers eingenäht. In der Nähe des Tatortes fand man noch einen Bleistiftanspitzer und einen Federhalter mit einer Redisfeder. Der Altwarenhändler erklärte, daß er diese Jacke dem 25jährigen Günter Hönick geschenkt habe. Es war der Tote. In seiner Familie, in seinem Freundeskreis hatten alle einwandfreie Alibis.

Die Kriminalpolizei ging mit seinem Bild zu allen Gastwirtschaften in der Nähe des Tatortes. In mehreren Kneipen war der Tote mit einem jungen Mann von etwa 20 Jahren und mit einem Mädchen von vielleicht 17 bis 18 Jahren gewesen. Sie wurde als ziemlich korpulent beschrieben.

Die Redisfeder brachte die Kriminalpolizei auf den Gedanken, das Mädchen müsse noch in eine Berufsschule gehen. Sie ließ sich von allen Berliner Berufsschulen die Schülerinnen mitteilen, die am 23. Januar die Schule geschwänzt hatten. Anhand dieser Listen fahndete man nach einem etwa 18jährigen, ziemlich korpulenten Mädchen.

In der Berufsschule des Bäckereigewerbes wurde der Mordkommission mitgeteilt, daß dort die 14jährige Marion am fraglichen Tag gefehlt habe. Sie nehme kaum am Unterricht teil, sei geistig träge, körperlich jedoch drei bis vier Jahre voraus. Bei ihren Eltern war sie seit dem 23. Januar kaum noch aufgetaucht. Sie konnte aber festgenommen werden, und sie gestand. Als Täter bezeichnete sie den anderen jungen Mann, mit dem sie und der Getötete den ganzen Tag zusammen waren. Sie kannte nur seinen Vornamen: Falko. Ein seltener Name. Der Falko konnte verhaftet werden.

Hätte der Wecker bei den Eltern Falkos am 23. Januar richtig geklingelt, nie wäre diese Tat geschehen. Der junge Mann wollte aber nicht eine Stunde zu spät an seinen Arbeitsplatz kommen. Er blieb der Arbeit fern. In der Berufsschule von Marion sollte eine Arbeit geschrieben werden. Davor drückte sich die 14jährige. Auch der Tote ging aus irgendeinem Grunde nicht zur Arbeit. Und so trafen die drei, die sich nie zuvor gesehen hatten, zufällig in einer Kneipe in Treptow zusammen.

Falko ist äußerlich ein ruhiger, intelligenter, junger Mann. Er hat eine sympathische Freundin, er ist jedoch völlig unausgeglichen. Als Kind riß er von daheim aus; zweimal ist er schon republikflüchtig geworden. Sein Vater holte ihn beim erstenmal noch vom Lager heim, beim zweitenmal kam er nach drei Monaten reumütig zurück. Manchmal bekommt er den Koller. Einmal zerstört er ein Auto, mit dem er unerlaubt fahren wollte, aber nicht konnte. Ein zweites Mal zertrümmert er aus Zerstörungswut eine Schaufensterscheibe. Danach ist er vernünftig und bedauert das Vorgefallene.

Am Tattag fährt er erst einmal auf dem S-Bahn-Ring um Berlin, dann geht er vormittags zweimal im Westen ins Kino, er sieht einen sogenannten sexuellen Aufklärungsfilm und danach den Kitschfilm mit erotischem Einschlag »Das Schiff der verlorenen Frauen«. In einer Kneipe in Treptow setzt er sich an den Tisch zu dem 25jährigen Günter Hönick. Die beiden wollen einem Mädchen einen Schnaps spendieren, das mit anderen Jungen zusammensitzt. Es ist zwei Uhr mittags. Die Wirtin erklärt: »Nein, sie hat schon genug.« Die beiden kommen mit dem Mädchen ins Gespräch und verabreden sich in der Gaststätte nebenan.

Das Zusammensein wird noch einmal unterbrochen, als Marion gegen 18 Uhr erklärt, sie müsse mal für eine Stunde weg. Günter Hönick will das Mädchen haben, so oder so. Falko hat so etwas noch nie gemacht, ist aber durch Westfilme und Alkohol seelisch darauf vorbereitet und einverstanden.

Marion ist ein sehr schwieriges Mädchen. Am 23. Januar war sie nach dem Gesetz seit neun Monaten kein strafunmündiges Kind mehr. Die Natur hatte ihr einen bösen Streich gespielt. Sie ist körperlich zu rasch gewachsen. Immer ist sie mit älteren Mädchen zusammen. Mit neun Jahren raucht sie. In ihrer Schulklasse ist sie die Leistungsschwächste. Mit zwölf, dreizehn Jahren wird sie auf der Straße wie eine Erwachsene behandelt. Und das gibt ihr einen willkommenen Ersatz für ihr geistiges Versagen. Mit zwölf Jahren hat sie Beziehungen zu Männern, wahllos. Die Eltern sind wohl stolz auf das hübsche Kind, sie sind aber auch beunruhigt. Sie gaben Marion zur Beobachtung in eine Nervenklinik. Der Bericht enthält nach einem halben Jahr der Untersuchung den wichtigen Satz: Marion hat eine geringe Belastbarkeit in Konfliktsituationen.

Die drei nun besuchen viele Kneipen. Gegen halb zwölf Uhr nachts schlägt Hönick vor, in seine Wohnung zu gehen. Dort habe er eine Flasche Schnaps. Es ist nur ein Vorwand, das Mädchen in den Wald zu locken. Singend und grölend ziehen die drei los. Auf einem Waldweg fällt Hönick plötzlich über Marion her, sie stürzt zu Boden, kann sich seiner mit einem Würgegriff erwehren. Nun fängt Hönick an, übel auf Marion zu schimpfen und wenig später auch auf Falko: »Ihr steckt unter einer Decke, ich gehe jetzt zur Polizei.«

Hönick hat sich des Personalausweises von Marion bemächtigt. Marion hat Angst, sie fürchtet eine Einweisung zur Heimerziehung. Falko hat nichts zu befürchten. Ihr gelingt es, Hönick zu beruhigen. Nun wendet Hönick sich zum Gehen, allerdings nicht in Richtung seiner Wohnung. Als er etwas entfernt ist, sagt Marion (nach vorsichtigen Berechnungen muß die 14jährige 1,5 Promille Alkohol im Blut haben): »Stich ihn doch nieder.« Falko (etwa 0,9 Promille Alkohol) folgt, ohne zu zögern, dieser Aufforderung. Marion fängt an zu weinen und fordert Falko auf, sein Opfer zu schonen. Einmal sagt Falko: »Wenn du nicht ruhig bist, geht es dir genauso.« Und dann: »Jetzt kann ich nicht mehr aufhören, sonst geht er zur Polizei.« Marion gibt ihm jetzt einen Hinweis, wie er Hönick schnell töten kann.

Die beiden entfernen nun alle Erkennungsmerkmale von dem Toten. Sie verabreden sich, am nächsten Tag nach Westdeutschland zu fliehen. Falko will in die Fremdenlegion. Marion aber verschläft die Verabredung. Da sie sich jedoch nicht kennen, finden sie sich erst bei der Polizei wieder.

Das Gericht verurteilt Falko wegen Totschlags zu zwölf Jahren Zuchthaus. Marion wurde verminderte Zurechnungsfähigkeit zugebilligt. Sie wurde wegen Anstiftung zum Totschlag zu fünf Jahren Freiheitsentzug verurteilt.

Vieles mußte zusammenkommen, ehe dieses Entsetzliche passieren konnte. Das war einmal die völlig labile Marion, der übermäßige Alkoholgenuß aller, die Erregung in der nächtlichen Stunde, dann das zufällige Zusammentreffen des willensschwachen, cholerischen und sehr leicht beeinflußbaren Falko mit der haltlosen, körperlich überentwickelten, geistig zurückgebliebenen Marion. Dazu die Triebhaftigkeit und die schlechten Absichten des Getöteten.

Viele Fehler sind begangen worden. Alle, die hier etwas unterließen, haben ohne ihr Wissen und Wollen zum Tode von Günter Hönick beigetragen. Das 14jährige Mädchen Marion, von dem die Nervenklinik in ihrem Schlußbericht schrieb, sie habe eine geringe Belastbarkeit in Konfliktsituationen, durfte nicht im Elternhaus belassen werden. Die Eltern, Menschen mit gutem Leumund, waren für die Erziehung dieses schwierigen Kindes völlig ungeeignet. Es war ihnen und auch dem Referat Jugendhilfe bekannt, daß sich das Mädchen nächtelang umhertrieb, oft ihre Arbeit und fast immer die Berufsschule schwänzte. Die für die Erziehung Verantwortlichen wußten, daß sie wahllos Beziehungen mit Männern einging. Ein solches Mädchen gehört in einen Jugendwerkhof, muß aus der Großstadt heraus.

Es haben sich alle Gastwirte und Kellner wohl den Ausweis von Marion zeigen lassen, aber keiner hat es für nötig befunden, auf das Geburtsdatum dieses Mädchens zu achten. Ihr durfte kein Bier oder gar Schnaps ausgeschenkt werden. Dieser Fall sollte allen im Gastwirtsgewerbe Tätigen und auch den Aufsichtsbehörden sehr zu denken geben.

Und zu allem kam noch die aufputschende Wirkung eines westlichen Kitschfilms. In bestimmten Situationen verursacht dieses schleichende Gift gefährliche Explosionen.

Die Farbe
des
Herrn Doktor
Wehner

Die Farbe
des
Herrn Doktor
Wehner

1959

Als am Morgen des 17. Januar 1959 der Heizer der Synagoge in Düsseldorf seinen Dienst antreten wollte, bemerkte er, daß die beiden Eingangspforten dieses neu errichteten Gebäudes mit zwei Hakenkreuzen beschmiert waren. Die faschistischen Zeichen standen auf der Spitze, sie waren zweifellos mit einer Schablone angebracht worden. Der Heizer informierte den Vorsitzenden der Jüdischen Kultusgemeinde, Dr. Weinberg. Von ihm erhielt er den Auftrag, das zuständige Düsseldorfer Polizeirevier von dieser antisemitischen Provokation in Kenntnis zu setzen.

Die Polizeibeamten dieses Reviers erschienen auch sehr bald am Tatort. Da solche Provokationen in Westdeutschland nicht selten sind, taten sie das, was in Westdeutschland üblich ist. Sie gaben dem Heizer die Weisung, »das da« zu beseitigen und sich zu beeilen, da am frühen Morgen die Sache unbemerkt bereinigt werden könne.

Der Heizer hatte jedoch auch den Chefredakteur der Wochenzeitung der Jüdischen Gemeinde, Dr. Marx, unterrichtet. Dieser wandte sich an die politische Abteilung K 14 des Düsseldorfer Polizeipräsidiums, und zwar an deren Leiter, Kriminalrat Hammacher, einen Herrn, über dessen frühere Tätigkeit noch einiges zu berichten ist.

Die Düsseldorfer Synagoge liegt in der Ziethenstraße 57. Das Polizeipräsidium am Jürgensplatz, die Gebäude sind ungefähr 4 000 Meter voneinander entfernt. Der Einsatzwagen von K 14 erschien auch prompt am Tatort. Kriminalrat Hammacher ließ unverzüglich die Reinigung der Synagogentüren abbrechen, und die Beamten von K 14 begannen mit der Spurensicherung. Das heißt, sie fotografierten den Tatort und nahmen Proben der Farbe an sich. Es ist durch Zeugen erhärtet, daß sich bei dieser Tätigkeit der eine Kriminalbeamte äußerte: »Das war ja zu erwarten.« Ein anderer sagte: »Wir wußten das ja, aber wer konnte wissen, daß es hier geschah.«

Um neun Uhr morgens brachen die Beamten von K 14 ihre Erhebungen ab. Schätzungsweise brauchten sie 15 Minuten, um von der Synagoge wieder ins Polizeipräsidium zurückzufahren. Kurz vor 10 Uhr erschienen dieselben Beamten in der Straßburger Straße 9, einem Haus, das 5 500 Meter vom Präsidium entfernt liegt. Es ist erwiesen, daß ein Kraftwagen um diese Zeit in Düsseldorf etwa 20 Minuten für diese Strecke braucht. Das heißt, die Kriminalbeamten, die ja von dem Ereignis völlig überrascht waren, hatten im Präsidium höchstens 25 Minuten Zeit benötigt, um den Fall »aufzuklären«.

In der Straßburger Straße 9 drangen sie in die Wohnung der Familie Klier ein. Ein junger Mann öffnete ihnen. Sie schrien ihn an: »Zeigen Sie Ihre Hände!« Die Beamten durchsuchten die Wohnung, kamen in ein Schlafzimmer, in dem zwei Betten standen, und fragten Günter Klier: »Wer schläft denn hier noch?« Günter Klier sagte: »Mein Bruder Helmut.« Die hellsichtigen Beamten, die zwar den Fall der Synagogenschändung in 25 Minuten aufgeklärt, die also schon den »Täter« festgestellt hatten, kannten nicht einmal seine Personenbeschreibung.

In der Wohnung machten sie ohne richterlichen Durchsuchungsbefehl und ohne Zeugen eine Haussuchung, ohne Protokoll nahmen sie zwei Kleidungsstücke von Helmut Klier mit.

Helmut Klier ist ein fünfundzwanzigjähriger sehr aktiver Gewerkschafter, er war vor dem Verbot Mitglied der Kommunistischen Partei. Er ist in einem größeren Handwerksbetrieb als Schreiner tätig. Durch seinen Beruf hat er auch mit Farbe zu tun. Seine Arbeitskleidung, auch die beiden beschlagnahmten Stücke, wiesen Farbspuren auf. Die Kriminalbeamten gingen zu Helmut Klier in die Werkstatt. Nachdem er geöffnet hatte, wurde ihm erklärt, daß er im Verdacht stehe, die faschistischen Zeichen an die Synagogentür gemalt zu haben. Klier fragte die Beamten: »Wie kommen Sie denn gerade auf mich?« Da wurde ihm gesagt: »Weil Sie der bekannteste, initiativvollste, gerissenste Jungkommunist sind, den wir hier haben.« Helmut Klier weigerte sich, überhaupt zu den Dingen in einem Protokoll Stellung zu nehmen, er sagte: »Das ist eine Provokation wie der Reichstagsbrand.«

Noch ist er auf freiem Fuß. Sein erster Weg führt ihn zum Vorstand der Jüdischen Gemeinde. Er trifft dort die Frau des Vorsitzenden Weinberg. Dort erklärt Helmut Klier, wessen man ihn verdächtigt. Und Frau Weinberg sagt: »Das ist ja ein Reichstagsbrand.« Helmut Klier schreibt an die Zeitungen seines Bezirkes. Aber nur zwei nehmen von dem Brief Kenntnis. Er wendet sich an den Rechtsausschuß des Landtages von Nordrhein-Westfalen. Erst als er im Gefängnis sitzt, bekommt er die lakonische Antwort, daß das Innenministerium beauftragt ist, diesen Fall zu untersuchen.

Wie hatte der Kriminalbeamte von K 14 gesagt? »Das war ja zu erwarten.«

Was war zu erwarten? Herr Staatssekretär Globke, ein alter Fachmann des Antisemitismus, Kommentator der Nürnberger Gesetze, heute die rechte Hand Adenauers im Bundeskanzleramt, hatte an die leitenden Polizeidienststellen der Bundesrepublik einen Hinweis gegeben. Es sei damit zu rechnen, daß aus den Reihen der verbotenen KPD antisemitische Provokationen gestartet würden, um dem Ausland zu beweisen, daß in der Bundesrepublik die alten Faschisten und Militaristen noch an der Macht seien. Es liegt ferner ein Rundschreiben bei allen Polizeidienststellen vom Innenminister, dem ehemaligen SA-Mann Schröder, daß zu erwarten sei, daß besonders geschulte Agenten aus der »Sowjetzone« in der nächsten Zeit eingeschleust und antisemitische Provokationen einleiten würden.

Es ist erwiesen, daß weder Herr Globke noch Herr Schröder aus der DDR eingeschleust wurden. Auch der alte Herr Bräutigam, der zehntausendfache Judenmörder, der im Auswärtigen Amt arbeitet, ist ein Bonner Gewächs. Herr Zind konnte seine Mordhetze in Offenburg straflos äußern. Eisele, der KZ-Mörderarzt aus Buchenwald, bekam in München seinen Aufbaukredit. Es bedarf wirklich keiner »Agenten«, um den blühenden Antisemitismus in Westdeutschland zu belegen.

Belegen läßt sich allerdings, wo die Spezialisten der antikommunistischen Provokationen sitzen. Der Kriminalrat Hammacher, Leiter der politischen Polizei Düsseldorfs, ist von Rechtsanwalt Dr. Kaul schon einmal vor dem Bundesgericht in Karlsruhe als Provokateur und Fälscher entlarvt worden.

In dem Prozeß gegen die beiden FDJ-Funktionäre Jupp Angenfort und Wolfgang Seiffert spielt eine gefälschte methodische Anleitung zur Schulung der FDJ-Mitglieder die Hauptrolle. Dieses »Dokument« wurde von dem damaligen Kriminalsekretär Hammacher in Düsseldorf-Wersten, Stoffeler Broich 17a, »gefunden«. Dieses »Dokument« lag mit vielen anderen Schriften in einem Zimmer, dessen Mieter nie ermittelt wurden. Bei der Beschlagnahme des Materials war kein Zeuge zugegen. Die Numerierung der beschlagnahmten Schriftstücke wurde so ordnungswidrig vorgenommen, daß die meisten Nummern doppelt erschienen. Als Zeuge vor Gericht machte der damalige Kriminalsekretär Hammacher so widerspruchsvolle Angaben, daß der Bundesrichter Willms auf eine Frage von Dr. Kaul sagte: »Was wollen Sie, Sie kennen doch den Wert von Polizeiaussagen.« Und Hammacher erklärte vor Gericht: »Das passiert uns nie wieder.« Der Chef des Kriminalsekretärs Hammacher, der Leiter der gesamten Düsseldorfer Kriminalpolizei, ist ein Herr Dr. Bernhard Wehner, und Wehner ist ein alter Fachmann für Fälschungen und Provokationen.

Nun ist es wieder passiert. Durch die Ermittlungen der Verteidigung Helmut Kliers sind noch einige Tatsachen bekannt geworden. Passanten haben beobachtet, daß ein Kraftwagen, dessen polizeiliches Kennzeichen teilweise bekannt ist, in einer Nebenstraße der Synagoge hielt, daß sich drei Männer an der Synagoge zu schaffen machten. Es ist ferner erwiesen, daß das Gutachten, das angeblich die Übereinstimmung der Farbflecke auf der Jacke mit der Farbe der Hakenkreuze an der Synagogentür feststellen konnte, in zwei verschiedenen Versionen Helmut Klier vorgehalten wurde. In der einen Version hieß es, daß auch eine zeitliche Übereinstimmung einwandfrei festgestellt war (durch den Trockenprozeß der Farbe). In der anderen Version war davon nicht die Rede. Nun sind diese Farbflecke (die einzigen Belastungspunkte gegen Helmut Klier) eher ein Beweis für seine Unschuld. Denn es ist durch einwandfreies Alibi erwiesen, daß Helmut Klier in der fraglichen Zeit in seinem Bett schlief. Es ist also erwiesen, daß die wirklichen Täter sich die Jacke bei der illegalen Durchsuchung aus dem Haus Straßburger Straße 9 in ihr Amt bringen ließen. Nicht nur, weil Helmut Klier ihrer Meinung nach der initiativvollste Jungkommunist in Düsseldorf ist, nicht nur, weil er in der Gewerkschaftsjugend eine führende Rolle spielte. Die blutbesudelten Würdenträger des Dritten und Staatssekretäre des Bonner Reiches wollen für das Ausland eine groß angelegte Schau veranstalten:

Seht her, die Kommunisten haben einst den Reichstag angesteckt, die Kommunisten beschmieren heute die Synagogen. – Wir schützen das Abendland.

Das große Schweigegebot

1960

»Darüber darf nicht gesprochen werden«, entscheidet der neue Vorsitzende der Vierten Großen Strafkammer, Landgerichtsdirektor Dr. Speckmann, in Düsseldorf. Es herrscht das große Schweigegebot, und keiner hält sich daran. Es wird dauernd »davon« gesprochen. Immer muß der Staatsanwalt Spieß aufspringen und erklären: »Das Verfahren ist in dieser Hinsicht eingestellt. ›Darüber‹ darf nicht gesprochen werden.«

Und sehen Sie, gerade das macht das Verfahren so interessant. Deswegen haben auch alle Düsseldorfer Lokalblätter ihre Vertreter hingeschickt, deswegen ist der Saal knüppeldick voll. Das Unglück ist schon groß genug. Der Staatsanwaltschaft, dem nordrhein-westfälischen Innenminister Dufhues und dem Bundeskanzler Adenauer ist es, gegen ihre Absichten, gelungen, einen Jungkommunisten in Düsseldorf populär und beliebt zu machen: Helmut Klier.

Er wurde mit Recht beliebt. Er ist ein fröhlicher junger Mann von 26 Jahren mit kaum zu bändigendem, blondem Lokkenhaar. »Ich bin eben ein grober Bursche«, sagte er. Der ganze Saal lacht. Selbst das Hohe Gericht. Alle lachen, weil sie wissen, daß er ein feiner Kerl ist. Er sagt das, als Dr. Speckmann ihn fragte, warum er von der feinen Möbeltischlerei zu einer gröberen Bautischlerei überwechselte. Nur der Staatsanwalt macht bei dem allgemeinen Gelächter ein säuerlich-gequältes Gesicht, als ob ihn etwas jucke. Dauernd muß der arme Staatsanwalt Spieß aufpassen, daß »darüber« nicht gesprochen wird. Worüber eigentlich?

Gegen Helmut Klier und seinen Mitangeklagten Heinrich Conrads lief schon seit 1958 ein Ermittlungsverfahren. Helmut Klier, das ehemalige Mitglied der KPD, und der Ortsverbandsleiter der sozialdemokratischen Jugendorganisation »Falken« in Düsseldorf-Derendorf, Heinrich Conrads, waren einmal zusammen in der DDR. Das betrachtet man in der Bundesrepublik als staatsfeindliche Tätigkeit. Gegen beide läuft ein Ermittlungsverfahren. Allzu schwerwiegend wurde die Sache jedoch nicht behandelt. Denn viele fahren herüber, um selber zu sehen. Einmal wurden sie in dieser Angelegenheit von der Polizei verhört.

Nun wurden am Morgen des 17. Januar 1959 die Synagoge und der Gedenkstein der alten Synagoge in Düsseldorf mit Hakenkreuzen besudelt. Eine Stunde später wurde Helmut Klier verhaftet. Die Vierte Große Strafkammer (dieselbe, allerdings in anderer Besetzung, vor der er jetzt steht) erließ einen Haftbefehl. Helmut Klier sei dringend verdächtig, daß er im Auftrage der KPD in staatsfeindlicher Absicht diese Tat begangen habe, um das Ansehen der Bundesrepublik zu schädigen. Und seit diesem 17. Januar ging eine Hetze gegen Helmut Klier und die verbotene KPD los, die stark an die Folgen des Reichstagsbrandes erinnert.

Am 24. Januar 1959 meldete das westdeutsche Fernsehen: »Oberstaatsanwalt Luenen in Düsseldorf bestätigte heute nachmittag auf Anfrage, daß der Düsseldorfer Schreiner Helmut Klier am Donnerstag unter dem Verdacht verhaftet worden ist, die Türen der neuen Synagoge der Landeshauptstadt und die Gedenktafel für die alte Synagoge mit Hakenkreuzen in weißer Ölfarbe beschmiert zu haben. Ein Geständnis habe Klier noch nicht abgelegt, doch spreche vieles dafür, daß er der Täter sei. Weiter teilte der Oberstaatsanwalt Luenen mit, Helmut Klier stehe der verbotenen FDJ nahe und sei bis zu ihrem Verbot kommunistisches Parteimitglied gewesen.«

Bundeskanzler Adenauer erklärte daraufhin in einem Interview mit der britischen Fernsehgesellschaft, der Fall Klier in Düsseldorf habe bewiesen, daß die Kommunisten die Urheber der antisemitischen Ausschreitungen in Westdeutschland seien.

Aber Helmut Klier steht in Düsseldorf nicht allein. Seine Gewerkschaftskollegen, seine Freunde gingen der weißen Farbe nach. Die demokratische Presse enthüllte, daß die Spuren auf das Düsseldorfer Polizeipräsidium deuten. Ein Mitglied der Deutschen Reichspartei, der im Trunk sich selber der Tat bezichtigte, wurde verhaftet und schnell wieder freigelassen. Plötzlich wollten Polizei und Staatsanwaltschaft nichts mehr über den Fall hören.

Am 22. Mai 1959 wurde Helmut Klier endlich die Anklageschrift zugestellt. Aber von der Synagogenschändung wurde nichts mehr erwähnt. Anklagepunkt blieb einzig und allein eine Reise in die DDR und die Beschlagnahme einer sogenannten illegalen Broschüre. Der Haftbefehl, der wegen der Synagogenschändung erlassen worden war, wurde nicht aufgehoben und ist heute noch nicht aufgehoben. Nur wurde Helmut Klier nach der Stellung einer Kaution, die seine Eltern aufbrachten, von der weiteren Haft verschont.

Rechtsanwalt Prof. Dr. Kaul, der Verteidiger Helmut Kliers, beantragte vor dem Eintritt in die Verhandlung, das Verfahren durch Urteil einzustellen. Im Eröffnungsbeschluß sei eine nachweislich falsche Behauptung aufgestellt, die Helmut Klier unzumutbar belastet. Er sei, so heißt es dort, in dieser Sache noch heute in Untersuchungshaft. In dieser Sache, die nun verhandelt wird, sei aber nie ein Haftbefehl verhängt worden.

In der Begründung seines Antrags wies Prof. Dr. Kaul das Gericht darauf hin, daß kein Mensch, der die Geschichte der Kommunisten kenne, annehmen könne, ein Kommunist würde faschistische Propaganda treiben. Wenn man nach dem Wortlaut des Haftbefehls, auf den ja der Eröffnungsbeschluß ausdrücklich hinweist, behauptet, die KPD hätte in staatsgefährdender Absicht Synagogen beschmiert, so müsse man umgekehrt annehmen, die Nazis täten es in staatsfreundlicher Gesinnung.

Im Interesse der Nation müßten die beiden Komplexe gesondert verhandelt werden.

»Es geht nicht, daß von höchster Stelle der Bundesrepublik mein Freund Helmut Klier dieser abscheulichen Tat bezichtigt wird, ohne daß er die Gelegenheit hat, seine Unschuld zu beweisen«, erklärt Prof. Dr. Kaul.

Lange beriet das Gericht. Es kam zu einem dürftigen Ergebnis. Der Antrag der Verteidigung wird ohne Begründung abgelehnt. Über die Sache der Synagogenschändung darf nicht gesprochen werden. Als Helmut Klier in der Schilderung seines Lebenslaufs auf die Provokation zu sprechen kam, schnitt ihm der Vorsitzende das Wort ab. »Ich verbiete Ihnen, über die Synagogenschändung zu sprechen.«

Es ist gespenstisch. Der junge Kommunist Helmut Klier wird unter dieser Beschuldigung verhaftet. Die Ermittlungen in diesem Falle leitet der Direktor der Düsseldorfer Kriminalpolizei Wehner. Wehner war SS-Mann, Mitglied des SS-Sicherheitshauptamtes, enger Mitarbeiter Himmlers.

Wer ist wohl der Tat dringend verdächtig? Wehner oder Klier? – Sehen Sie, deswegen darf »darüber« auf gar keinen Fall gesprochen werden.

Eichmanns Kollege von der Abteilung V

1960

Dieses Verfahren hätte nie durchgeführt werden dürfen. Sogar das Schöffengericht in Frankfurt am Main hatte nach Erhalt der Anklageschrift die Eröffnung des Hauptverfahrens abgelehnt. Erst auf eine Beschwerde der hessischen Staatsanwaltschaft verfügte das Landgericht: »Das Schöffengericht muß gegen den verantwortlichen Redakteur der Wochenzeitung ›Die Tat‹, Hans Piechotta, verhandeln.«

In der Urteilsbegründung sagte der Vorsitzende des Schöffengerichts sehr deutlich: Das Gericht hatte sehr lange darüber beraten, ob dem Zeugen Dr. Wehner ein gerichtlicher Ehrenschutz überhaupt gewährt werden könne.

Wer ist dieser obskure Dr. Bernhard Wehner? Bei wem muß das westdeutsche Schöffengericht so lange zögern? Dr. Wehner ist heute Leiter der Kriminalpolizei der Landeshauptstadt Düsseldorf, einer der größten Städte der Bundesrepublik.

Im Jahre 1957 hatte »Die Tat« einen Leserbrief veröffentlicht: Dr. Wehner, so schrieb ein empörter Leser, sei in der Nazizeit im Reichssicherheitshauptamt tätig gewesen, als rechte Hand Heydrichs. Er habe Hunderte von Menschen ohne Grund und ohne Urteil ins KZ gebracht. Heute sei Dr. Wehner wieder obenauf, eben Leiter der Düsseldorfer Kriminalpolizei. Der Leser forderte andere, die durch Wehners

Tätigkeit unrechtmäßig verfolgt worden waren, auf, sich zu melden, um diesem Herrn das Handwerk zu legen.

Nun wurde in der vergangenen Woche in Frankfurt am Main verhandelt. Herr Piechotta wurde von Professor Dr. Kaul und Rechtsanwalt Dr. Jösch, Frankfurt, verteidigt.

Hätten wir es mit einem sauberen Staatswesen zu tun, so müßte Wehner und nicht Herr Piechotta auf der Anklagebank sitzen. Dreimal versprach sich der Vorsitzende und titulierte Wehner, den Zeugen, als Angeklagten. Ja sogar in seiner mündlichen Urteilsbegründung.

Wehner mußte sich vor dem Schöffengericht rechtfertigen. Er mußte seinen Lebenslauf und seine Tätigkeit in der Nazizeit darlegen. Als Student sei er aus »jugendlichem Leichtsinn« im Jahre 1931 der Nazipartei beigetreten. Er habe nie richtig Beiträge bezahlt, so daß seiner Meinung nach die Mitgliedschaft geruht habe. Aus seinen Personalakten, die dem Gericht vorlagen, ging aber hervor, daß er als alter Kämpfer geführt wurde und am Ärmel seiner Uniform den Winkel des alten Kämpfers tragen durfte.

Dr. Wehner machte in der Nazizeit sehr schnell Karriere. 1940 kam er in die Abteilung V des Reichssicherheitshauptamtes, in das sogenannte Reichskriminalpolizeiamt. In der Abteilung IV des Reichssicherheitshauptamtes saß dicht bei Herrn Wehner Adolf Eichmann, der Leiter des Referates zur »Endlösung der Judenfrage«, der in einem israelischen Gefängnis auf sein Todesurteil wartet.

Herr Wehner habe nie etwas mit der Gestapo zu tun gehabt, erklärte er in Frankfurt am Main. Er sei Leiter der Abteilung Kapitalverbrechen gewesen. Von Konzentrationslagern habe er nur ganz nebenbei etwas erfahren.

Ob er jemandem einmal mit der Einweisung in ein KZ gedroht habe, fragte der Richter.

»Niemals«, sagte Wehner und schränkte die Aussage ein: Eine Bedrohung mit dem KZ wäre für den Betroffenen ja auch gar nicht so schlimm gewesen wie eine Überweisung an die »ordnungsmäßige Justiz«.

Daß Wehner sich nur mit der Aufklärung von Kriminalverbrechen beschäftigt hätte, ist ein Märchen. Er wurde gleich nach Ausbruch des Krieges in das okkupierte Polen geschickt. Die Nazis hatten behauptet, es sei in Bromberg in den ersten Augusttagen 1939 zu Ausschreitungen der polnischen Bevölkerung gegen die sogenannten Volksdeutschen gekommen. Wehner wurde Leiter der Untersuchungskommission »Bromberger Blutsonntag«. Aus seinen Ermittlungen gab das Auswärtige Amt eine sogenannte Dokumentensammlung heraus, die im neutralen Ausland den Überfall auf Polen rechtfertigen sollte. 56 000 Volksdeutsche seien damals ermordet worden. Heute in Frankfurt gibt Wehner zu, diese Feststellungen seien falsch gewesen, er habe nur 20 bis 30 Polen festnehmen lassen. Der amtliche polnische Bericht, der im Nürnberger Prozeß verlesen wurde, spricht davon, daß von den deutschen Behörden in Bromberg 10 500 Menschen getötet wurden und 13 000 in den KZ umkamen.

Mit ähnlichen Aufgaben hatte sich Wehner auch in Kreta zu befassen. Seine Ermittlungen, inwieweit die griechische Bevölkerung gegen deutsche Nazifallschirmspringer vorging, waren nach der heutigen Darstellung Wehners erfolglos geblieben.

Im besetzten Frankreich, in Dijon, habe er sich nur um die Mordtat an einer französischen Lehrerin gekümmert. Auch auf eine englische Kanalinsel wurde er zwecks Aufdeckung einer kriminellen Straftat eigens von Berlin geschickt.

Und überall – jetzt – erfolglos.

Als Heydrich den ehemaligen slowakischen Ministerpräsidenten Elias beschuldigte, er habe sudetendeutsche Journalisten mit vergifteten Brötchen beseitigen wollen, wurde Wehner dahin geschickt. Mit Heydrich, im Sonderflugzeug.

Auch hier – jetzt – erfolglos.

Als tschechische Patrioten Heydrich in Prag richteten, da mußte Wehner hin zur Ermittlung. Nicht nötig zu erwähnen, auch erfolglos. Wehner mußte, wie er heute sagt, höchst widerwillig, die SS-Uniform tragen. Allerdings nur bei seltenen Gelegenheiten, um beispielsweise auf der Reichsbahn einen besseren Platz zu bekommen. Nie sei er in die SS aufgenommen worden.

Das ist gelogen. Bei den Akten liegt ein Lebenslauf, von ihm selbst geschrieben. Aus der Nazizeit. Dort heißt es: »Es läuft ein Übernahmeantrag in die SS (SD).«

Nie sei er im SD (faschistischer Sicherheitsdienst) gewesen, erklärte er in Frankfurt am Main. Wohl standen auf dem Ärmel seiner Uniform die gefürchteten Buchstaben. Aber grün unterlegt. Das sei nicht der richtige SD gewesen.

Das hatte er sicherlich nur auf der Uniform, um einen Fensterplatz im Abteil zu bekommen.

Wehner wurde mit einem Sonderauftrag nach Buchenwald geschickt. Angeblich nur, um im Auftrag des damaligen Reichssicherheitshauptamtes den damaligen Lagerkommandanten Koch, den berüchtigten Ehemann der SS-Kommandeuse Ilse Koch, zur Strecke zu bringen. Doch beim Attentat auf Hitler am 20. Juli 1944 gab es im Sicherheitshauptamt keinen Zuverlässigeren als Wehner. Er flog mit Kaltenbrunner zum Führerhauptquartier, um die Ermittlungen zu führen. Er blieb sogar jetzt noch Hitler, Himmler, Eichmann und den anderen Mördern treu, als sein eigener Chef, die Ratte Nebe, das sinkende Schiff verließ.

Das ist der Leiter der Kriminalpolizei Düsseldorf. Heute.

Wehner ist auch zweifellos der Initiator der Düsseldorfer Synagogen-Schändung. Professor Kaul erinnerte daran: Als der Jungkommunist Helmut Klier von der Düsseldorfer Kriminalpolizei verhaftet wurde, da hatte Professor Kaul in Erwägung gezogen, sich mit dem Leiter der Düsseldorfer Kriminalpolizei in Verbindung zu setzen.

»Dieser Weg war mir aber versperrt«, erklärte Professor Kaul, »als ich hörte, wer der Leiter der Kriminalpolizei war.«

Wehner sackte bei diesen Worten auf der Zeugenbank wie ein ertappter Verbrecher zusammen. Und ein jeder wußte, hier, von diesem Mann, wurde die Synagoge in Düsseldorf geschändet.

Und die Ehre dieses Mannes wollte der Frankfurter Rechtsanwalt Dr. Uhse schützen. Er beantragte sechs Monate Gefängnis gegen Hans Piechotta ohne Zubilligung einer Bewährungsfrist.

Die 300 DM Geldstrafe, die das Gericht dann als Strafe auswarf, sind, aus westdeutscher Perspektive gesehen, praktisch ein Freispruch.

Aber es bleibt bestehen, daß aus diesem Verfahren der wirkliche Verbrecher Wehner zurückkehrt in sein Amtszimmer im Polizeipräsidium Düsseldorf.

Der Verbrecher soll weiter Verbrechen aufklären. Einer, der zittern muß, was sein Komplice Eichmann alles über ihn weiß und aussagen wird.

Ein Mann, mit dem Adenauer Staat machen kann.

Unter Mordverdacht

1961

Zuvor eine Anekdote, die den Vorzug hat, wahr zu sein.

In seiner Referendarzeit, in den dreißiger Jahren, war Rechtsanwalt Professor Dr. Friedrich-Karl Kaul Assistent am Berliner Kriminalistischen Institut. Eines Morgens bat ihn der bekannte Berliner Kriminalkommissar Trettin, ihn zu einer Tatortbesichtigung zu begleiten. Ein Geldschrankknacker hatte mit einem Sauerstoffgebläse eine Panzerplatte herausgeschnitten und so den Tresor geplündert. Trettin hob die ausgeschnittene Platte auf und setzte sie wieder in die Geldschranktür ein. Sie fügte sich genau in die Öffnung. Nur ein haardünnes Quadrat, wie mit einem Bleistift gezogen, blieb sichtbar.

»Da lacht einem das Herz im Leibe«, sagte Trettin, »das nenne ich Maßarbeit.« Auch heute ist von einem Einbruch die Rede, von einem erneuten Einbruch in die westdeutsche Gesetzlichkeit. Das allerdings ist keine Maßarbeit!

Von einem Fall haben wir schon oft gesprochen, von der Schändung der neu erbauten Synagoge am 17. Januar 1959 in Düsseldorf. Helmut Klier, ein sympathischer junger Tischler, aktiver Gewerkschafter und in der legalen Zeit auch Mitglied der Kommunistischen Partei Deutschlands, wurde an diesem Morgen verhaftet unter der absurden Beschuldigung, die Synagoge mit Hakenkreuzen beschmiert zu haben. Sofort verkündete Bundeskanzler Adenauer: Endlich sei der Beweis erbracht, daß es keine Faschisten in der Bundesrepublik gäbe, daß es nur die Kommunisten und aus dem Osten eingeschleuste Elemente wären, die diese Untaten verübten.

Professor Dr. Kaul übernahm die Verteidigung. Er mußte Ermittlungen führen. Auf einer Pressekonferenz in Berlin zeigte er, daß die Farbspuren der Hakenkreuze nicht in die Wohnung von Helmut Klier, sondern direkt ins Polizeipräsidium führten. Dort, wo Kriminalrat Hammacher unter der Anleitung des Chefs der Düsseldorfer Kriminalpolizei, Kriminaloberrat Dr. Wehner, saß und heute noch sitzt.

Die Anklage gegen Helmut Klier wegen Schändung der Synagoge wurde stillschweigend begraben. Aber eine andere Anklage wurde konstruiert, um die monatelange Untersuchungshaft zu rechtfertigen. Weil Helmut Klier die DDR besucht hatte, wurde er wegen Staatsgefährdung in der Bundesrepublik angeklagt. In dem Verfahren vor dem Düsseldorfer Landgericht mußte Helmut Klier freigesprochen werden. Er und sein Anwalt Professor Dr. Kaul hatten immer wieder darauf hingewiesen, daß dies ein Ersatzverfahren sei, aber der Staatsanwalt sprang jedesmal wütend auf, wenn von der eigentlichen Ursache der Verhaftung und des Verfahrens die Rede war. Darüber durfte nicht gesprochen werden.

Nun haben es solche Verbote in sich. Sie üben eine magische Anziehungskraft aus. Überall, im Gerichtssaal und in der Düsseldorfer Presse, wurde darüber gesprochen. Man begann, sich den Chef der Düsseldorfer Kriminalpolizei, Herrn Dr. Wehner, einmal genauer anzusehen.

Gegen den Freispruch von Helmut Klier legte der Oberstaatsanwalt Dr. Schindler, früher Ankläger am Sondergericht in Breslau und sicherlich ein Sachverständiger in Dingen des Hakenkreuzes, Revision ein. Der Fall Klier sollte vor dem III. Strafsenat des Bundesgerichtshofes in Karlsruhe aufgerollt werden. Der Fall Klier oder der Fall Dr. Wehner?

Eine Leserzuschrift in der Frankfurter Zeitung »Die Tat« hatte behauptet, Dr. Wehner sei im Dritten Reich Hauptsturmführer der SS, Mitarbeiter des Reichssicherheitshauptamtes und die rechte Hand des Mörders Heydrich gewesen. Der Leser, inzwischen verstorben, war empört, daß ein solcher Verbrecher heute eine leitende Stellung in der Düsseldorfer Kriminalpolizei einnehme. Gegen den verantwortlichen Redakteur der »Tat«, Piechotta, wurde ein Verfahren eingeleitet.

Dr. Wehner gab, als Zeuge im Prozeß vernommen, zu, im Reichssicherheitshauptamt, Abteilung V, tätig gewesen zu sein, aber nur als Sachbearbeiter für Kapitalverbrechen. Im Konzentrationslager Buchenwald sei er einmal tätig gewesen, um die Verbrechen des Lagerleiters Koch zu untersuchen. Von einer Ermordung von vier sowjetischen Kriegsgefangenen wisse er nichts, eine Angelegenheit, die ihm einmal vorgeworfen worden war.

Professor Dr. Kaul aber fand in dem Buch »Das Schicksal des A. D.« des westdeutschen Schriftstellers Ernst von Salomon auf Seite 180 eine aufschlußreiche Stelle.

Dieses Buch ist ein Tatsachenbericht. Es beschreibt das Leben eines früheren Reichswehrleutnants Arthur Dietzsch, der 1924 in einem Geheimverfahren des Leipziger Reichsgerichts

»Professor Kaul wird im Interesse des Angeklagten in diesem Verfahren als Verteidiger gesetzlich ausgeschlossen.«

Im Interesse des Angeklagten, der durch die konsequente Verteidigung und die Aufspürung der Schuldigen an der Düsseldorfer Synagogenschändung freigesprochen wurde?

In dieser einmaligen Begründung behauptet der III. Strafsenat, Professor Kaul verteidigt nicht die Interessen seines Mandanten, sondern müsse sich nach Weisungen seiner Partei richten. Einen Beweis für diese Weisungen legt der III. Strafsenat natürlich nicht vor. Und wie schlecht, wie fürchterlich schlecht ist gerade der Fall Klier zu einem so merkwürdig begründeten Ausschluß geeignet.

Oder hat der III. Strafsenat des Bundesgerichtshofes Prof. Kaul deswegen ausgeschlossen, weil er im Fall Klier den Hauptschuldigen Wehner entlarvt und beim Frankfurter Generalstaatsanwalt die Wiederaufnahme im Fall Piechotta beantragt hat? Muß der III. Strafsenat, das höchste westdeutsche Spruchgericht in politischen Sachen, Professor Kaul ausschließen, um endlich Klier verurteilen zu können, um die Untersuchungen eines erwiesenen Mörders zu decken?

Bei dieser Begründung lacht einem nicht das Herz im Leibe. Dieser Zeitpunkt und dieser Fall Klier sind keine Maßarbeit, es ist ein weiterer Einbruch in die Gesetzlichkeit.

Das schlechte Gewissen war hier Ratgeber und die Angst vor Enthüllungen. Oberländer – ein Mörder; Globke lieferte den Mördern das Material; der Generalinspekteur der Bundeswehr, Förtsch, ein verurteilter Kriegsverbrecher. Dr. Wehner – ein Meineidiger und Mörder.

Wo soll das enden?

Verirrte Liebe

Mann oder Männchen

1961

Mit seinen achtzehn Jahren ist er volljährig, aber mit seinen achtzehn ist er noch kein Mann; Peter hat die Kinderschuhe – wenn auch Größe 44 – noch nicht abgestreift. Schon wenn er den Mund aufmacht, merken wir, auch die Mädchen: Dieser Riesensäugling steht erst am Anfang seines Stimmbruchs. Er ist üppig ins Kraut geschossen und wäre gern das, was er zu sein scheint.

Das gefährlichste ist für ihn das Wort: »Du traust dich wohl nicht.« Schon früher ist er einmal in eine böse Geschichte hineingeraten, als er strafrechtlich auch noch nicht erwachsen war. Eine Gruppe von Freunden hatte ihn aufgefordert, eine Mutprobe abzulegen: Fahnen abreißen. Und er tat es. Die anderen flitzten weg, als die Polizei kam, er aber blieb. Damals hatte ihn der Jugendrichter vernünftig eingeschätzt. Er wurde zu einer bedingten Freiheitsstrafe verurteilt, die aber heute als Vorstrafe nicht mehr gerechnet wird. Leider aber ist dieser Charakterzug bei Peter nicht gelöscht.

In der Nacht nach dem Himmelfahrtstag war Peter einsam. Er, der so gern ein Mann sein möchte, hatte den Tag wie alle Möchtegerne verbracht. Er hatte Bier und Schnaps getrunken zu Hause in Berlin-Blankenburg. Sein Vater wollte ihn aus der Kneipe holen, aber er wurde trotzig und fuhr, mutig und stark geworden, nach Treptow, um tanzen zu gehen. Aber um Mitternacht waren schon alle Lokale geschlossen, und deshalb stieg er wieder in die letzte S-Bahn, in Richtung Bernau, um nach Hause zu fahren.

Er war allein in seinem Abteil, konnte durch die Glastür in ein anderes Abteil sehen, das für Reisende mit Traglasten reserviert ist. Dort saßen zwei junge Männer in seinem Alter, von ähnlicher Körpergröße und Körperkraft; sie beschäftigten sich etwas zu intensiv mit einem zierlichen, sehr zarten Fräulein. Und er sah, wie plötzlich das kleine Fräulein die beiden bärenstarken Burschen ins Gesicht schlug.

Der größte von den beiden, ein sehr eleganter junger Mann, hielt ihr die Hände fest, das Mädchen konnte sich noch einmal losreißen, sie packte ihn an seinem feinen, seidenen Regenmantel und zerriß ihn. Der Bursche gab ihr jetzt mit seiner Pranke eine Ohrfeige. Und nun legten die beiden das Mädchen auf die Bank. Der Zug war inzwischen in Buch angekommen. Peter ging in das Abteil nebenan, aber leider nicht, um dem kleinen Fräulein beizustehen. Wir würden ihn hoch achten, wenn er es getan hätte. Vielleicht wäre er geschlagen worden, aber er brauchte gar nicht so mutig zu sein, nur die Notbremse hätte er bedienen müssen. Dann würden die Mädchen sagen: Das ist ein Kerl. Alle wären trotz seines Stimmbruchs jetzt schon auf ihn aufmerksam geworden. Er hätte, was er am meisten ersehnt, ihre Liebe erworben.

Er unterstützte das Mädchen nicht. Er half den beiden Burschen, indem er das arme kleine Fräulein noch am Bein festhielt.

Die drei verhinderten, daß andere Fahrgäste in das Abteil kamen, natürlich auch, daß das Mädchen ausstieg. Die beiden anderen Burschen benahmen sich ganz abscheulich, am schlimmsten der größte. Alle kannten das kleine Fräulein nicht, sie hatten es ganz zufällig in der S-Bahn getroffen. Peter wollte sich auch gern als Männchen hier aufspielen, aber es kam nicht dazu, denn der Zug war inzwischen in Bernau eingetroffen, und das war die Endstation.

Die Schaffnerin, die kontrollierte, ob alle Fahrgäste ausgestiegen seien, fand das kleine Fräulein in Tränen aufgelöst in dem Abteil. Es erzählte stockend, was vorgefallen war. Die Burschen hatten zusammen den Bahnhof verlassen und marschierten zu Fuß nach Zepernick. Von dort wollten sie nach Berlin fahren, aber schon war die Volkspolizei benachrichtigt, und sie wurden noch am Bahnhof verhaftet.

Der Hauptschuldige ist 19 Jahre alt. Ein Riese von Gestalt, als junger Mann nicht unerfahren mit Frauen. Er lebt sonst stumpf vor sich hin, hat schon einige Male vor den Richtern gestanden, meist wegen Lappalien, groben Unfugs oder Beleidigung. Er war einmal als Bohrer, als Anlernling in einem Metallbetrieb tätig, er konnte aber dem Richter heute nicht erzählen, zu welchem Zweck die Werkstücke gebraucht wurden, an denen er arbeitete. Er kennt den Begriff Toleranz nicht – auch nicht beim Bohren.

Sein Freund, etwas kleiner, ist der einzige, der einen Beruf erlernt hat, aber er steht anscheinend ganz unter dem Banne seines Kumpans, und er wußte bis zu diesem Abend nichts von Frauen. Unter dem Einfluß von sehr viel Alkohol war er bereit, alles mitzumachen.

Und Peter? Er ist kein guter Schüler gewesen. Als Hilfsarbeiter in einer kleinen Möbeltischlerei streicht er dort Garderobenschränke an. Ihm ist diese Arbeit jetzt langweilig geworden, und er möchte heute noch mit 18 Jahren Bäcker lernen; aber sein Vater ist dagegen, er will, daß sein Sohn jetzt schon sehr, sehr viel Geld verdient. Peter verdient gut, aber da er keine Lust mehr an der Arbeit hat, fängt er an zu schludern.

Zuchthausstrafen gibt es für die beiden Haupttäter, zwei Jahre für den »Chef« und ein Jahr und vier Monate für den Freund. Peter kommt mit zwölf Monaten Gefängnis davon.

Er hätte in dieser Konfliktsituation, die ihm in der Nacht nach dem Himmelfahrtstag begegnete, zeigen können, ob er ein Mann geworden ist.

Jedem zwingt das Leben einmal eine Entscheidung auf, und in Minuten, ja, oft in Sekunden, zeigt es sich, ob man sich als Mann oder sogar als Held bewährt oder ob man nur ein Mitmacher und Mitläufer ist; die Charakterstärke entscheidet, die Erziehung, die Umgebung, die Gesellschaft, die Beherrschung der Triebe; der Wille, das Leben wie ein Mann zu meistern und nicht wie ein Männchen in der Herde.

Die Freundin
1965

Eines der seltsamsten Verfahren, das ich erlebt habe. Sehr ungern hatte hier die Staatsanwältin Anklage erhoben. Wie oft war die schmächtige Frau Selma gewarnt worden, wie oft hatte das Referat Jugendhilfe schon mit ihr gesprochen, bittend, flehend, beschwörend. Zum Schluß auch drohend. Nichts hatte genutzt. Eine Mutter von acht Kindern stand vor Gericht. Wie soll man sie verurteilen? Wie kann man sie verurteilen?

Sie ist nicht einmal dreißig Jahre alt. Mit sechzehn Jahren hat sie geheiratet, unvorbereitet, ohne Wissen, ohne Bildung ist sie in eine Ehe geschlittert, ein junges, dummes Ding ist sie gewesen. Ihre Mutter, eine tüchtige, brave Frau, hat zögernd damals die Zustimmung zur Eheschließung gegeben. Das war in diesen Jahren noch möglich.

Die Ehe mit dem wenig älteren Mann ging ganz schlecht. Fünf Kinder hatten sie gemeinsam. Außer den Kindern bekam sie von ihm fast nur Schläge. Heute ist er völlig asozial, er streicht durch die Lande, trinkt viel, arbeitet unregelmäßig, sorgt sehr wenig für seine Kinder. Zweihundert Mark müßte er zahlen, das tut er nicht, lieber läßt er sich einsperren.

Nach der Scheidung kamen noch drei weitere Kinder. Ihre Väter wurden wohl von Frau Selma dem Referat Jugendhilfe benannt: keiner ist bisher freiwillig bereit gewesen, sich zu einer Vaterschaft zu bekennen. Frau Selma hat auch von sich aus nichts unternommen. Das Referat Jugendhilfe des Berliner Stadtbezirks Mitte, das dafür da ist, Frau Selma tatkräftig zu helfen, hat einiges unterlassen. Vielleicht müßte das Ministerium für Volksbildung, das aufsichtsführend für diese Referate ist, kontrollieren, ob bei den Räten der Kreise alles getan wird, um die säumigen Väter beim Wickel zu packen. In diesem Falle wurden die Väter wohl vom Referat vorgeladen, zwei erschienen, weigerten sich, die Vaterschaft anzuerkennen, der dritte schickte seine Frau. Ein Held.

Seit 1952 arbeitet Frau Selma in einem volkseigenen Metallbetrieb als Schleiferin. Sie wurde angelernt, man war mit ihr zufrieden, sogar sehr zufrieden. Pünktlich kam sie, sie leistete Präzisionsarbeit. Ihr Einkommen war gut. Die Kinder waren bei der Mutter von Frau Selma untergebracht. Die große Familie hatte zwei nebeneinanderliegende Wohnungen. Frau Selma genoß im Betrieb sehr hohes Ansehen, man war stolz auf die Frau, die sich allein mit ihren acht Kindern durchschlug und zurechtkam. Es gab oft Prämien, die Gewerkschaftskasse war auch nicht kleinlich. Den Verdienst gab Frau Selma ganz ihrer Mutter, die mit ihrer Rente, dem staatlichen Kindergeld und den sonstigen Zuschüssen für die ganze Familie eine bescheidene Behaglichkeit einrichten konnte. Das ging, obwohl die Väter so gut wie gar nichts zahlten.

So lief es bis zum März 1964. Da trat eine Wandlung ein. Frau Selma hatte eine Frau kennengelernt, eine sehr robuste, männliche Frau, sehr stark, etwas brutal, mit zurückgekämmten schwarzen Haaren, die aus ihrer sonderbaren Neigung kein Hehl machte. Sie zog Frau Selma völlig in ihren Bann.

Die Wege der Liebe sind, wie es in einem schlechten Schlager heißt, sonderbar. Wir hätten keinen Grund, uns über diese seltsame Freundschaft aufzuhalten, wenn es sich nur um Freundschaft, wenn es sich nur um Liebe handelte.

Frau Selma zog aber von ihren Kindern fort zu der anderen Frau, wenn auch nicht polizeilich gemeldet, so doch tatsächlich. Sie blieb der Arbeit fern. Erst nahm sie Urlaub, dann ließ sie sich krank schreiben, bat um unbezahlte Ferien und ging dann einfach gar nicht mehr hin. Wie ihre Mutter mit den acht Kindern fertig wurde, das war für sie völlig uninteressant geworden. Sie war Hausfrau geworden bei der Freundin. Der Kaderleiter kümmerte sich sehr um die Familie. Er redete Frau Selma zu, es half sogar ein wenig, sie fing wieder an zu arbeiten, aber sie hatte in der langen Pause ihre Qualifikation eingebüßt und verdiente in den ersten Wochen weniger als früher. Da schrieb sie einen Kündigungsbrief: »Ich kann von dem Verdienst meine acht Kinder nicht ernähren, also kündige ich.« Und nun arbeitet Frau Selma überhaupt nicht mehr.

Die Großmutter aber muß sich mit ihren acht Enkeln durchschlagen, muß das Sozialamt in Anspruch nehmen. Aber das ist sehr viel weniger als der Verdienst, den Frau Selma früher hatte und der Familie heimbrachte. Die Großmutter muß abends noch Handarbeiten machen, sie stellt Puppen her, um zusätzlich Geld zu verdienen.

Wie kann den Kindern von Frau Selma geholfen werden, wie kann ihnen die Mutter, die ihnen so sehr fehlt, wiedergegeben werden? Es geht ja nicht nur um das Geld, es ist das natürlichste Band zerrissen. Bei aller Liebe und Fürsorge kann eine Großmutter nicht die echte und junge Mutter ersetzen.

Die Staatsanwältin sagt es in aller Offenheit. Sie hat nach einem Weg gesucht, Frau Selma von ihrer Freundin zu trennen, einen Weg, daß sie zurückfindet zu ihren Kindern. Sie klagt sie nach einer selten angewandten Vorschrift an. Dort wird mit sechs Wochen Haft bestraft: wer sich dem Müßiggang hingibt. Und zwar so hingibt, daß zum Unterhalt der Kinder, zu deren Ernährung man verpflichtet ist, fremde Hilfe in An-

spruch genommen werden muß. Und danach soll Frau Selma
für einige Zeit in ein Heim für soziale Betreuung eingewiesen
werden.

Es besteht dann die Hoffnung, daß sich Frau Selma auf ihre
natürlichste Pflicht wieder besinnt. Wenn sie nach ihrer Entlassung wieder arbeitet, wenn die Väter ihrer Kinder zur Zahlung verpflichtet und hart angefaßt werden, könnten alle acht
Kinder im Wohlstand aufwachsen. Und dann wird niemand
Frau Selma schelten, wenn sie sich am Abend einmal oder in
ihrer Freizeit bei ihrer Freundin aufhält.

Ist es Liebe, was hier so brennt?

1955

An Uschis Wiege müssen wohl
der Baron von Münchhausen und
Frau Hedwig Courths-Mahler
Pate gestanden haben; und allzu
reichlich haben beide ihr Paten-
kind bedacht. Frau Hedwig legte
ihr den »Sinn fürs Höhere« in die
Wiege, vom Lügenbaron bekam sie die Fantasie mit auf den
Lebensweg. Wie wohl wäre es ihr ergangen, wenn sie ihre eigenen, natürlichen Gaben richtig genutzt hätte.

Uschi ist gar lieblich anzusehen. Die dunkelblonden Haare
fallen auf ihre sanft gerundeten Schultern. Und wie die Schultern, so ist die ganze Figur; rank und schlank die Beine und
Arme. Dann die Stimme. Sie beherrscht wohl das dramatische
Fach. Vorm Gericht – aus Gründen der Diskretion ver-
schweige ich, vor welchem Stadtbezirksgericht dieses heitere
Verfahren stattfand – sang sie mit dem ganzen Schmelz ihrer
Stimme als Probe ihres Könnens: »Ihr, die ihr Triebe des Herzens kennt, sagt, ist es Liebe, was hier so brennt?« War sie
wirklich in der Solistenklasse der Städtischen Oper in Charlottenburg? Hatte man sie dort als Cherubin in der kommenden
Figaro-Aufführung vorgesehen? Man weiß bis heute bei Uschi
nicht: War sie wirklich am Theater, oder spielt sie wirklich
Theater?

Ihr fünfundzwanzigjähriges Leben war etwas aus der Nor-
malspurbahn geraten. Sie kam in abstruse Gesellschaft. Im
Osten wohnhaft, lernte sie in Westberlin den Spiritismus kennen und hatte es mit einem sechzigjährigen grauslich-gräßli-
chen Professor, der in einer Westberliner »Schule der Liebe«

Lektionen hielt. Das Vorlesungsverzeichnis dieser »Bildungsstätte« lag bei den Gerichtsakten. Leider kann ich die Themen und die Seminare mit den praktischen Übungen hier nicht wiedergeben, sie würden öffentliches Ärgernis erregen.

Uschi hatte auch einen Arzt, sie liebte ihn unerhört, aber nicht lange, dann erhörte er sie. Der Arzt hatte zwei herzige Kinder und eine schlanke, etwas gereifte Frau. Sie lebten aber nebeneinander her. Die gemeinsame Wohnung war durch eine Rabitzwand getrennt, und jeder hatte seinen eigenen Ein- und Ausgang.

Wie gern hätte Uschi ihren Chefarzt geheiratet, aber seine Frau wollte nichts von einer Scheidung wissen. Konnte sie die Dame umstimmen? Uschi hatte einen Einfall, der wohl einem Schwankdichter in der Fantasie, einem kleinen Mädchen in der Wirklichkeit jedoch nicht erlaubt ist. Sie rief die Frau Doktor an: »Gnädige Frau«, sagte sie, »mein Name ist Stefanie von Behrend, ich möchte Sie in einer ganz vertraulichen Angelegenheit sprechen.« Frau Ellen war höchst erfreut. Eine so feine Dame hatte angerufen. Und Fräulein von Behrend erschien bei Frau Ellen.

»Wissen Sie, gnädige Frau, daß Ihr Mann eine uneheliche Tochter hat? Sie erinnern sich, Ihr Herr Gemahl war einmal Assistenzarzt in Dresden.« Das wußte Frau Ellen. »Er hatte dort ein Verhältnis mit der Tochter eines englischen Lords.« Das wußte Frau Ellen wieder nicht. Fräulein von Behrend war über ihren lebenslustigen Mann wirklich sehr gut orientiert, sie kannte sogar einige Eigenheiten von ihm, erstaunlicherweise. Aber daß er eine zwanzigjährige Tochter hatte, eine Hella von Treskow, davon hatte Frau Ellen keine Ahnung. Auch nicht, daß die arme, unglückliche, verstoßene Lady im Wochenbett verstorben war, wie man munkelte, nicht ohne Verschulden des elenden Verführers. Aber die Hella von Treskow hatte gute Freundinnen. Die hatten sie im Pensionat in Genf – konnte es nach Courths-Mahlers Rezept auch anders sein – kennen- und liebengelernt. Eine von ihnen, Stefanie von Behrend, saß nun vor der hocherfreuten Frau Ellen. Es gab noch eine andere, Inge von Peters, und alle drei sprachen zehn Sprachen, jede natürlich, und waren als Dolmetscherinnen bei geheimen ausländischen Botschaften in Westberlin beschäftigt. Vor allem stand Hella von Treskow unter Bewachung von zwei Detektiven, da sie Mitwisserin einer mysteriösen Mordaffäre war. Aber Herr Doktor durfte von einem Kontakt zwischen Stiefmutter und Stieftochter nie etwas erfahren.

»Aber meine liebe Stefanie, wie sehen Sie denn aus. Sie verstehen sich wirklich nicht anzuziehen, und das bei fünftausend Westmark Gehalt im Monat?« Ja, leider hatte sich Stefanie mit der Bekleidungskultur bisher nie beschäftigt, und ihr Geld mußte sie immer für Erbschaftsprozesse ausgeben. Frau Doktor war direkt stolz darauf, ihr erst mal ein Kostüm leihen zu dürfen. Stefanie tanzte und lachte.

Oft kam sie wieder. Frau Ellen wurde zur Mammi, und die Kinder freuten sich über ihre neue lustige Gesellschaft. Auch Hella von Treskow rief regelmäßig an, sie bedauerte immer, nicht persönlich kommen zu können, denn die zwei Detektive ...

Eines Tages gestand Stefanie, daß sie einmal mit einem spanischen Granden Rodriguez de Pinto-Azveldo die Ehe geschlossen hatte, und ihr gemeinsames Kind, das ihr nach der Scheidung zugesprochen war, hatte dieser Bösewicht geraubt. Nun war der kleine Manuel in Rom, und sie hatte Gelegenheit, ihn dort abzuholen. »Aber liebste Stefanie, in Ihrem Aufzug können Sie doch nicht nach Rom fahren. Bitte, nehmen Sie doch mein Complet.« Stefanie nahm und – Uschi fuhr frisch, fromm, fröhlich mit Herrn Doktor nach Dresden.

Nun war der kleine Spanier in Westberlin, aber er war krank und sprach nur portugiesisch, lebte von rohen Fischen und biß alle Leute ins Bein.

Dennoch, Frau Ellen drängte, sie wollte den herzigen kleinen Burschen auch auf portugiesisch begrüßen. Da rief eines Tages Hella von Treskow an: »Ach liebste Frau Doktor, kommt Stefanie nicht bald wieder zu Ihnen?« – »Ja, ich erwarte sie heute.« – »Dann bringen Sie ihr doch schonend bei, daß der kleine Manuel an einer geheimnisvollen Krankheit verstorben ist.«

Frau Ellen seufzte; wenn man mit so feinen Kreisen Verkehr hat, muß man auch das Unangenehme in Kauf nehmen. Mit der größten Rücksicht überbrachte sie die traurige Botschaft. Stefanie bekam einen Nervenzusammenbruch, sie war untröstlich, und auch die Kinder der Frau Ellen weinten mit und konnten sich nicht beruhigen ob des toten kleinen Spaniers, der nur portugiesisch sprach, rohe Fische aß und jetzt nicht mehr die Leute ins Bein beißen konnte. Später mußte auch Inge von Peters sterben, standesgemäß natürlich durch einen Autounfall. Und als Frau Ellen immer mehr darauf drängte, doch mal die wirkliche Stieftochter Hella von Treskow kennenzulernen, da gestand Stefanie, daß sie Frau Ellen arglistig getäuscht hatte. Ja, sie wollte jetzt die Wahrheit sagen, sie sei nämlich Hella von Treskow, sie habe sich nur unter dem Namen ihrer Freundin bei ihr vorgestellt, um zu erfahren, wie sie denn von der neuen Mammi aufgenommen würde. In den Armen lagen sich beide und weinten Tränen der Rührung. Und da jetzt Hella wieder einmal verreisen mußte, gab Ellen ihr ein Paar nagelneue Wildlederhalbschuhe und ein Spitzennachthemd.

Verschweigen wir, wen die kleine Uschi in ihrem Spitzennachthemd erkannte – in des Wortes biblischer Bedeutung –, Herr Doktor aber erkannte das Spitzennachthemd seiner Frau nicht.

Sogar ihr Nahziel erreichte die kleine Uschi. Die Ehe der Doktorsleute wurde geschieden. Nur das große Fernziel verpaßte sie – der Herr Doktor setzte sich nach dem Westen ab und zog zu einer anderen Uschi. Auf Hella von Treskows Rat hatte Frau Ellen zweitausend Mark vor dem Zugriff ihres Mannes in ihrem Wochenendhaus versteckt. Hier griff nun Uschi zu. Für die geliehenen Complets und Jackenkleider hatte sie sogar schon mal eine Anzahlung geleistet, nur das Nachthemd rechnete ihr das Gericht, anscheinend wegen der besonderen Verwerflichkeit, als Unterschlagung an.

Fräulein Uschi und Frau Ellen standen vor Gericht, die eine als Angeklagte und die andere als Zeugin. Frau Doktor war nach dem Verlust von zweitausend Mark endlich ein Seifensieder aufgegangen.

Uschi zehn Monate Gefängnis, Frau Ellen – unser Lachen, denn wer durch allzu reichliche Lektüre von Hedwig Courths-Mahler Schaden nimmt, spottet jeder Beschreibung.

Der Freund der Mutter

1965

Wir machen uns Sorgen: die Jugendkriminalität ist in den letzten Jahren nicht so zurückgegangen, wie erwartet. Ist das die Schuld der Jugend?

Das ist völlig absurd, es gibt keine Schuld der Jugend, es gibt individuelle Schuld einzelner Jugendlicher, es gibt Schuld einiger Erwachsener. Die Jugendkriminalität setzt sich zusammen aus vielen Straftaten einzelner. Um Ursachen zu erforschen, muß jeder Fall gesondert und gründlich untersucht werden. Denn nicht die Frisuren, sondern das, was unter dem Haar steckt, der Kopf, nicht die Musik, sondern der Reim, den sich mancher Jugendliche zu der Musik über die Welt von heute macht, bestimmen sein Tun und Lassen.

Reim und Weltbild sind manchmal verworren durch widersprechende Einflüsse. Reimund ist gerade sechzehn Jahre alt, sicherlich durchschnittlich begabt, sehr groß, blond. In der Schule kam er mit, einmal blieb er sitzen, aber die achte Klasse hat er geschafft, er hat eine Lehre angefangen in einem großen Baubetrieb.

Praktisch ist er seinen Aufgaben gewachsen, aber die Betriebsberufsschule macht ihm Kopfschmerzen, und er macht dem Lehrer Schwierigkeiten. Zum Bauen gehört auch die Liebe und die Begabung zur Geometrie; das ist ihm bis jetzt noch nicht aufgegangen. In Mathematik steht er auf Fünf.

Sein Vater ist vor einigen Jahren gestorben, die Mutter ist mit ihm und drei anderen Geschwistern allein. Zu seinen Geschwistern hat er ein besonders herzliches Verhältnis. Die Mutter aber, so seltsam und so schlimm das klingt, hat einiges auf dem Gewissen. Sie will die Freuden des Daseins genießen und vernachlässigt die Kinder. Sie hat sich einen Freund ins Haus genommen, der ist fünfundzwanzig Jahre alt, sie ist fünfundvierzig. Der Freund sieht bestechend gut aus, ist aber glatt, kalt, herzlos, ein kräftiger, männlicher Typ, gefährlich. Er nutzt sein Aussehen, sein Naturgeschenk, bedenkenlos aus. Er lebt mit der Familie und von der Familie; obwohl die Mutter nicht arbeitet und nur von der Rente lebt, die sie und die Kinder bekommen, und von dem wenigen, was die beiden Söhne – Reimund ist ja nur Lehrling – als Kostgeld abgeben.

Früher, als Reimunds Vater noch lebte, war in der Familie alles im Lot, das sagt ein Hausbewohner, von der Hausgemeinschaft als Leumundszeuge delegiert. Aber seit dieser Freund bei Reimunds Mutter wohnt, setzte die Verwahrlosung ein. Oft ging das ungleiche Paar in Kneipen, häufig wurde auch Reimund mitgenommen. Die Hausbewohner beschwerten sich bei der Volkspolizei über den Lärm, auch das Referat Jugendhilfe war informiert, aber rechtlich konnten sie nichts unternehmen. Reimund wollte auch seine Lehrstelle aufgeben, er hätte lieber als Hilfsarbeiter gearbeitet und viel Geld mit nach Hause gebracht. Seine Mutter – wen wundert das – wäre damit einverstanden gewesen, aber Betrieb und Betriebsberufsschule sagten nein. Es besteht, sagten sie, für Reimund durchaus die Möglichkeit, daß er im Betrieb seinen Facharbeiterbrief macht und ein wichtiges Fundament legt für sein späteres Leben.

Leider aber wirkte der Freund so negativ, daß Reimund einige Wochen nicht mehr zum Betrieb und nicht mehr zur Schule ging. Erst als diese Geschichte aufgedeckt wurde, als der Freund der Mutter festgenommen wurde, arbeitete Reimund wieder. Aber es sind eben weitere Lücken im Lernstoff entstanden, und die müssen bei dem in Mathematik so schwerfälligen Lehrling in harter Arbeit nachgeholt werden.

Die Mutter hat eine Schwester, und von ihr wußte die Familie, daß sie einmal einen hübschen Lottogewinn gemacht hatte. Der Freund tritt an Reimund heran, ob er nicht wüßte, wo es Geld zu holen gäbe. Man könnte doch mal bei der Tante in der Wohnung nachsehen. Leider geht Reimund, ohne viel zu zögern, auf diesen Tip ein. Die Tante arbeitet, das weiß man, und Reimund weiß leider auch, daß sie ihre Wohnungsschlüssel bei der Oma aufbewahrt. Bei einem Besuch nimmt Reimund die Schlüssel von Omas Küchenschrank. Beide gehen zur Wohnung der Tante, und der Freund öffnet die Tür. Reimund hat Angst und bleibt draußen. Eine eiserne Kassette wird im Kleiderschrank gefunden, einen Hammer hatten beide schon mitgenommen; die Kassette zerschlagen sie draußen an der Rennbahnstraße in Weißensee. Leider hatte die Tante gerade tausend Mark von der Sparkasse abgeholt, sie wollte sich etwas kaufen. Siebenhundert Mark nimmt sich der Freund, dreihundert gibt er Reimund. Das Sparkassenbuch interessiert sie nicht, sie wissen, wenn sie es vorlegen, müssen sie ihren Personalausweis zeigen. Deswegen zerreißen sie das Dokument und eine Versicherungspolice. Einige Schmucksachen, anscheinend von geringem Wert, werfen sie auch ohne Bedenken weg.

Für die Polizei ist es nicht schwer, die Täter zu ermitteln. Der Freund ist auf der abschüssigen Bahn. Das Gericht gibt ihm zwei Jahre und sechs Monate Zuchthaus, angemessen bei einem rückfälligen Dieb, hier war es sogar schwerer Diebstahl. Milde, wenn man bedenkt, daß er den Jugendlichen zu seiner ersten Straftat angestiftet, verleitet, verführt hat. Er, der Freund der Mutter, hat das Geld vertrunken, sogar gemeinsam mit der Mutter. Und sie fragte nicht: Woher stammt das?

Reimund wurde bedingt verurteilt, acht Monate Freiheitsentzug und zwei Jahre Bewährung. Er bekommt die Weisung, seine Lehre zu beenden. Schutzaufsicht wird angeordnet; es ist klar, daß die Mutter allein nicht die Erziehung des Jungen leiten kann. Wahrscheinlich wird der Berufsschullehrer, der in diesem Verfahren als Beistand auftrat, ein guter Schutzaufsichtshelfer sein.

Im Falle Reimund ist die Analyse klar. Das Zuhause, die Mutter, der Freund der Mutter, das alles sind keine Vorbilder. Die Mutter hat er sogar verachtet. Sie wird es schwer haben, Respekt bei ihren eigenen Kindern wiederzuerwerben.

War es richtig, Reimund in der Familie zu lassen? Ja, wenn die Schutzaufsicht gut und gewissenhaft arbeitet, denn eine Überweisung in einen Jugendwerkhof hätte die Lehre unterbrochen und hätte die so guten Geschwisterbeziehungen gestört.

Zur Jugendkriminalität gehört auch der Freund der Mutter, den wir für zweieinhalb Jahre in Strafhaft schicken. Er ist ein Kind ordentlicher Eltern. Sicher, er ist arbeitsscheu, verwahrlost, aber das ist nur die Feststellung eines äußeren Tatbestandes. Diese Feststellung erklärte nichts. Er kommt mir so vor wie ein Mensch, aus dem gewissenlose Kreise Fremdenlegionäre oder SS-Männer machen könnten. Aber offen bleibt die Frage für mich, wie er das geworden ist.

Er antwortet höflich mit Ja und Nein auf jede Frage der Richter, er ist völlig ungerührt, die Anträge und das Urteil hört er ohne Erstaunen, ohne Erschrecken. Nur der Zeuge, den die Hausgemeinschaft zur Verhandlung geschickt hat, erregt ihn, weil er die Wahrheit über ihn sagt. Er murmelt: »Bodenlose Frechheit.« Und dann ist er weiter höflich, ungerührt. Es ist eine beunruhigende Gleichgültigkeit.

Die Unehrbare

1954

»Liebe war es nicht«, was die beiden zusammengeführt hatte, es war die Zuzugsgenehmigung für Berlin. Der kleine, verwachsene, pathetisch-sentimentale siebzigjährige Friedrich hatte die stämmige dreiundzwanzigjährige Walli sozusagen vom Strich weg geheiratet. Die Bank, die im Stadtbezirksgericht Mitte den Angeklagten reserviert ist, benutzt das Ehepaar nur an den beiden äußersten Enden, als Symbol für die schon erfolgte Trennung von Tisch und Bett.

Warum Walli den Opa geheiratet hat, lag also für jeden klar. Sie hatte sich für einen Beruf entschieden, der zwar zu den ältesten, aber dennoch nicht ehrwürdigsten Gewerben gehört, und aus der stämmigen Jungfrau vom Lande war ohne Gewichtsverlust eines der leichtesten Mädchen geworden.

Was aber hatte Friedrich veranlaßt, der Walli sein müdes Herz und seine faltenreiche Greisenhand zum ewigen Bunde zu reichen? Das war die große moralische Frage für den hohen Gerichtshof.

Blumenreich deklamierte Friedrich seine hehre Auffassung vom heiligen Ehebunde. Er wollte Walli sittlich veredeln, seine großen Lebenserfahrungen und sein gütiges Herz sollten ihrem ansprechenden Wesen neue Richtung weisen. Friedrich konnte sogar unbestreitbare Beweise für sein sittliches Tun auf den Tisch des Hauses legen. Er hatte, wie es sich für einen Opa geziemt, schon mit einem Polier gesprochen; nicht, um ihn als Kunden für Wallis Gewerbe zu gewinnen, sondern um für sie Arbeit auf einem Bau zu finden. Jedoch … schweigen wir darüber mit der Diskretion eines sachlichen Berichterstatters.

Jedenfalls war die Staatsanwältin über Friedrichs hintergründige Absichten anderer Meinung. Häßliche Paragraphen hatte sie Friedrichs wegen herangezogen.

Schwere Kuppelei und Zuhälterei, begangen an seiner angetrauten, aber nicht getreuen Frau.

Walli belastete ihn schwer. Allzugern habe er – bei passender Gelegenheit – die gemeinsame Wohnküche geräumt, und von dem süßen Lohne habe man gemeinsam in der HO gespeist. »Walli, reiß mir nicht das Herz aus dem Leibe, man kann mich doch hier nicht abschlachten.« Walli aber hatte kein Gemüt. Sie kannte die Sitten und Gebräuche vor Gericht schon aus früheren Zeiten. Einmal hatte sie sich aus eines Herrn Portemonnaie mehr herausgenommen, als ihr zugedacht war, und dann – das war ja der Punkt, wo sie sogar rückfällig war.

Wissen Sie, was ein Bäckerbuch ist? Nein, so geht es nicht. Ich muß es mit den Worten der Frau Staatsanwalt erklären. »Der Kampf ums nackte Dasein«, so erklärte sie, »brachte im Kapitalismus dieses Gewerbe als Massenerscheinung hervor.« Und heute ist es noch nicht ausgestorben. Deswegen gibt es heute noch Kontrollen, und jede Dame, die etwas auf sich hält, sieht darauf, daß sie allwöchentlich einen Stempel bekommt. Walli hat es schon einmal wochenlang verabsäumt, und wenn man noch hören muß, wie sie es am 17. Juni getrieben hat, dann paßt auf sie keinesfalls das Prädikat der ehrbaren Dirne. Sie gehörte mit zu den Radaumachern und gab sich danach in Westberlin als eine Bauarbeiterin von der Stalinallee aus. Sie, die sich schon so oft im Schlaf ihren Sündenlohn verdiente, nahm hier 50 Westmark von wahrlich noch größeren Sündern.

Ja, und auch Friedrich war kein unbeschriebenes Strafregisterblatt. Ganz im Gegenteil, er hatte schon 17 Vorstrafen auf seinem Buckel. Er, der sich doch so gerne weich betten wollte, hatte 25 Jahre seines bewegten Lebens ziemlich hart gesessen – zwei Jahre mehr, als sein Eheweib alt war. Walli, so meinte er, belastete ihn so schwer, weil es doch um den Zuzug in die Kochstube und um ihren Alleinbesitz ging.

Das leuchtet dem Gericht ein, und Friedrich konnte durch seine Logik einen Pluspunkt buchen. Sechs Monate Gefängnis für Friedrich hielt die Anklagevertretung für eine ausreichende Strafe.

Die Staatsanwältin aber hatte nicht mit Friedrich gerechnet. Triumphierend holte er sein 18. Gerichtsurteil aus der Tasche. Delikt: ein Diebstahl. Urteil: ein Freispruch wegen geistiger Gebrechlichkeit. Aber ach, es war ein Sieg, der einer Niederlage gleichkam. Zwar wurde Friedrich auch hier freigesprochen. Aber es erfolgte eine Einweisung in eine Heil- und Pflegeanstalt. Die heißgeliebte und kühl erheiratete Wohnküche durfte auch Walli vorläufig nicht wiedersehen, weil sie zu einem Jahr Seßhaftigkeit verurteilt wurde.

Nur
ein bißchen
Liebe

Carmen und der Richter Azdak

1961

Nennen wir sie Carmen, die schlanke, junge, langhaarige, dunkelgelockte, aber nicht ganz ordentlich gekämmte Zigarettenarbeiterin, auch wenn ihre Stimme nicht ganz so wohltönend ist wie die ihrer Arbeitskollegin aus Sevilla. Wohl hat sie mit ihr gewisse Ähnlichkeit in ihrem, na sagen wir es elegant, in ihrem Lebenswandel.

Nein, sie ist nicht so stimmgewaltig, sie ist noch leiser als kleinlaut; obwohl sie Klägerin ist, gibt sie fast keinen Ton von sich. Und wenn sie nicht der Rechtsvertreter der Gewerkschaft Handel, Nahrung und Genuß zum Arbeitsgericht begleitet hätte, so hätten wir sie wahrscheinlich nicht vernommen. Wie wichtig doch eine gute Begleitung ist, wenn man eine Rolle spielen will! Wir aber sitzen im Parkett und auf den Rängen und wollen wissen, wie es dir, Carmen, erging.

Die Klage unserer Carmen ist schnell vorgetragen. Sie verlangt vom Arbeitsgericht ein Urteil auf Wiedereinstellung in die volkseigene Zigarettenfabrik, die einst Herrn Josetti gehörte. Der Betriebsleiter hatte sie mit Zustimmung der Betriebsgewerkschaftsleitung wegen ihres Verstoßes gegen die Arbeitsdisziplin entlassen. Auch die Konfliktkommission stimmte dieser Maßnahme zu, wohl bedenkend, daß unsere 18jährige Carmen ihr zweites Baby erwartet. Die Kollegen fanden ihre Verstöße gegen die Disziplin so hanebüchen, daß sie sich auch über den besonderen Kündigungsschutz, den Schwangere genießen, hinwegsetzten.

Carmen kam aus einer Weinkellerei. Wie man sieht, ist sie Nahrung und Genuß treu; aber das ist auch ihre einzige Beständigkeit. Der Ruf, der ihr aus dem tiefen Weinkeller nachhallte, war voller Dissonanzen. Aber dennoch stellte der Betriebsleiter der Zigarettenfabrik sie ein. Die Ouvertüre an der modernen Zigarettenmaschine ließ sich gut an. Ihr Stundenlohn steigerte sich von 1,55 Mark auf 1,70 Mark.

Aber dann begann unsere Carmen zu bummeln. Wahrscheinlich wurde sie von einem Sergeanten José und einem Torero hin und her gerissen. José oder Josettibetrieb, Torero oder Trocaderobar, wer kennt sich aus im Lieben und Leben einer echten Carmen?

Als unsere Carmen merkte – so glaube ich –, daß ihr vieles und abwechslungsreiches Lieben wiederum seine natürliche Zielsetzung erreicht hatte, da kannte auch ihr Rekord an Arbeitsbummelei keine Grenzen mehr. Sie nahm erst einmal ihren Jahresurlaub vorfristig, der ihr auch sehr vernünftigerweise gewährt wurde. Und als der in Saus und Braus verstrichen war, kam sie oft sehr unpünktlich zur Arbeit, so daß ihre Maschine an vielen Tagen von einer anderen Kollegin bedient werden mußte. Als dann aber Carmen im Betrieb selber erschien, schlug sie ziemlich lauten Krach. Sie wurde von den Kolleginnen oft stark zurechtgewiesen. Erfolglos. Vier Tage in ganz kurzer Zeitfolge fehlte sie unentschuldigt. Der Betriebsleiter rief sie zu sich und redete ihr ins Gewissen. Er gab ihr einen Verweis, und der wurde auch am Schwarzen Brett ausgehängt.

Schon am nächsten Tag kam Carmen wieder nicht zur Arbeit. Am darauffolgenden Tag wurde sie zum Betriebsleiter gerufen.

»Warum haben Sie gefehlt?«

»Ich habe die ganze Nacht durchgebummelt, bin am Morgen völlig betrunken nach Hause gekommen, und da konnte ich nicht mehr zur Arbeit gehen.«

Wer kann es dem Betriebsleiter übelnehmen, daß er Carmen fristlos entließ? Carmen äußerte darauf, daß sie sowieso in der Bruchbude nicht länger arbeiten wolle. Aber die Gewerkschaft ließ die Sache nicht so hingehen. Und so kam es zu dem Verfahren vor dem Arbeitsgericht.

Ein wenig erinnerte mich der Vorsitzende des Arbeitsgerichts an den Richter Azdak aus Brechts »Kaukasischem Kreidekreis«. Wie schrie er Carmen an, gar nicht väterlich, und gemessen sprach er mit dem Betriebsleiter.

»Da hauen Sie den ganzen Tag in den Sack, und in der Nacht machen Sie noch flott, feste gib ihm. Dann glauben Sie, eines Tages kommt ein Fürst und heiratet Sie, und auf geht's nach Monaco? Solche Blüten wie Sie brauchen wir gerade«, schrie er. »Und die Nächte durchmachen mit den Röhrenhosenkavalieren!«

Leider ist Druckpapier kein Tonband; es war eine Freude, einen Urberliner Richter so mit dieser Dame sprechen zu hören.

Und dann zum Werkleiter, viel ruhiger: »Was soll nun mit dem Mädchen werden? Rausschmeißen, das ist doch sehr einfach. Und: Sind Sie ein Verwalter von Maschinen, oder sollen Sie Menschen anleiten? Haben Sie die Staatsratserklärung gelesen? Vielleicht haben Sie nicht den richtigen Ton mit Carmen gefunden. Und eine Disziplinarmaßnahme ist nicht genug. Das Kollektiv im Betrieb hat wichtige Erziehungsfunktionen. Sie müssen bei einer Schwangeren aber auch die Launen und die Beschwerden etwas mehr berücksichtigen. Was bei jedem anderen schon ein grober Verstoß gegen die Arbeitsdisziplin ist, muß man bei einer Schwangeren noch durchgehen lassen.«

Und obwohl Richter Azdak so grob zu Carmen und so gemessen zum Betriebsleiter gesprochen hatte, wurde der Betrieb verurteilt, die Kündigung zurückzunehmen. Außerdem mußte er ihr noch den entgangenen Lohn nachzahlen. Und Carmen, die sonst so gar nicht nach Recht, Gesetz und Macht fragt, verschwand als besiegte Siegerin.

»Auf in den Kampf, Carmen«, möchten wir dir zurufen, »sei wohl bedacht, daß ein Auge dich bewacht!« Ein Auge? Viele Augen. Denn nun ist dein Fall publik geworden.

Und nicht nur deine Kollegen, nein auch unsere Leser von Marienborn bis Görlitz, von Rostock bis Suhl wollen wissen, wie es mit dir nun weitergeht.

Diskussion um Gretas Schicksal

1965

Nach der Verhandlung gab es eine heftige Diskussion, an der sich die Vorsitzende, die Schöffin, der Staatsanwalt und einige Studenten der Rechtswissenschaft, Praktikanten genannt, beteiligten. Diese Aussprache litt unter einer etwas unglücklichen Voraussetzung. Stimmte das alles, was die Angeklagte Greta ausgesagt hatte?

Wenn ich jetzt den Lebenslauf der 28 Jahre alten, kleinen, mehr voll als schlanken, sehr unordentlichen Greta schildere, dann findet der Leser in ihrem langen blonden, ziemlich ungekämmten Schopf wenig gute Haare; und viele werden sagen, lohnt es sich denn überhaupt, sich um so eine den Kopf zu zerbrechen. Soll sie doch erst einmal beweisen, daß sie ordentlich arbeitet wie alle anderen jungen Frauen.

Diese Greta hat ein gutes Elternhaus. Ihre Mutter wohnt in Westberlin, als bewußter Mensch steht sie auf der Seite der Freunde der DDR. Ihre Tochter hat sie bei uns zur Schule geschickt und dafür gesorgt, daß sie sich in einem großen volkseigenen Betrieb Fachkenntnisse auf elektronischem Gebiet aneignete. Aber seit 1954 ist es mit Greta ziemlich bergab gegangen. Durch ein anderes Mädchen wurde sie verleitet, sich mehr den Freuden der Liebe als der Mühe der Arbeit hinzugeben. Und dazu kommen kleinere Unterschlagungen und Betrügereien, später dann Verschieben von Lebensmitteln.

Auch heiratet sie einmal, und sie hat zwei Kinder. Mit ihrem Mann wird sie wegen Kuppelei verurteilt, sie als Hauptschuldige. Von ihren beiden Kindern hat eines die Großmutter in Westberlin in Pflege, das andere ist in einem Kinderheim bei uns im demokratischen Berlin. Ist Greta in Haft, arbeitet sie vorbildlich, bekommt sogar viele Prämien und sorgt dann dafür, daß ein Teil der Unterhaltskosten für das Kleinste von ihrem Verdienst beglichen wird.

Aber die Freiheit bekommt ihr gar nicht. Sofort beginnt sie mit dem Lotterleben. Mit ihrem Mann ist sie völlig auseinander. In ihrem fünften Strafverfahren wurde Greta Aufenthaltsbeschränkung für Berlin auferlegt; nach Verbüßung der Haft sollte sie in Naumburg Wohnung und Arbeit bekommen. Und sie fuhr hin, meldete sich beim Rat des Kreises, Abteilung Innere Angelegenheiten. Dort soll ein Angestellter sie mit den

Worten empfangen haben: »Warum kommen Sie ausgerechnet nach Naumburg? Auf Sie haben wir gerade gewartet!«

Ob Greta das korrekt wiedergegeben hat, weiß ich nicht, aber es scheint mir nicht unmöglich zu sein. Richtig ist solch ein Empfang aber sicher nicht. Ein Mensch, dem man berechtigterweise eine Aufenthaltsbeschränkung auferlegt hat, der dann seine Strafe verbüßt hat, muß in einem anderen Kreis unserer Republik, der für ihn völlig fremd ist, neu anfangen. Die Behördenangestellten sind durch Gesetz verpflichtet, ihm dabei zu helfen. Das ist ihr Amt, zugegeben, ein sehr schweres, ein sehr undankbares. Und wenn die Angestellten fünfzigmal durch ihre Sorgenkinder enttäuscht werden, der einundfünfzigste Schützling darf es nicht merken.

Leider waren die Arbeitsstellen, die die Abteilung Inneres beim Rat des Kreises Naumburg Greta nachwies, nicht nach ihrem Geschmack. Erst war sie im Altstoffhandel tätig, und als es ihr dort gar nicht gefiel, wurde sie zur Straßenreinigung vermittelt.

Über diese beiden Arbeitsstellen kam es in unserer Diskussion nach der Verhandlung zu der schärfsten Auseinandersetzung. Alle waren sich darüber einig, daß beide Tätigkeitsgebiete schwer sind und sicher nicht die angenehmste Arbeit darstellen. Alle waren sich einig, daß keine Arbeit schändet. Einige der Diskussionsteilnehmer meinten, gerade bei dieser schweren Arbeit könnte Greta sich bewähren.

Ich glaube, der Arbeitsnachweis entlassener Strafgefangener und ganz besonders die Arbeitsvermittlung von Menschen, denen eine Aufenthaltsbeschränkung auferlegt ist, muß sehr sorgsam vorgenommen werden. Es ist wichtig, daß diese Menschen, die ihre Strafe abgesessen haben, in einen Kreis qualifizierter Arbeiter kommen.

Greta fühlte sich nicht wohl, sie sagte, sie sei ständig gehänselt worden, auch seien dort bei der Straßenreinigung meist ältere Kollegen und Kolleginnen. Sie hatte Arbeit, wie sie sagte, im benachbarten Weißenfels in der Banner-Schuhfabrik, aber diese Arbeit wurde ihr nicht genehmigt, so sagt sie. Ob das wahr ist?

Wahr ist, daß sie von Naumburg ausriß, illegal in Berlin lebte und ihr Lotterleben weiterführte, betrog und stahl. Sie wurde aufgegriffen und nach Naumburg gebracht. Für eine Reihe von Delikten, darunter auch Rückfallbetrug, wurde sie zu einer Zuchthausstrafe von mehr als zwei Jahren verurteilt.

Bei der Amnestie unseres Staatsrats wurde sie Ende 1964 entlassen. Bei dem Entlassungsgespräch in der Haftanstalt sagte sie, sie möchte überallhin, nur nicht nach Naumburg. Sie hatte in der Haftanstalt eine Frau kennengelernt, die war aus Neubrandenburg. Greta aber wußte, man entläßt Strafgefangene möglichst nicht in denselben Ort, und deswegen log sie und sagte, sie möchte nach Neubrandenburg zu ihrer Großmutter. Man gab ihr nach dort eine Überweisung. Doch der Rat des Kreises Neubrandenburg merkte bald, daß Greta gelogen hatte, es war keine Großmutter aufzufinden.

Leider, leider machten sich auch hier die Mitarbeiter des Rates des Kreises, Abteilung Innere Angelegenheiten, die Arbeit sehr leicht. Sie sagten: »Sie haben uns belogen, Frau Greta, nun müssen Sie also zurück nach Naumburg.«

Greta aber wollte nicht, auf keinen Fall. Und wieder begann ihr fehlerhafter Kreislauf. Wieder fährt sie nach Berlin. Silvester 1964/65 trifft sie einen jungen Mann, mit dem zieht sie zusammen, meldet sich nicht bei der Polizei, fälscht ihren Sozialversicherungsausweis, um Arbeit zu bekommen, hat aber dann Angst vor einem Entdecktwerden und arbeitet nur zwei Tage. Wieder macht sie törichte kleine Diebstähle, kleine Betrügereien.

Wieder wurde gegen eine Unzahl von Gesetzen verstoßen, der entstandene Schaden aber ist relativ gering. Für die soziale Gesundung dieser Frau Greta aber ist in der ganzen Zeit nichts geschehen.

Staatsanwaltschaft und Gericht in Berlin sind wesentlich milder als die Justizbehörden in Naumburg. Im ganzen gibt es für fast die gleichen Delikte hier nur ein Jahr und drei Monate Gefängnis.

Die Diskussion um Gretas Schicksal ist damit nicht beendet, sie fängt an. Ein jeder an seinem Arbeitsplatz, auf seiner Dienststelle muß sich verantwortlich fühlen für die soziale Gesundung dieser Greta. Und die Kollegen der Abteilung Innere Angelegenheiten in Naumburg und Neubrandenburg sollten ihre Arbeitsmethoden noch einmal überdenken, auch wenn Gretas Bericht in allen Einzelheiten nicht wahr gewesen ist.

Der verzeihliche Formfehler

1965

Das Gericht verstieß gegen die Strafprozeßordnung. Ich möchte hier behaupten, dieser Verstoß war verzeihlich. Die Ehefrau des Angeklagten wurde als Leumundszeugin gehört, und ihr war nicht gesagt worden, daß sie das Recht hatte, die Aussage zu verweigern.

Die Richterin, so glaube ich, hatte die Vorstellung, sie leite eine Jugendgerichtsverhandlung gegen einen etwas ungezogenen Jungen. Dort ist es üblich, die Eltern zu laden, meist die Mutter, und die muß dann Auskunft geben ohne das übliche Zeugnisverweigerungsrecht, wie der ungeratene Bursche sich zu Hause benimmt, wieviel er von seinem Lehrlingsgeld abgibt, ob er beim Kohlentragen oder beim Abtrocknen hilft und wann er abends nach Hause kommt. So ungefähr würde auch die Ehefrau des Stefan von der Richterin vernommen.

Der Angeklagte ist allerdings schon dreißig Jahre alt. Der Soldatenkönig würde ihn zu den Langen Kerls eingezogen haben; er sieht intelligent und energisch aus, sein krauses, dunkles Haar sitzt auf einer hohen Denkerstirn, und ein spitzer Giebel ziert sein Gesicht. Aber er ist unselbständig und kindlich wie ein Vierzehn- oder Fünfzehnjähriger. Seine Frau, obwohl von Geburt etwas älter, sieht jünger als er aus, rundlicher, die Zuverlässigkeit in Person – auch ihr Beruf als Kassiererin bestätigt das –, sie ist lieb, ruhig, angenehm. Und die Vorsitzende behandelt und befragt sie so, als ob sie Stefans Mutter und Erziehungsberechtigte wäre. Als Angeklagter hätte ich mich sehr geniert, und auch Stefan war gar nicht wohl dabei.

Diese äußerlich so eindrucksvolle Persönlichkeit ist leider innerlich nicht reif. Gelernt hat er nichts Richtiges, aber er hat gute Arbeit oft schon gehabt und immer wieder verloren. Entweder durch Aufhebungsvertrag oder durch Kündigung wegen Unzuverlässigkeit. Stefan trinkt gern; allerdings nicht viel. Er kann fast gar nichts vertragen. Und wenn er am Tage getrunken hat, geht er am nächsten Morgen nicht zur Arbeit. So zieht sich der Vermerk »Unzuverlässigkeit« durch seine ganze Kaderakte.

Am schlimmsten war es für ihn, als er Beifahrer im Großhandelskontor Tabak und Spirituosen war. Dort mußte er sich in jeder Kneipe einen Schnaps anbieten lassen, und er konnte nicht nein sagen. Damals nahm ihn sein Vater an die Hand und brachte ihn in einer Gummifabrik unter, dort, wo er die Aufsicht über seinen Sohn hatte. Der verdiente glänzend, aber länger als ein Jahr hielt es Stefan nicht aus. Die Leitung des Werkes mußte sich von ihm trennen.

Einzig und allein bei der Armee und der Volkspolizei blieb er länger. Die strengen Vorschriften waren Stefan gut bekommen. Nur sein niedriger Rang bei der Entlassung zeigt, daß seine geistigen Fähigkeiten auch hier keine schnelle Beförderung möglich machten.

Jetzt ist er auf einem volkseigenen Gut als Landarbeiter tätig. Dort ist sein Verdienst nicht mehr so reichlich, aber es gefällt ihm, und Fehltage gibt es nicht mehr, seit diese Sache mit dem Radio passiert ist. Auch der Alkohol spielt keine Rolle mehr, denn die Frau hat mit der Scheidung gedroht. Sie wäre mit ihrem kleinen zweijährigen Töchterchen weggezogen, wenn das so weitergegangen wäre. Und das hat Eindruck auf ihn gemacht.

Aber vorher mußte dieser Bummelant Stefan auf den dornenvollen Weg des Unrechts geraten. Als er einmal wegen eines Leberleidens bei einem Vertrauensarzt war und dort weitere vierzehn Tage krank geschrieben wurde, kehrte er in einer Kneipe ein und feierte seinen Urlaub mit Schnaps und Bier, obwohl das Leberleiden zweifellos vom vielen Trinken herrührte.

In einem unbedachten Moment hatte Stefan einem Mittrinker fünfzig Mark weggenommen, und die verschwanden durch ein Loch in der Tasche in sein Mantelfutter.

Der Kumpan merkte den Verlust und rief sofort die Volkspolizei. Man fand in Stefans Futter wohl das Geld, aber er behauptete steif und fest, es gehöre ihm. Erst am nächsten Morgen, wahrscheinlich auf Zureden seiner Frau, ging er selbst zur Volkspolizei und gab den Diebstahl zu.

In dem Volksgut, in dem er arbeitete, gab ihm eine Kollegin ein Radio, das er mit nach Berlin nehmen sollte, um es zur Reparatur zu bringen.

Und wieder kehrte Stefan in einer Kneipe ein. Ein Mann am Tisch sah das Radio und bot ihm siebzig Mark. Der Käufer, ein Angehöriger der Volkspolizei, muß wohl Bedenken gehabt haben. Er ließ sich Stefans Adresse geben und sagte ihm, falls etwas faul sei an der Sache, müßte er ihn benachrichtigen.

Am nächsten Tag reute Stefan die ganze Sache, aber er hatte nicht den Mut, zur Polizei zu gehen und sein Vergehen einzugestehen. Er vertröstete die Kollegin, bestellte sie, versetzte sie, zum Schluß forderte er vierzig Mark für die Reparatur, und die Frau gab ihm zwanzig Mark.

Die Ausreden waren dumm und durchschaubar. Die Kollegin zeigte Stefan schließlich bei der Volkspolizei wegen Unterschlagung an.

Der Volkspolizist aber, der das Radio von Stefan gekauft hatte, sah die Anzeige und vermutete mit Recht, daß es sich um sein Radio handelte. Er ging zu Stefan, forderte seine siebzig Mark zurück und wollte versuchen, die Sache aus der Welt zu schaffen; denn er befürchtete einen Verweis wegen seines leichtsinnigen Kaufes. Aber es war zu spät, und nun kam noch dazu der Betrug mit den zwanzig Mark.

Der Volkspolizist hat seine siebzig Mark zurück und die Kollegin ihr Radio. Auch die zwanzig Mark wird sie wiederbekommen. Das Urteil: 6 Monate Gefängnis bedingt, ausgesetzt auf 2 Jahre, Bindung an den Arbeitsplatz.

Bei Gericht wurde die ganze Sache sehr ausgiebig durchgesprochen und vor allem Vergangenheit, Gegenwart und Zukunft von Stefan. Er will und er soll im volkseigenen Gut bleiben. In der Verhandlungspause hat er sich mit seinem Meister unterhalten. Er will Geflügelzüchter werden. Das Verfahren war peinlich für ihn. Trotz seiner körperlichen Größe stand er da sehr klein vor seiner Frau.

Man soll die Verhandlung wegen des Formfehlers nicht noch einmal wiederholen. Es war, wie ich schon sagte, verzeihlich, fast verständlich.

Die Silberhochzeit
1965

Der Richter kämpft mit der Seele des Angeklagten. Er sagt ihm in einer Diskussion, die sich an das Schlußwort des Angeklagten knüpft: »Ich will kein Urteil fällen, mit dem Sie nicht innerlich einverstanden sind.«

Das ist eine schwere Aufgabe, es ist das Bemühen, dem Angeklagten zu sagen: Säßest du hier an meiner Stelle und würdest du über diesen Fall zu entscheiden haben, so müßtest du zu dem gleichen Ergebnis kommen.

Der Mann ist 60 Jahre alt, er ist nicht vorbestraft, aber irgendwie fühle ich, da war doch früher mal etwas, es ist sicherlich schon längst verjährt, vergeben und vergessen und verziehen. Der Mann ist überdurchschnittlich intelligent, aber er kommt mir wie ein Gebrochener vor, einer, der das Gefühl hat, das Ziel, das er sich steckte, nicht erreicht zu haben. Selten habe ich einen Angeklagten so betont sprechen hören, seine Ausdrucksweise ist fast gewählt. Er ist ein schmaler, kleiner Herr mit silbergrauen Schläfen und einer randlosen Brille. Die Arbeitskollegen mögen ihn, er ist beflissen, höflich, pünktlich. Aber sie meinen, er wirkt ein wenig sonderbar, wäre schwer zu durchschauen.

Er ist Maschinenschreiber in einem großen Betrieb. Das ist eigentlich gar keine Stellung für einen Mann mit dieser Intelligenz und dieser Lebenserfahrung. Er war bei einem Rechtsanwalt in der Lehre, und man merkt, er ist erfahren im Umgang mit der Justiz. Er hat mit eisernem Fleiß in langen Abendstunden dann sein Abitur nachgearbeitet. Er hat gute Kenntnisse in vielen Sprachen. Er war auch einmal als Lehrer für Fremdsprachen tätig.

Später hat er eine chemische Fachschule besucht. Viele Jahre arbeitete er als Laborant, chemisch-technisch, dann ist er umgewechselt in das reiche und abenteuerliche Gebiet der Geologie. Und dann wieder zurück zur Chemie, in einem großen Berliner Werk war er in der Abteilung für die Entwicklung von Mitteln für den Pflanzenschutz. Ab 1960 hat er diese Tätigkeit aufgegeben, er ging zur Post, und jetzt ist er also Maschinenschreiber in demselben Betrieb, in dem auch seine Frau arbeitet.

Es ist erstaunlich, daß er seine Erfahrungen und Kenntnisse nicht besser verwertet. Ich glaube, das ist es, was ihn wurmt, was ihn innerlich ärgert. Und noch etwas ist bei ihm erwähnenswert. Der Mann war in seiner Jugend Mitglied der Kommunistischen Partei. Er war auch in der Nazizeit in ein Hochverratsverfahren verwickelt und hat einige Monate in Untersuchungshaft gesessen. Nach 1945 ist er wieder in die Kommunistische Partei eingetreten, aber bei der Vereinigung mit der Sozialdemokratischen Partei ist er ausgeschert, das hat ihm nicht gepaßt. Er habe Bedenken gehabt. Er sehe wohl ein, daß seine Bedenken grundlos waren. Aber er ist und bleibt ein eifriger und beliebter Gewerkschaftsfunktionär.

Seine Frau, die wir leider nicht zu sehen bekamen, freut sich auf die silberne Hochzeit. Schon vor Monaten hat sie ihre Kolleginnen eingeladen und sie gebeten, sich für diesen Tag frei zu halten. Der Mann hat aber über die Feier und den Verlauf andere Vorstellungen. Warum, das sagt er nicht. Vielleicht hält er heute den Schritt, den er vor fünfundzwanzig Jahren getan hat, für einen Fehler, aber er ist zu stolz und schweigt darüber. Er gibt nichts zu. Er möchte, so sagt er, diesen Tag mit seinem Sohn aus erster Ehe begehen. Doch der ist nicht erschienen.

Die drei Kolleginnen der Frau kommen mit Blumen und Geschenken, aber sie sind überrascht, enttäuscht, vorbereitet ist nichts. Der Tisch ist nicht gedeckt, die Frau sitzt allein da und sagt, ihr Mann habe sich etwas schlafen gelegt. Sie ist beschämt. Die Kolleginnen wollen gehen, aber sie werden genötigt zu bleiben. Der Mann wird gerufen, er kommt, verschlafen, wie ein Gespenst, im Nachthemd. Dann kehrt er, notdürftig bekleidet mit einer Hose, zurück, aber in einer solchen Fasson, daß die Damen entsetzt sind. Die Frau ruft ihn zur Ordnung, endlich zieht er sich an, holt einige Flaschen Schnaps und etwas Bier. Und er fängt an, unsinnig zu trinken. Die Gäste, verärgert, bleiben nur mit Rücksicht auf die Frau. Die Arme, werden sie gesagt haben.

Der Mann ist bösartig an diesem Abend, er provoziert seine Gäste, er wird zutraulich, er faßt und grapscht. Ich glaube, weniger aus Lust, ich glaube, mehr aus Unlust, nur um seine Frau zu ärgern. Aber er ärgert auch die eingeladenen Damen. Eine geht weg, die anderen bleiben, wehren sich, sträuben sich. Jetzt wird er handgreiflich und beleidigend, nicht nur mit Worten. Er schlägt nach allen Seiten. Es wird so schlimm, und es entsteht ein solcher Krach, daß die Nachbarn den Funkwagen holen müssen. Er hat die eine Frau auch noch wegen ihrer Zugehörigkeit zur Arbeiterpartei beleidigt.

Der Mann sieht ein, und das ist nicht sehr schwer, daß er sich unmöglich benommen hat, ja strafbare Dinge getrieben hat, Körperverletzung, daß er entgleist ist aus Ärger über sich, über sein Leben, das nicht seine Erwartungen erfüllt hat. Und wahrscheinlich auch aus Ärger über die Ehe. Er wehrt sich gegen den Vorwurf der Staatsverleumdung, weil er eine der Damen beschimpft hat. Er kann sich nicht erinnern; seine Blutprobe mit 2,1 Promille könnte ihm recht geben. Und öffentlich, so sagt er, habe er auch nicht geschimpft, das sei privat gewesen. Es ist auch meiner Meinung nach mehr eine persönliche Beleidigung, eine Beleidigung, die genauso schlimm ist, privat wie öffentlich, einem Gast gegenüber, einer Kollegin seiner Frau in seiner eigenen Wohnung.

Und tatsächlich ist das Urteil für all das, was er seinen Gästen angetan hat – zehn Monate Gefängnis mit einer Bewährung von zwei Jahren und Bindung an den Arbeitsplatz –, so, daß es der intelligente Mann als gerecht empfindet. Und das ist für den Richter der schönste Lohn.

Lenchen macht's möglich
1965

Die Überschrift habe ich dem Reklamespruch eines großen westdeutschen Versand- und Warenhauskonzerns entlehnt, der jedem jedes ins Haus schickt, was er bestellt, von der vollautomatischen Windel bis zur Witwenkleidung mit Trauermarschbegleitung, per Nachnahme oder, wenn es gewünscht wird, auch gegen bequeme Ratenzahlung. Durchs Versandgeschäft ist das Leben und das Anschaffen leicht, die Möglichkeiten sind mannigfaltig, der umfangreiche Katalog ist im Fünffarbendruck illustriert. Wie die Anschaffungen dann bezahlt werden, bitte, das ist deine Sache. Darum kümmert sich der kleine, geschmeidige Inhaber des Konzerns, der elegante Turnierreiter, nicht.

Ich muß zugeben, der Katalog unserer Versandgeschäfte ist nicht so bunt und nicht so dick, und Ratenzahlungen sind bei uns auch nur begrenzt möglich. Auch glänzt der Direktor unseres Versandgeschäfts nicht in der internationalen Reitergesellschaft.

Es geht auch hier gar nicht um Probleme des Versandhandels und der Ratenzahlungen, es geht um eine viel ernstere Frage, es geht um das Glück und die Verantwortung der Gesellschaft für jeden einzelnen. Und da allerdings haben wir einen viel schöneren, dickeren und bunteren Katalog aufzuweisen. Nicht, daß wir jedem das Glück ins Haus schicken könnten ohne Gegenleistung, aber einige Männer und vor allem auch einige Frauen wie die, die hier Lenchen heißt, machen das Unerwartete, das Unwahrscheinliche, möglich. Und deshalb ist die bisher gänzlich unbekannte, fast unscheinbar aussehende Frau soviel wichtiger für die menschliche Gesellschaft als der glänzende, elegante und sicher sehr tüchtige westdeutsche Konzerninhaber.

Es war an einem frühen Märztag 1965 mit den eiskalten Nächten und den ersten zaghaften hellen Sonnenstrahlen, da stand ein Mann mit einem auffallend roten, etwas geschwollenen Gesicht vor seinen Richtern. Der Mann Jens machte keinen guten Eindruck, er war dreißig Jahre alt und behauptete, vorbestraft zu sein. Nein, sagte der Vorsitzende, die Kleinigkeit von damals sei nach drei Jahren gestrichen, das gehe automatisch. Seit dieser Zeit aber, es ist sieben Jahre her, hat Jens in keinem Betrieb Arbeit aufgenommen. Er lebt, wie er sagt, von Gelegenheitsbeschäftigungen beim Verladen von Kartoffeln, Kohlen und Gemüse am Wriezener Bahnhof in Berlin. Er hat eine große Schwierigkeit, er leidet an einem Hautausschlag und kann Maschinenöl nicht vertragen. Deshalb konnte er in seinem Beruf – Schlosser –, den er richtig gelernt hat, nicht mehr tätig sein.

Jens lebt schon seit zwölf Jahren mit einer Frau in Lebensgemeinschaft. Sie soll sehr tüchtig sein, sie macht ihren Dienst gewissenhaft, arbeitet in mehreren Schichten. Sehr harmonisch soll es bei dieser nicht legalisierten Familie nicht zugehen. Es gibt einen Leumundsbericht, und da wird gesagt, es käme häufig zu Streitereien zwischen Jens und seiner Frau. Aber kein Mieter des Hauses ist bereit, das als Zeuge vor Gericht zu bestätigen. Jens hingegen behauptet, daß sei alles nicht so schlimm und so ernst.

Sein Junge, elf Jahre, war plötzlich verstorben, und Jens sagt, er sei sehr betroffen gewesen. Einige wenige Tage nach der Beerdigung wollte er, wie so oft, als Gelegenheitsarbeiter einer Frau beim Umziehen helfen. Aus der Arbeit wurde nichts, und Jens fing an zu trinken. Im Lokal sprach ihn ein älterer Mann an: »Was machst du für'n Traurigen?« Und das hat ihn animiert, mehr und mehr zu trinken.

Wieviel er an diesem Nachmittag konsumiert hat, ist nicht mehr feststellbar. Seine Erinnerung an die Zahl der Schnäpse ist schon durch die Zahl der Schnäpse getrübt.

Gegen einundzwanzig Uhr auf jeden Fall hatte er eine Blutalkoholbeimischung von über drei Promille. Er war bestimmt nicht mehr Herr seiner Sinne.

Auf dem Nachhauseweg sah Jens einen älteren Mann vor sich hergehen. Er glaubt, in ihm den Herrn, mit dem er den Umtrunk begonnen hat, wiederzuerkennen, und ist der Meinung, dieser Herr habe ihm hundert Mark gestohlen. Er stürzt sich auf den Mann und schlägt ihn zu Boden.

Der Überfallene ist ein gänzlich Fremder. Er ist schwer herzleidend. Durch die Boxhiebe, die der kräftige Jens ihm verpaßt, geht er zu Boden, seine Lippe blutet, er verstaucht sich die Hüfte. Seit diesem Unglückstag ist er nicht mehr fähig, in seinem Beruf als Rundfunkmechaniker tätig zu sein.

Aber was soll mit Jens geschehen? Er war sinnlos betrunken. Er kann also nur wegen verbrecherischer Trunkenheit bestraft werden. Nun wäre ein Gefängnisaufenthalt für ihn wenig empfehlenswert, er ist nicht vorbestraft, sein sinnloser Rausch kann sogar durch den Schmerz über den Tod des Jungen erklärt werden. Aber seine Lebensführung ist wirklich nicht vorbildlich. Auch nach der Tat hat sich da nichts geändert.

Der Staatsanwalt hatte in einer Verhandlungspause vergeblich versucht, einen Betrieb ausfindig zu machen, der Herrn Jens einstellen will. Er bekam nur Absagen.

Da griff eine Schöffin ein, eine Frau, die bisher schweigend an der Verhandlung teilgenommen hatte. Sie rief ihren Kaderleiter, den Kaderleiter eines Großbetriebes, an und sagte: »Hier spricht Lenchen.« Ihren Familiennamen brauchte sie nicht zu nennen; dort in dem Großbetrieb, in dem sie als Sachbearbeiterin für Kultur- und Sozialfragen tätig ist, weiß anscheinend jeder, wer damit gemeint ist. Frau Lenchen schilderte dem Kaderleiter den Mann und seine Tat und das Problem. Am Telefon übernahm sie die Bürgschaft für Jens. »Wir müssen ihn als Transportarbeiter einstellen.« Und sie bekam auf ihren Namen und auf ihr Zureden, auf ihre Intensität, sofort die Zusage: »Jawohl, wir stellen Jens ein.« So machte Frau Lenchen durch ihr Eingreifen einen vernünftigen Antrag und ein vernünftiges Gerichtsurteil möglich: Sieben Monate Gefängnis bedingt, zwei Jahre wird die Strafe zur Bewährung ausgesetzt, und gleichzeitig zwei Jahre Bindung an den Arbeitsplatz, den Frau Lenchen durchs Telefon vermittelt hatte. Ihn darf Jens nur verlassen, wenn das Gericht zustimmt. Und die Zustimmung des Gerichts ist für ihn nur dann sicher, wenn Jens sich verbessern will und verbessern kann.

Der Bestrafte ist froh über dieses Urteil. Die eigene Initiative, sich einen Arbeitsplatz zu suchen, ist ihm abgenommen, in Zukunft kann er besser als bisher für seine Familie sorgen. Wahrscheinlich, und das deutete Frau Lenchen in einer Unterhaltung an, wird sie ihm auch helfen, eine bessere Wohnung zu finden, auf die er, wenn er ein guter Arbeiter ist, unbedingt Anspruch hat. Wahrscheinlich wird er auch seine Familienverhältnisse durch Frau Lenchens Unterstützung legalisieren. Aber Frau Lenchen wird auch dafür sorgen, daß der Verletzte und Geschädigte die Entschädigung erhält, die Jens ihm bezahlen muß.

Das alles hat Frau Lenchen möglich gemacht. Sie betreibt kein Versandgeschäft, ist keine elegante Turnierreiterin. Sie ist eine echte Sozialistin.

Als es in der Familie »hinhaute« ...
1965

Sein gelblich-braunes Gesicht sieht aus, als ob es durch die unerbittliche Wüstensonne ausgemergelt sei, und auch seine tiefschwarzen, etwas öligen Haare erinnern mich an einen edlen Beduinenscheich, der würdevoll seiner Kamelkarawane auf einem Esel voranreitet und die schweren Lasten seinen Frauen aufbürdet. Und der lieber im Caféhaus sitzt, an einer Wasserpfeife nuckelt und blauen Dunst oder Philosophie in die Welt bläst, als selber Hand anzulegen.

Er ist dem Café- und Wirtshausleben sehr verbunden, Ewald, der Berliner mit dem beduinischen Aussehen und dem litauischen Namen. Erst war er Kellner und später nur noch Gast. Er war auch einmal richtig verheiratet, doch über diese Verbindung wird uns nicht viel mitgeteilt. 1948 trennte man sich, Kinder waren nicht vorhanden.

Mehr aber erfahren wir von und über Ewalds zweite und dritte Frau; nennen wir sie ruhig seine Frauen, obwohl sie in einem sittenstrengen FDGB-Heim kein gemeinsames Zimmer mit ihm hätten teilen dürfen, da ihrer Verbindung das staatliche Siegel fehlte. Aber die volkseigenen Wohnungsverwaltungen sind, Gott sei Dank, in dieser Hinsicht nicht so prüde, und Ewald teilte mit seiner zweiten und mit seiner dritten Frau unangefochten Tisch und Bett.

Mit Frau Trautchen lebte er vom Jahre 1948 bis zum Jahre 1951. Und zwei süße kleine Mädchen zeugen davon, wie innig diese Liebe einst war. Heute sind die beiden Kinder fast schon erwachsen, sie lernen sehr interessante Berufe, auch die Mutter ist eine tüchtige Frau, angesehen bei ihren Kollegen. Und sie hat die Töchter, ganz, ganz allein großgezogen, und dazu noch einen Jungen aus ihrer ersten Ehe.

Aber der Vater der Töchter, Ewald, ergab sich, nachdem er und Frau Trautchen beschlossen hatten, nicht mehr zusammenzubleiben, etwas dem Schieben. Er bekam auch damals eine harte Strafe, anderthalb Jahre war er von der Außenwelt abgeschieden. Es soll heute keine Belastung mehr sein, die Strafe ist längst gelöscht. Wenn wir sie erwähnen, dann nur, um Rechenschaft über die verlorenen Jahre zu geben und sein späteres Handeln zu erklären.

Nach der Haftentlassung verzog Herr Ewald nach Westberlin, und für Frau Traute war der Vater ihrer beiden Töchter nicht mehr auffindbar und pfändbar. Den sehr bescheidenen Unterhaltsbeitrag für jede der Töchter, dreiunddreißig Mark, konnte sie nicht eintreiben, weil die Westberliner Polizei- und Jugendbehörden ihr die Adresse von Herrn Ewald nicht mitteilten. Die tapfere, tüchtige Frau aber schaffte es ganz allein.

Über Ewalds wirtschaftliche Tätigkeit in Westberlin ist wenig bekannt; später fing er dann ein Bratkartoffelverhältnis im demokratischen Sektor Berlins an mit Annelie, auch einer sehr tüchtigen, strebsamen Frau, Mutter zweier Söhne. Und als im Jahre 1961 das Hin- und Herwechseln – von Menschen, Schieberwaren und Geld – unmöglich wurde, da, als ein Kind bei Frau Annelie an die Pforte des Lebens klopfte, da blieb Herr Ewald bei uns und bei Frau Annelie. So tief wurde die Liebe, daß sich jedes Jahr ein neues Kindlein anmeldete, so daß Frau Annelie im ganzen für sechs Kinder, Herr Ewald auch für sechs Kinder (zwei davon bei Frau Trautchen) zu sorgen hätte.

Das ist für einen gesunden und fleißigen Vater schon eine ganz hübsche Belastung. Für Herrn Ewald aber?

Er hat sich jahrelang nicht um die beiden Mädchen aus seiner zweiten Ehe gekümmert. Zufällig wurde er von einer Freundin von Frau Trautchen im demokratischen Sektor Berlins gesehen, das Referat Jugendhilfe und die Volkspolizei verhalfen der Mutter zu Ewalds Adresse. Notgedrungen und meist auf Pfändungen zahlte Herr Ewald etwas von seinen Unterhaltsschulden.

Sie sind nach Schätzung von Frau Trautchen auf etwa zehntausend Mark angelaufen.

Herr Ewald hatte mit Unterbrechungen bei einem Berliner Großbetrieb gearbeitet. Aber er war an vielen Tagen krank. Sein amtsärztliches Zeugnis bescheinigt ihm, daß er ein Darmleiden, ein Schilddrüsenleiden und ein Herzleiden hat. Aber erst als die Lohnpfändung da war, wurde ihm die Arbeit in diesem Großbetrieb zu schwer.

Amtsärztlich sollte er zu einer Genesungskur verschickt werden, und das lehnte Herr Ewald ab. Er blieb statt dessen oft zu Hause, um auf die Kinder von Frau Annelie – von denen vier die seinen sind – aufzupassen. Denn Frau Annelie mit ihrer resoluten Berliner Tüchtigkeit hält den ganzen großen Haushalt in Schwung und leistet sich keinen Fehltag. Krankheit und Haushaltssorgen aber hindern Herrn Ewald nicht, bei aufkommendem Durst ins Wirtshaus zu gehen, und der Durst kommt häufig auf.

Unbewußt lustig bemerkte der Richter, unsere Gesellschaft lege Wert darauf, daß es auch in der Familie hinhaue. Es oder leider er, Ewald, haute jedoch so oft hin, daß Frau Annelie schon einige Male die Volkspolizei alarmieren mußte. Einmal traute sie sich danach in der Nacht nicht nach Hause. Als Zeugin vor Gericht nahm sie das meiste als gute, wenn auch nicht angetraute Frau des Herrn Ewald wieder zurück. Sie bemerkte, es sei doch ganz hübsch, einmal nachts einsam durch Berlin spazierenzugehen.

Für seine vier Kinder, die er mit Frau Annelie hat, sei gut gesorgt worden. Ob er für jedes immer fünfzig Mark im Monat gezahlt hat – soviel Unterhalt legte das Gericht fest –, konnte Frau Annelie nicht mit Sicherheit bestätigen. Aber sie meinte: »Wir leben ja, als ob wir verheiratet seien, und es kommt alles in einen Topf, was wir beide verdienen.«

Doch für die beiden Mädchen von Trautchen sorgte er schlecht, weil er oft nur Schwarz- oder Grauarbeit macht. Jetzt ist Herr Ewald als Lagerarbeiter beim Großhandelskontor Obst und Gemüse tätig. Er hat eine leichte Arbeit; aber er nimmt sie auch allzusehr auf die leichte Schulter. Wenn er

dort arbeitet, so arbeitet er gut, er sei ein lieber und angenehmer Kollege. – Aber die Liste seiner Fehltage – »entschuldigt«, »unentschuldigt« oder »krank geschrieben« – ist gewaltig. Und im Jahre 1964 hat er keinen Pfennig für die Kinder
von Frau Trautchen bezahlt. Erst zwei Tage vor dem Termin
machte er eine kleine Überweisung.

Es war hier das einzig Sinnvolle, eine bedingte Strafe für
die Verletzung der Unterhaltspflicht auszusprechen. Aber sie
soll nominell eine lange und harte Strafe sein, acht Monate.
Während der Bewährungsfrist gibt es eine Bindung an den Arbeitsplatz, denn es geht nicht, daß ein Mann in unserer Ordnung wie ein Beduinenscheich herumläuft und im Caféhaus
sitzt, sich mit Giften in eine Traumwelt versetzt und dabei
seine Gesundheit ruiniert und blauen Dunst in die Welt bläst,
aber die Bürde des Lebens seinen Frauen auflädt.

Vater sein und werden
1956

Das Vaterwerden war ihm dreimal allzu leichtgefallen, doch Gefallen an seinen Kindern hatte
Heinz nicht. Er war ein hübscher,
etwas windiger Bursche, dem
trotz seiner 30 Jahre noch nie der richtige Wind um die Nase
geweht hat. Seine Frau Käthe hatte er mit zwei Kindern sit-
zengelassen und kam, rechtlich geschieden, seinen gesetzlichen Pflichten mehr schlecht als recht nach.

Da er aber (wie es Heine einmal von den Rheinländern
schrieb) »ängstlich um seine Fortpflanzung besorgt war«, be-
glückte er das Mädchen Gisela mit einem dritten, diesmal unehelichen Kind. Und dies Knäblein, Jürgen genannt, spielt in
unserer Tragikomödie als passiver und auch als positiver Held
die Hauptrolle.

Heinz wollte das Mädchen Gisela heiraten. Das sagte er ihr,
und er bekräftigte seinen Entschluß auch vor der Strafkammer
312 des Stadtbezirksgerichts Prenzlauer Berg in Berlin. Aber
Richter und Mütter unehelicher Kinder sind mißtrauische
Menschen. Manch bittere Erfahrungen hat sie gelehrt, mehr
auf die Taten zu sehen als auf Worte.

Wohl gingen Gisela und Heinz den Weg zum Standesamt,
aber zufällig hatte er seine Papiere zu Hause vergessen. Wohl
hatte Gisela – Frauen sind ja in den praktischen Dingen des

Lebens so viel energischer und erfolgreicher als wir Männer – eine Wohnung an der Hand. Heinz unterschrieb aber nicht. Er hatte gerade seinen Füllfederhalter verloren.

Heinz war Kellner, und Montag war sein Ruhetag. An einem dieser Montage (an dem er nicht nur ein moralischer, sondern leider auch ein strafrechtlicher Sünder wurde) war er mit Gisela verabredet, um endgültig den Mietvertrag zu unterschreiben.

Von seiner neuen Ehe, von dem Mädchen Gisela und von dem Knäblein Jürgen wollte aber Heinz' Mutter gar nichts wissen noch hören und sehen. Peinlich, denn Heinz wohnte bei seinen Eltern. Als nun an diesem Montag Gisela mit dem fünf Monate alten Jürgen erschien, wurde sie von der freundlichen Groß- und Schwiegermutter nicht eingelassen. »Heinz ist nicht da!« Sehr traurig ging die junge Frau zu einer Freundin, einer schwerkranken Frau, die in der Nachbarschaft von Heinz wohnte, und bat sie, den Kleinen eine halbe Stunde bei sich aufzunehmen.

Mehrmals suchte Gisela Heinz in seiner Wohnung auf. Die reizende Großmutter wurde grob, gab Gisela einen Stoß, so daß sie die Treppe hinunterfiel, schlug die Tür sehr hörbar zu. Noch einmal ging Gisela zur Freundin und bat sie, das Kind noch eine kleine Weile zu behüten; sie hatte die Hoffnung auf ihr Glück – oder besser auf das, was sie diesmal für ihr Glück hielt – nicht aufgegeben.

Die Kinder auf der Straße erzählten Gisela, daß ihr Heinz doch in der Wohnung sei. Aber sosehr sie auch seiner harrte, er kam weder heraus, noch kam er heim. Es wurde Abend, und es wurde Nacht. Als sie nun endgültig die Hoffnung begrub und ihr Kind holen wollte, um nach Hause zurückzukehren, fand sie die Haustür zur Wohnung ihrer Freundin verschlossen. Sie fuhr heim, ihr Kind in guter Obhut wähnend. Die Freundin hingegen konnte das Kind nicht über Nacht behalten, da sie ständig damit rechnen mußte, ins Krankenhaus eingeliefert zu werden. Um zehn Uhr nachts bat sie einen Volkspolizisten, mit ihr zu dem Vater, zu Heinz, zu gehen und ihn kraft seines Amtes zu veranlassen, für eine Nacht einmal Vater zu sein. Und siehe da, die Uniform bewirkte Wunder: Heinz war angeblich gerade jetzt nach Hause gekommen. Und der überraschte Vater übernahm unseren positiven Helden mitsamt dem Kinderwagen.

Kaum hatten die Freundin und die Staatsgewalt die Wohnung verlassen, da wurde die Großmutter bösartig.

Das Balg – sie meinte den netten kleinen Jürgen – solle keine Minute länger im Hause sein. Ihr Sohn möge sehen, wo er mit seinem Sohn bliebe. Heinz hatte zum erstenmal Gelegenheit zu zeigen, daß er ein Mann sei; Vater werden beweist schließlich noch gar nichts. Aber er war keiner, er folgte dem unmenschlichen Befehl einer bösen Frau. Er irrte mit dem kleinen Jürgen durch das nächtliche Berlin.

Er versuchte, die in Liebe empfangene Nachkommenschaft lieblos loszuwerden. Aber die Kinderheime und Kinderkrippen öffneten nachts um 11 und 12 Uhr nicht ihre Pforten für Neuaufnahmen. In diesem Falle sogar mit Recht. Auch das Präsidium der Volkspolizei hatte um diese Zeit für Nachwuchs gar kein Interesse.

In einem Hausflur in der Greifswalder Straße deponierte Heinz seinen Sohn, der von all den erregenden Vorgängen gar nichts bemerkt hatte und friedlich schlummerte. Ein hilfloses Kind ließ er ohne Obhut. In demselben Haus war auch ein Revier der Volkspolizei. »Welch ein Vertrauen zu unseren Staatsorganen bewies der Angeklagte!« plädierte in sehr bewegten Worten die sehr temperamentvolle Verteidigerin.

Ich schüttelte den Kopf und mußte an den alten Witz denken, den man von einem noch temperamentvolleren Advokaten erzählt. Er hatte einmal einen Mann zu vertreten, der seine Eltern ermordet hatte. »Meine Herren Geschworenen, ich bitte um Milde für meinen Mandanten. Bedenken Sie, er steht allein auf der Welt, er ist ein Waisenkind!«

Sicherlich, die Volkspolizei entdeckte noch in selbiger Nacht das schlummernde Kind, versorgte es in väterlicher Weise und schickte es am nächsten Morgen in eine Krippe. Durch den Rundfunk wurden die Eltern gesucht und auch schnell gefunden. Da Heinz außerdem noch ohne behördliche Erlaubnis von einem Westberliner ein Fahrrad gekauft hatte, erhielt er summa summarum eine Gefängnisstrafe von einem Jahr – in der Hauptsache wegen Kindesaussetzung.

Auf diese ungewöhnliche Weise wurde Heinz von der alten Volksweisheit belehrt, daß Vater sein schwer ist und ein Rabenvater schwere Strafe verdient.

Wild-
romantisch

1962

Herr Heinrich sitzt nicht am Vo-
gelherd – wie es in einem alten
deutschen Lied heißt –, er sitzt
auch nicht froh und wohlgemut,
nein, er muß vier Monate sitzen;
das ist eine umständliche und nicht immer erfreuliche Geschichte aus den wildromantischen Tälern des Harzes.

Dort, wo Heinrich Vogeler harmlosen Vergnügen nachging,
oder besser: nachsaß, in Quedlinburg, hat auch unser Herr
Heinrich seine Braut. Und sie wird nicht sehr glücklich sein,
wenn sie über das Treiben ihres Heinrich etwas erfährt, das
nur sehr hinterhältige Menschen mit der Liebhaberei des Königs in Verbindung bringen könnten.

Einiges hat sie ihm schon verziehen. In Hasselfelde, dem
kleinen Harzstädtchen, das angeblich wegen einiger böser
Übergriffe von Bergknappen auf ein Nonnenkloster im Mittel-
alter vom Kaiser in Acht und vom Papst in Bann getan wurde,
in Hasselfelde also lebt ein kleines Büblein, dessen Vater Herr
Heinrich ist.

Und in einem anderen Städtchen an der wilden Bode wohnt
ein genau gleichaltriges Mädchen, das seinen Ursprung auch
von unserem Herrn Heinrich herleitet – an der Bode, die wiederum ihren Namen von dem böhmischen Riesen Bodo haben
soll, der einem Hünenkind Gewalt antun wollte und von der
Roßtrappe in die seither schäumende Bode stürzte.

Wie man sieht, es tat und es tut sich etwas in dieser Hinsicht in den wildromantischen Tälern des Harzes.

Unser Herr Heinrich ist fast ein Hüne von Gestalt, er ist Arbeiter in einem Kalkbruch, das »Moos« ist bei ihm nicht
knapp, und da er einen »Trabant« besitzt, kann man sich erklären, wie es, technisch gesehen, möglich war, in so weit ausein-
anderliegenden Städtchen fast zu gleicher Zeit für gleichaltrigen Nachwuchs zu sorgen.

Tatsächlich sorgt er auch heute für sie. 95 Mark seines Mo-
natsverdienstes wendet er auf für die kleinen Trabanten.

Eines Nachmittags, als Heinrichs Brigade Überstunden ab-
bummeln wollte, saßen er und alle seine Freunde in der Kon-
sum-Betriebsverkaufsstelle ihres Kalksteinbruchs in Rübeland
und spülten sich mit Lagen Lagerbieres den Kalkstaub von ihren Gurgeln.

Ein junges Mädchen, Hella – schwarz war ihr Haar, schwarz

war ihr Aug, leicht ihr Gewicht und auch ihr Sinn –, servierte freundlich, und Herr Heinrich glaubte, nicht zu Unrecht, daß er »Schlag« bei ihr habe. Schon einmal hatte er sie, die so sehr in festen Händen war, ins Kino eingeladen. Aber beide waren damals nicht hingegangen.

An diesem Nachmittag ging in der Konsum-Betriebsver-kaufsstelle das Bier aus. Heinrich und seine Freunde wollten in einem Gasthaus nebenan weiter ihre Gurgeln reinigen, vor-her hatten sie bei Hella noch Schnitzel bestellt, und Hella ser-vierte sie ihnen nun dort in dem anderen Gasthaus – es gibt doch Kundendienst beim Konsum.

Sie blieb auch eine Stunde, einen süßen Kirsch trinkend, bei der Brigade sitzen, während ihrer Arbeitszeit. Hella war zweifellos in der Kundenbetreuung ein wenig zu gewissen-haft. Dann ging sie in ihre Verkaufsstelle zurück, hatte aber vorher Heinrich, dem in Quedlinburg verlobten Herrn Hein-rich, versprochen, später wieder zurückzukommen. Ihre Ver-kaufsstellenleiterin warnte sie, ihr Freund, der sie erwartete, könne das übelnehmen. Aber im Konflikt zwischen dem Ver-sprechen an Herrn Heinrich und dem Versprechen an Freund und Kollegin siegte der Leichtsinn.

Bald gingen Hella und Heinrich zusammen fort; ob er sie an der Hand gefaßt hat, blieb vor Gericht ungeklärt. Er pries sich als erfahren und verschwiegen in den Dingen der Liebe. Sie erwiderte, der ihre sei auch kein schlechter Kerl. Was nie-mand behauptet hatte.

Dann hob der Hüne Heinrich das leichte Mädchen auf und trug es etwas vom Wege ab. Sie strampelte mit den Beinen und sagte: »Ach, laß das doch.« Aber leider so leise, daß es die Menschen auf der belebten Straße nicht hören konnten. Die Aussagen Heinrichs und Hellas über den weiteren Verlauf des Abends widersprechen sich in vielen Dingen. Ob sie nur an diesem Abend nicht wollte oder überhaupt nicht, dieser Zwei-fel blieb im Raum.

Das Gericht und selbst der strenge Herr Staatsanwalt neig-ten mehr zu Heinrichs Version. Hella hatte zwar eine morsche Holzlatte eines Gartenzaunes in ihrer Abwehr umgerissen. Aber ich glaube nicht, daß sie ihrem Rosse – wie weiland das Hünenkind – die Sporen gegeben hatte, um sich über Felsen und Abgrund auf das andere Ufer der Bode zu retten.

Herr Heinrich hatte sie wohl gegen ihren Willen unfein angefaßt, aber er hatte nicht seine überlegenen Kräfte zu Schlimmerem mißbraucht, als er merkte, daß seine Liebe an diesem Abend nicht erwidert werden sollte. Sie saßen nach vergeblichem Liebesmühen friedlich im Grase und sprachen von diesem und jenem. Ob sie sich an diesem Abend zu einem späteren Zusammensein verabredet hatten, konnte auch vom Gericht nicht geklärt werden.

So war es recht und billig, daß der Staatsanwalt seine ganz bittere Anklage fallenließ und auch das Gericht unseren Herrn Heinrich nur wegen tätlicher Beleidigung verurteilte.

Wohl ereignete sich dies alles in Rübeland, und dieser Name soll von Räveland gleich Räuberland kommen. Die zehn Raubburgen dort sind verschwunden, die Raubritter sind vergessen, aber ein wenig von der Herrenmoral, von dem Herrenrecht scheint in Heinrich zurückgeblieben zu sein. Er ist kein Räuber, er arbeitet vorbildlich, bei seiner Brigade ist er beliebt.

Wir wollen ihn nicht wegen seiner Übergriffe in Acht und Bann tun. Hart zufassen soll er beim Kalksteinbruch, aber zart sein zu den Frauen. Er muß sie achten lernen, sonst wird unsere Gesellschaft ihn hart anfassen.

Aus Gründen der Moral, und nicht nur aus diesen, wäre es Heinrich zu empfehlen, in Zukunft nur zärtlich mit seiner Braut in Quedlinburg zu sein; sonst wäre er bald genötigt, bei einem Familienausflug seinen Trabant gegen einen mittelgroßen Ikarus einzutauschen.

Wenn die Liebe schwindet

Engelsexisch

1962

Sie ist ein rundliches Engelsgesicht, er beim Referat Steuern. Sie hat mit Fischen zu tun, er mit Abend- und Fernstudium. Sie tanzt gern und redet viel, er sieht gern fern; wenn er zu Hause ist, dann ist er ganz häuslich, zu häuslich, was ihr wieder ein Graus ist, ganz gräuslich.

Ist er aber zur Prüfung in Berlin, dann glaubt sie, daß er, der zu Hause ein Gefrierfisch ist, dort unter fremder Glut auftaut. Ihn wiederum ärgert, wenn sie mit einem anderen tanzt; selten genug, daß sie zusammen ausgehen.

Harri, der kleine, schwarzgelockte, stupsnäsig lustig aussehende Steuerreferent mit dem großen Wissen von Zahlen und Veranlagungen, sitzt stumm wie ein Kabeljau und träg wie ein Karpfen neben seinem Engelsgesicht. Er nickt wohl zustimmend, wenn ein fremder Kavalier nach altem feudalem Brauch ihm seinen Bückling macht und den Herrn fragt, ob es gestattet sei, mit der rundlich blonden Klarissa zu tanzen.

Zu Hause aber gibt ihr Harri lange nachher nach Art einer Steuereinschätzung Bescheid; über die berufsbedingten Ausgaben beim Besuch einer Tanzgaststätte und über die schlechten Manieren von gewissen Tanzkavalieren, die sich allzuviel aus einer begünstigten Tangotätigkeit herausgenommen hätten. Das sei Gefahrenklasse drei für den Stand der Ehe; er lege Beschwerde gegen ihre Art zu tanzen ein und begründet diese Beschwerde – das Fernsehen vergessend – in einer ausgedehnten Frist von mehreren Stunden.

»Wie du knurrst und lachst und brütest,
wie du dich verdrießlich windest,
wenn du, ohne selbst zu lieben,
dennoch Eifersucht empfindest«

hat einmal Heinrich Heine in ähnlicher Situation gedichtet.

Vielleicht ist es nicht ganz so schlimm mit dem Bestand der Liebe – mit der Eifersucht aber ist es schlimmer – bei beiden. Und da kommt es vor, daß er ihr bei solchen Szenen einen Stoß verpaßt – liebenswürdig –, und in Sachsen nennt man das einen Schlenkrich, und sie erwidert auch auf engelsächsisch und engelsexisch: »Da hab' ich ihm ein paar geklebt.«

Der Jahreswechsel kam. Und dieser Termin ist nicht nur eine Belastung für den im Fischhandel Tätigen, er ist ebenso eine schwere Belastung für die Referenten des Finanzaufkommens. Dieser Tag hat nicht nur schicksalhafte Bedeutung für Millionen Karpfen, die geschlachtet und ausgenommen werden, auch für Millionen von Steuerpflichtigen. Wahrscheinlich ein Grund für beide, nach des Jahres Mühen und des Tages Plage das neue Jahr beschaulich und ruhig zu begrüßen.

Sie hatten nur ein befreundetes Ehepaar eingeladen, die beiden Kinder zu Bett gebracht; das älteste, für dessen Sorge Klarissa allein verantwortlich ist, war nicht zu Hause. Eine Bowle war angesetzt, eine Flasche Sekt stand im Kühlschrank, Mützchen, Konfetti und Luftschlangen waren bereitgelegt. Kurzum, alle üblichen Requisiten waren vorhanden, um Fröhlichkeit heranzuzaubern, die durch fehlende Heiterkeit des Gemüts nicht von selbst kommen konnte.

Aber es kamen nicht nur die Freunde, es kamen Verwandte, kamen Freunde der Verwandten und Verwandte der Freunde. Alle tranken aus der Bowlenschüssel, setzten Papiermützchen auf, warfen Konfetti auf den deutschen Perser, ringelten Luftschlangen über die Armleuchter, brannten Löcher in die Tischdecke, zerbrachen die schlanken Sektgläser, Männer küßten Klarissa, und Harri kuschelte sich zu fremden Frauen, und dann trockneten sie sich noch die feuchten Hände an den Übergardinen ab, kurzum, es war eine echte, schöne Silvesterstimmung im altdeutschen Stil.

Gegen zwei Uhr bemerkte unser Engelsgesicht, daß ihr stiller Harry verschwunden war und mit ihm auch sein bester Freund. Klarissa und ihre Freundin gingen, sie zu suchen.

riet schon Heinrich Heine, aber in den Wirtshäusern der Umgebung war von Harri und seinem Freund keine Spur.

»Such ihn nicht im Kollegium,
such ihn beim Glas Tokaier«

Und die beiden gingen zu Mamsell Meier.

Auch Mamsell Meier, die Lebedame der Wohngegend, beteuerte hoch und heilig, Harri und seinen Freund an diesem Abend nicht gesehen zu haben, und Mamsell Meier klagte, sie sei am Silvester so allein, und Klarissens gutes Herz wurde weich.

Mamsell Meier ging mit, und nach kurzer Zeit erschienen auch wieder die verschwundenen Ehemänner. Klarissa auf der einen und Mamsell Meier auf der anderen, so nahmen sie Harri in die Mitte.

Und da bemerkte unser Engelsgesicht, daß die beiden sich doch schon im neuen Jahr gesehen hatten. Wir sind fest davon überzeugt, daß er sie wegen ihres Einkommens aus freiberuflicher Tätigkeit steuerrechtlich einschätzen wollte.

All das hätte Klarissa, das Engelsgesicht, noch hingenommen. Aber als Harri in einem Anflug von sächsischem Charme ihr erklärte: »Sieh einmal, Klarissa, wie schön Mamsell Meier ihre Haut pflegt und wie angenehm die rotlackierten Fingernägel sind«, da warf unser Engelsgesicht die Freunde und Verwandten, die Verwandten der Freunde und die Freunde der Verwandten und die nicht verwandte und nicht befreundete Mamsell Meier kurzerhand hinaus.

Und dann zog das erste Gewitter des neuen Jahres heran. Das Engelsgesicht sagte wahre und bittere Worte. Das habe sie davon, daß sie mitverdiene und mitarbeite, Schellfische und Heringe verkaufe im Konsum und nicht Zeit habe, ihre Fingernägel zu lackieren wie so eine. Der ruhige Harri gab ihr den bekannten Schlenkrich und stieß Klarissa an den Ofen, und da griff sie in ihrem Zorn zu einem kleinen Küchenmesser.

Die Wunde in Harris Rücken war nur einen Zentimeter tief; er hatte überhaupt nicht gemerkt, daß der Schmerz im

Rücken von einem Stich herrührte. Er markierte, auf den Boden fallend, den Schwerverletzten. Klarissa glaubte, sie habe ihn tödlich verletzt, alarmierte sofort die Volkspolizei. Harri konnte mit einem Pflaster im Rücken noch in derselben Nacht von der Rettungsstelle nach Hause entlassen werden. Klarissa wurde erst in den Morgenstunden des neuen Jahres von der Volkspolizei freigegeben.

Das Engelsgesicht, von Scham und Reue erfüllt, bot ihrem Harri sofort die Scheidung an; Harri, voller Reue und Scham, bat sie zu bleiben. Vor Gericht, als schuldbeladener Zeuge, versprach er, nie mehr von diesem Messerstich zu sprechen, mit der Erwähnung der gefährlichen Körperverletzung nicht die schon verletzte Ehe zu gefährden.

Das Gericht mußte seines Amtes walten. Der Mann soll den Stich vergessen, das Gericht aber setzte ein Jahr als Frist, und danach soll auch für die Gesellschaft die Sache abgetan sein. So lange muß Klarissa sich bewähren, und die vier Monate Gefängnis bleiben, wenn sie sich in diesem Jahr bewährt, eine Strafe auf dem Papier und keine Strafe, die in der Zelle zu verbüßen ist.

Und in Zukunft, Harri? Sieh nicht so viel fern, schau auch Klarissa an. Denk nicht nur an die Steuerveranlagung, denk auch an die Veranlagung deiner Frau. Sie hat genug mit kalten und stummen Fischen zu tun im Konsum. Zu Hause braucht sie einen Mann.

Wo sind deine Eltern?

1962

Die Frage des Vorsitzenden ist für Herrn Schulz völlig absurd – wir wollen den Angeklagten Herrn Schulz nennen, aber er heißt, auf Ehre, ganz anders: »Wann sind Sie das letzte Mal mit Ihrer Frau und Ihren Kindern spazierengegangen?« Die Frage ist für ihn so unverständlich, als ob der Vorsitzende sie auf arabisch gestellt hätte.

Dieser kleine Herr Schulz mit dem zarten, faltenreichen Gesicht einer alten Frau hat keinen Sinn für seine Familie. »Ich wollte ja keine Kinder haben«, sagte er klagend vor Gericht, und als er sie hatte, betrachtete er sie einfach als nicht vorhanden. Fast genauso geht er mit seiner Frau um, nicht ganz so, sonst weiß ich nicht, wie er zu den Kindern gekommen ist.

Er ist nicht gut, dieser Herr Schulz, ganz schlecht ist er auch nicht. Sein Strafregister ist sauber, seine Wäsche leider nicht; er arbeitet als Hilfsarbeiter im graphischen Gewerbe, aber er trinkt, dreimal hat ihn schon der Amtsarzt in eine Trinkerheilanstalt eingewiesen. »Man hat dort nichts mit mir gemacht.« So beklagt er sich noch vor Gericht. Er merkt nicht, und er weiß nicht, daß letztlich ihm ein einziger Mensch helfen kann; nur er und sein Wille.

Seine Frau kann es nicht. Sie ist mit ihm angeklagt, sie hat die gleiche blasse Gesichtsfarbe, ohne Kraft, ohne Saft, gebückt sitzt sie neben ihm. Sie ist wohl zwei Köpfe größer als er, sie ist viel jünger als der 53jährige Trinker, sie hat ihn sicher nicht aus Liebe geheiratet, denn an Herrn Schulz ist auch beim genauesten Hinsehen nichts Liebenswertes zu entdecken; vielleicht wollte sie, daß ihr außerehelicher Sohn durch ihn einen Vater bekäme. Und er hat ihn bekommen, aber was für einen! Dieser Sohn ist ein schlimmerer Ankläger als der Herr Staatsanwalt.

Auch er hatte als Kind unter den widrigen Familienverhältnissen zu leiden. Er konnte nur in einer Sonderschule unterrichtet werden; heute, als Siebzehnjähriger, ist er ein gutaussehender, gepflegter junger Mann, der in seinem Beruf etwas leistet. Trotz seines schlechten Elternhauses, trotz seiner mangelhaften Schulbildung, trotz seiner häuslichen Umgebung hat die Gesellschaft ihn zu einem tüchtigen und ordentlichen Menschen geformt. In seiner Kindheit hat er schlimme Sachen gemacht, er war genauso unerzogen wie heute seine vier kleineren Geschwister. Wegen Vernachlässigung dieser Kinder sind Herr und Frau Schulz angeklagt.

Der siebzehnjährige Sohn wollte seine Mutter veranlassen, sich von ihrem Mann – von Herrn Schulz, wie er immer sagt – zu trennen. Er hat sogar einmal eine Bandaufnahme gemacht, als der Betrunkene nach Hause kam, von seinen wiederwärtigen Fluch- und Schimpfworten. Und vor Gericht legt er diese Bandaufnahme als Beweisstück vor. Er schont auch seine Mutter nicht, er klagt sie an, die Geschwister vernachlässigt zu haben, offensichtlich sagt er vor Gericht so aus, weil er verärgert ist, daß sie sich nicht von Herrn Schulz getrennt hat, wie er es wollte, wie er es geraten hatte.

Bei genauem Abwägen hat Frau Schulz sich gewiß mehr um die vier Kinder gekümmert als ihr Mann. Doch die beiden

Schulpflichtigen, der Acht- und der Elfjährige, haben oft wochenlang die Schule geschwänzt. Herr Schulz wußte davon nichts, er hat sich nie darum gekümmert. Er wußte auch nicht, ob und wann seine Kinder sitzengeblieben sind. Frau Schulz fand wohl nicht die Energie, pünktlich aufzustehen und die Kinder zur Schule zu bringen. Sie hat sie auch nicht sauber gewaschen, nicht einmal in den Tagen und Wochen, als sie selber nicht berufstätig war. Zweimal, im Winter, kam es vor, daß die beiden Schulpflichtigen nachts nicht in die Wohnung konnten, weil Frau Schulz stundenlang bei einer Nachbarin saß.

Einmal mußte der Abschnittsbevollmächtigte, ein andermal der Hausvertrauensmann die Wohnung mit einem Nachschlüssel öffnen, um die Kinder in die Stube zu lassen. In den kalten Räumen waren die beiden Kleinsten nicht zu Bett gebracht worden.

»Sag mal«, fragte der Abschnittsbevollmächtigte den Kleineren, »wo sind deine Eltern?«

»Ich weiß es nicht«, sagte der Achtjährige, »ich glaube, sie sind saufen.«

Auch duldeten beide, Vater und Mutter, daß die schulpflichtigen Jungen Roller, die ihnen nicht gehörten, von der Straße mitbrachten und in der Wohnung aufbewahrten. Sie stellten die Kinder nicht zur Rede, sie fragten nicht nach dem Woher, sie lieferten die wertvollen Spielzeuge nicht bei der Polizei ab. Ja, selbst zur Gerichtsverhandlung erschien Frau Schulz unpünktlich.

Der Elfjährige muß trotz seiner normalen Begabung eine Sonderschule besuchen. Er ist heute noch nicht in der Lage, seinen Namen zu schreiben, weil er durch die häusliche Misere in der Schule nicht mitgekommen war, weil er ihr monatelang ferngeblieben war. Der Junge getraute sich auch nicht, zum Turnen zu gehen, weil er kein sauberes Unterzeug anhatte, so erzählte die Lehrerin.

Frau Schulz hat die Kinder meist sogar ohne Brote zur Schule geschickt. Neidisch mußten sie in der Pause auf die anderen sehen, bis die Lehrerin dafür sorgte, daß die beiden verpflegt wurden. Frau Schulz behauptete, sie habe von ihrem Mann nicht genug Geld bekommen. Zweifellos war es für sie sehr kritisch in der Zeit, als er zu einer Entziehungskur war. Aber auch dann, wenn genug Geld im Hause war und wenn

Frau Schulz mitarbeitete, wie sie es in der letzten Zeit tat, war oft kein Geld da. Frau Schulz konnte und kann mit Geld nicht wirtschaften. In der Gegend war bekannt, daß sich die beiden Jungen, der Acht- und der Elfjährige, Lebensmittel in den Selbstbedienungsläden stahlen.

»Es muß uns einer angeschwärzt haben«, war die Meinung des Herrn Schulz zur Anklage. Es war der Ersatz für ein Schuldbekenntnis. Zu lange hat man dem Ehepaar das Sorgerecht für die vier Kinder überlassen. Die Zustände, das Trinken des Vaters, das Schwänzen des Unterrichts, die Vernachlässigung in der Pflege waren schon lange bekannt. Erschwert wurden allerdings die Maßnahmen, das soll auch um der Gerechtigkeit willen mitgeteilt werden, weil die Familie sehr häufig die Wohnungen wechselte und immer ein anderer Bezirk und immer ein anderer Jugendfürsorger für sie verantwortlich wurde. Heute sind die vier Kinder in Heimen untergebracht. Und das Ehepaar, das so wenig für die eigenen Kinder getan hat, steht vor Gericht wegen Vernachlässigung der Aufsichts- und Fürsorgepflicht.

Herr Schulz hat ein Jahr und drei Monate, Frau Schulz hat ein Jahr Gefängnis dafür bekommen, jeweils bedingt mit einer Bewährungsfrist von drei Jahren.

Aber damit ist das Problem dieser Ehe nicht gelöst. Wir haben kein Patentmittel, ihnen zu helfen. Ist Herrn Schulz überhaupt zu helfen? Sein Betrieb will ihn nicht aufgeben, im großen und ganzen leistet er, wenn er nüchtern ist, ordentliche Arbeit. Frau Schulz könnte es bestimmt schaffen, aber in ihr müßte die Lebensfreude geweckt werden. Vielleicht wäre ihr zu raten, doch die Ehe, die nie eine Liebesehe war, jetzt auch aus Vernunftsgründen zu lösen. Hier wäre eine Scheidung im Interesse der Kinder vielleicht das Gegebene – aber das kann einzig und allein Frau Schulz entscheiden.

Das Gute schlummerte – das Böse wurde geweckt

1959

Es wurde bei Horst so viel unterlassen, daß man sich hätte wundern müssen, wenn er nicht gestolpert wäre. Es geschehen aber leider keine Wunder.

Das erste Unglück traf ihn, als seine Augen 1945 die Dämmerung einer zusammenbrechenden Welt erblickten. Da kam sein Vater auf den Todesfeldern der zu Ende gehenden Weltkatastrophe um. Die Mutter, eine junge, lebenslustige Frau, gab den kleinen Horst ihren Eltern zur Pflege. Sie heiratete 1947 wieder. Jetzt hätte sie für Horst sorgen können, aber der Stiefvater wollte den kleinen Jungen nicht bei sich haben. So wuchs der Junge bei den Großeltern auf. Die Mutter kümmerte sich sehr wenig um ihn. Vielleicht kam sie alle vier Wochen einmal, wahrscheinlich aber viel weniger. Nur einige Monate in seinen vierzehn Jahren lebte Horst im Haushalt der Mutter. Der Stiefvater zeigte eine so unverhohlene Abneigung, daß Horst wieder zu seinen Großeltern gebracht werden mußte.

Das natürliche Gefühl des Jungen, die Liebe zur Mutter, schwand. Haß gegen die Ungetreue wuchs in seinem Herzen. Die zwei Schwestern der Mutter, die eine viel jünger als sie und im Haus der Großeltern lebend, boten einen schwachen Ersatz. Sie waren meist mit sich selbst beschäftigt. Horsts Alter: vierzehn Jahre und drei Monate, der Großvater ist zweiundachtzig. Es würde eine überdurchschnittlich große pädagogische Begabung dazugehören, einen derartigen Altersunterschied zu überbrücken.

Horst ist ein großer, hübscher Junge mit dunkelbraunem, krausem Haar, einem etwas frechen Mund, einer lustigen Stupsnase. Vor Gericht hat er den üblichen Armesünderblick fest auf den Boden gerichtet. Er spricht klug und gemessen, wirkt älter, vielleicht sechzehn, siebzehn Jahre.

In der Schule hatte er gerade das Ziel der fünften Klasse erreicht. Er ist im Juli abgegangen und sollte im September eine Lehrstelle antreten. Es wäre ihm möglich gewesen, daß Ziel der achten Klasse zu erreichen, das gibt er zu. Er sagt selber, daß er immer faul war. Unter richtiger Anleitung, so glaube ich, hätte er vielleicht sogar das Abitur geschafft. Hätte jemand seinen Ehrgeiz in die richtige Bahn gelenkt, könnte er auch im Sport etwas leisten. Aber all diese Möglichkeiten schlummern ungeweckt in ihm.

Schon als Dreizehnjähriger fing er an, sich herumzutreiben, zu rauchen und zu trinken. Er wurde damals noch als Strafunmündiger zu mitternächtlicher Stunde bei einem versuchten Kioskeinbruch ertappt. Leider versäumte es die Volkspolizei, dem zuständigen Referat Jugendhilfe einen Hinweis zu geben. Eines der vielen Versäumnisse in Horsts Leben. Die Tanten und die Großeltern – von der Mutter ganz zu schweigen – ließen alles so laufen. Es war üblich geworden, daß der nun Vierzehnjährige nachts um elf, ja zwölf Uhr nach Hause kam, oft sogar betrunken. Die wenigen Ermahnungen nutzten nichts.

In den Wochen zwischen Schulabgang und Beginn der Lehre trieb sich Horst viel an den Bahnhöfen Berlin-Biesdorf und Lichtenberg herum. Jungen in seinem Alter schließen sich gern an einen älteren Freund an, an ein Vorbild, dem sie nacheifern, das sie übertreffen möchten. Horst fand an diesen Bahnhöfen auch zwei Freunde. Der eine ist dreißig, der andere neunzehn Jahre als. Der Dreißigjährige imponierte ihm ganz gewaltig, er hatte schon sechs Jahre im Gefängnis gesessen, war verheiratet, verdiente jetzt als Bauarbeiter sehr gut. Natürlich will unser Vierzehnjähriger ihm auch imponieren, und so sagt er eines Tages dem Dreißigjährigen: »Man müßte einmal jemandem eine vor den Latz knallen, viel Geld machen und dann nach Westdeutschland abhauen und später in die Fremdenlegion.«

Daß Horst ein eifriger Besucher der westlichen Grenzkinos war, ein Leser von Groschenromanen, das braucht nach diesen Bemerkungen eigentlich nicht erwähnt zu werden.

Was hier ein Vierzehnjähriger so leicht hingesagt hatte, um durch seine Forschheit zu imponieren, wurde von den Erwachsenen ernst genommen. Der Neunzehnjährige machte Einwände, seine Freundin erwarte ein Kind, und er wolle lieber hierbleiben.

Einige Tage später, gegen elf Uhr nachts, sitzen die drei in einer Kneipe, draußen in einem kleinen Berliner Vorort. Ein älterer Mann sitzt am Nebentisch, er wirkt betrunken. Das wäre so einer, sagt der Neunzehnjährige, der eigentlich gar nicht mitmachen wollte.

Als der Mann das Lokal verläßt, gehen die drei hinterher.

Nun veranlaßt Horst den Dreißigjährigen zum Handeln. Der stürzt von hinten auf den Mann, nimmt ihn in den Schwitzkasten. Horst hält ihm den Mund zu, und der Neunzehnjährige zieht ihm die Brieftasche. Sie finden ganze zehn Mark. Der Mann bettelt um die Brieftasche, dort trage er wichtige Medikamente für sich. Sie geben ihm die Brieftasche zurück.

Der Dreißigjährige, der so viel Gerichtserfahrung hat, weiß, daß die Beute in keinem Verhältnis zu der Schwere der Tat steht, und will dem Mann auch die zehn Mark zurückgeben. Aber der Mann hat Angst und sagt: »Nein, die könnt ihr behalten.«

Die drei legen den Raub in einigen Bockwürsten und Zigaretten an. Wenige Tage darauf werden sie festgenommen. Horst kommt allein vor das Jugendgericht. Schwerer Raub (zur Nachtzeit auf öffentlichen Wegen und gemeinschaftlich verabredet) heißt die Anklage.

Was soll nun mit Horst geschehen? Er ist strafmündig. Er wußte, was er tat, aber er ist nicht allein der Schuldige. Schuldig ist in erster Linie die Mutter, die sicherlich wegen Vernachlässigung der Aufsichtspflicht noch bestraft werden wird. Schuldig sind auch die Gastwirte, die einem vierzehnjährigen Burschen regelmäßig Bier ausschenkten. Auch sie sollten durch eine empfindliche Strafe auf die Verordnung zum Schutze der Jugend hingewiesen werden.

Die Jugendstaatsanwältin beantragte für Horst einen Freiheitsentzug von zwei Jahren. Sie wollte mit ihrem Antrag erreichen, daß Horst in einem festen Jugendhaus den versäumten Schulunterricht nachholen kann, daß er gleichzeitig in dieser Zeit eine richtige Lehre durchmacht. Sie war der Meinung, daß eine Heimerziehung im Jugendwerkhof für Horst nicht das geeignete Erziehungsmittel ist. Dort könne er allzu leicht türmen, und Horst müsse vor den Fängen der Fremdenlegion beschützt werden.

Das Gericht fand die beantragte Strafe für den Vierzehnjährigen zu hoch. Es setzte einen Freiheitsentzug von anderthalb Jahren fest.

Zufrieden über die Art und Höhe der Strafe kann der Zeuge in dieser Sache nicht sein, obwohl er ihre Notwendigkeit einsieht. Aber erst seit in Berlin keine Büros der Fremdenlegion mehr zugänglich sind, erst seit wir die Garantie geschaffen haben, daß die westlichen Stellen Jugendliche gegen den Willen ihrer gesetzlichen Vertreter nicht mehr nach Westdeutschland ausfliegen, können Erziehungsmaßnahmen in einem solchen Falle anders aussehen.

Betrug und Selbstbetrug

1964

»Ich habe meinen Mann doch so geliebt.« Jetzt haßt sie ihn, sie schiebt alle Schuld auf ihn. Warum? Ist er schlechter geworden, sie besser? Nein, so schnell geht das nicht. Sie haßt ihn, weil nun alles ans Tageslicht gekommen ist, weil der Rausch vorbei ist, weil jetzt viele Jahre der Ernüchterung und Trostlosigkeit bevorstehen.

Frau Erika ist klein, fast dicklich, unscheinbar. Sie hat einen kaufmännischen Beruf erlernt, kam in sehr jungen Jahren zum Deutschen Fernsehfunk, in die Studiotechnik, die wie alle technischen Anlagen unseres Radios und Fernsehens dem Ministerium für Post- und Fernmeldewesen untersteht. Sie galt als tüchtig, war beliebt; sie verdiente 550 Mark.

Er, Horst, ist ganz anders, groß, schlank, eine glänzende Figur, schwarzbraunes Haar, energisch aussehend, ein auffallend gut anzuschauender Mann. Er ist gelernter Steinmetz, macht aber von seinem Beruf wenig, ja gar keinen Gebrauch. Er hat vor dem 13. August 1961 im Westen gearbeitet, doch auch das nur sehr unregelmäßig. Danach besorgte er sich hier schnell Arbeit, um nicht aufzufallen. Ab November 1961 hat Horst das Arbeiten überhaupt ganz aufgegeben. Grund: »Was soll ich Ihnen da erzählen, ich habe eben nicht mehr gearbeitet«, so sagt er vor Gericht, und er schämt sich nicht einmal. Er ist hauptberuflich ein Trinker, schon mittags um zwölf Uhr sitzt er in seiner Stammkneipe. Horst holt seine Frau abends von der Arbeit ab. Ihre beiden Kinder, vier und sieben Jahre alt, sind bei ihren und seinen Eltern untergebracht; sie zahlen für jedes Kind 50 Mark Kostgeld. Abends essen sie meist bei ihren Eltern, und dann gehen sie zusammen trinken, fast jeden lieben Abend; für durchschnittlich 15 Mark, manchmal auch 20, ja auch 30 Mark pro Abend.

Wenn sie gegen 23 Uhr nach Hause will, denn Frau Erika ist müde von der Arbeit, dann läßt er sich von ihr noch einmal 20 Mark geben und trinkt weiter.

Einmal im Monat haben sie auch Sinn fürs Höhere. Dann gehen die beiden mit der Serviererin ihrer Stammkneipe und deren Mann ins Theater, nein, sie fahren mit dem Taxi hin und her und besuchen danach noch ein Weinrestaurant. Die beiden Damen leisten sich eine Flasche Sekt, die Herren bleiben beim soliden Bier und Schnaps. Die Rechnung, die beide Ehepaare sich teilen: mindestens 50 Mark.

Dem Wirt in der Stammkneipe hat er erzählt, er arbeite als Steinmetz. Der kennt seine Hände und lacht und sagt: »So, Steinmetz biste und hast Hände wie eine Hebamme.« Er fragt nichts weiter und schenkt ein. Wenn an einem Abend Horst und Erika nicht bei ihm trinken, stimmt bei ihm die Weltordnung nicht mehr. Was mag wohl passiert sein?

Ich sehe Sie jetzt schon rechnen, wenn Sie das lesen. Die Rechnung geht nicht auf, und bedenken Sie noch, daß die Frau 50 Mark im Monat für Miete, Gas und Licht bezahlen muß, daß weitere 50 Mark Möbelabzahlungen zu leisten sind. Nein, wenn man so über seine Verhältnisse lebt, dann kann man sich selbst ausrechnen, wann man pleite ist.

Frau Erika ist beim Fernsehen, Studiotechnik, verantwortlich für Reisekostenabrechnungen. Wenn vom Fernsehen ein Ü-Wagen, ein Übertragungswagen, losgeschickt wird, irgendwohin in die Republik, um ein Ereignis aufzuzeichnen oder eine Direktübertragung zu senden, dann brauchen die Mitarbeiter Reisekostenvorschuß. Nach Beendigung des Auftrags müssen sie dann mit Frau Erika abrechnen. Es gibt viele Ü-Wagen beim Fernsehen. Oft wird eine Reise auch geplant, Reisekostenvorschuß von Frau Erika gezahlt, und die Reise findet nicht statt. Genauso häufig aber kommt es vor, daß plötzlich ein Ü-Wagen zu einem Ereignis losgeschickt wird, ohne daß die Fahrt von langer Hand geplant war. Frau Erika hat die Aufgabe, die Reisekostenvorschüsse anzufordern, auszubezahlen, hinterher die Abrechnung mit den Kollegen aufzustellen, die Belege zu prüfen und das verbliebene Geld an die Kasse abzuführen.

Schon im Jahre 1960 fängt Frau Erika an zu schummeln. Sie erledigt ihre Abrechnungen schleppend, sie zahlt den Teil der Vorschüsse, der zurückgebracht wurde, nicht sofort an die Kasse zurück, sondern steckt ihn ein und verbraucht ihn. Sie unterschlägt das Geld, aber sie zahlt die Summe dann später ein, stopft das Loch und reißt ein neues und immer größeres auf. Revisionen bemerken wohl, daß zu langsam abgerechnet wird, und machen, ohne gründlich zu prüfen, den Kollegen der Übertragungswagen Vorwürfe. Natürlich kann das nicht ewig so weitergehen. Es besteht eine Regelung: Vorschüsse werden gegeben, wenn der Abteilungsleiter einen Reiseauftrag unterschrieben hat. Da sehr häufig plötzlich Aufträge erteilt werden und der Abteilungsleiter nicht da ist, besitzt Frau Erika Blankoaufträge, die vom Abteilungsleiter unterschrieben sind. Jetzt erfindet sie Fahrten, holt Vorschüsse und zahlt die dann zurück. Nun bemängelt eine Revision, daß die Kollegen der Ü-Wagen schon zweimal Vorschüsse bekommen haben, ohne den ersten abzurechnen. Das stimmt jedoch nicht, denn den zweiten Vorschuß hat sich Frau Erika geholt. Aber das wird nicht geprüft.

Als die Summen, die fehlen, immer größer werden, fängt Frau Erika an, Abrechnungen selbst zu machen. Sie fingiert Aufträge und fälscht die Unterschriften der Kollegen, und nun kann sie endlich ganz groß betrügen. Erst als im März 1963 das Ministerium für Post- und Fernmeldewesen eine andere Regelung einführt, kommt der ganze große Betrug heraus. Die neue Regelung besagt: Derjenige, der die Reisekostenvorschüsse überprüft, darf kein Geld in die Hand bekommen. Jeder, der einen Reisekostenvorschuß haben will, muß ihn persönlich an der Kasse abheben. Jetzt muß festgestellt werden, Frau Erika hat insgesamt die enorme Summe von 47 000 Mark Staatsgeldern unterschlagen und durch Betrug erworben. Und sie muß für sechs Jahre ins Zuchthaus, ihr Mann als Hehler zwei und ein halbes Jahr.

Es sind Gelder, die schwer erarbeitet wurden, Summen, die durch nächtliches Kopfzerbrechen vieler mühevoll eingespart worden waren. Hier wurden sie sinnlos vertan, durch die Kehlen von zwei Parasiten gejagt, von einem Mann, der das Gericht glauben machen wollte, er habe nichts von den Betrügereien und Unterschlagungen seiner Frau geahnt, er habe sich nie um Gelddinge gekümmert, und der meinte, alles das, was er ausgegeben habe, käme vom Gehalt seiner Frau, von 550 Mark monatlich.

Und sie, Frau Erika, nur aus hemmungsloser Liebe zu ihm sei sie da hineingeraten – aus Angst, ihn zu verlieren. Jetzt, da alles verloren ist, alles vertan ist, belastet sie ihn, und sie haßt ihn. Weit rückt sie auf der Anklagebank von ihm ab. Sie schiebt alle Schuld auf ihn. Hat sie ihn wirklich geliebt, den Mann, der am hellen Tag in der Kneipe saß und sein Leben ziellos verrinnen ließ? Es war keine Liebe, es war eine Illusion, Trägheit, Bequemlichkeit, Beharrenwollen in schlechten Gewohnheiten. Jetzt, da der Rausch vorbei ist und lange Jahre der Trostlosigkeit sie erwarten, sieht sie klar, und sie haßt.

Untreue
1961

Die Geschichte dieser Verfehlung ist die Geschichte einer Ehe. Als die Zuneigung zerrann, da waren die Hemmungen, der Ehrgeiz, das Streben und die Lebensfreude weggespült. Sie, Anna, heute allein geblieben und allein angeklagt, war die Seele vom Geschäft, das sagten alle. Eine tüchtige Frau; ihr Mann, Karl, blieb mehr im Hintergrund. Sie hatte auch richtig das Fach gelernt, die Wirtschaft, und sie konnte richtig wirtschaften. Seit 1957 führten sie beide die kleine HO-Gaststätte im Berliner Stadtbezirk Prenzlauer Berg an der breiten Ausfallstraße. Vorher waren sie schon drei Jahre lang erfolgreich in der HO-Gaststätte Weberwiese tätig gewesen.

Er machte den Objektleiter, sie den Stellvertreter. »Warum?« fragte die Richterin. »Nur Sie waren aus dem Fach!« Da antwortete Anna: »Sie wissen ja, wie die Männer heute so sind. Er wollte der Chef sein.«

Und sie ließ ihn den Chef spielen. Aber nur spielen. Die Arbeit machte sie. Es ist erwiesen, daß sie seit 1957 zwölf und vierzehn Stunden hinter der Theke stand. Und auch die Küche beaufsichtigte. Der Mann sollte die schriftlichen Arbeiten machen und die Besorgungen erledigen. Nicht einmal das tat er. Die Abrechnungen für den HO-Kreisbetrieb ließ er von einem Bekannten machen und zahlte ihm jedesmal zehn Mark dafür.

Die Gaststätte florierte. So viele Urkunden über Wettbewerbsprämien, vom Verteidiger vorgelegt, habe ich noch nie beisammen gesehen. Frau Anna wurde zweimal als Bestarbeiterin und einmal, im Jahr 1960, sogar als Aktivistin ausgezeichnet, wie es sonst nur Betriebsarbeitern zusteht.

Die Gäste fühlten sich wohl in der kleinen Bierstube. Und auch das Hinterstübchen war oft belegt. Betriebe, Verwaltungen, Verlobungen, Hochzeiten.

Mit den Kellnern, den Serviererinnen, der Mamsell, der Putzfrau und der Küchenhilfe war das Ehepaar richtig befreundet. Ohne daß sie es wußten und ohne daß sie es so nannten: sie waren ein Kollektiv geworden.

Im siebten Jahr aber geriet das alles aus den Fugen. Wer schuld daran war, kann heute keiner sagen, da jetzt Frau Anna allein dasteht und die Suppe auslöffeln muß.

Karl kaufte Ende 1962 ein Auto für 1 500 Mark, einen alten »Adler«. Schon dazu mußte er sich Geld von seinen Angestellten pumpen. Aber so ein billiges Auto können sich eigentlich nur Millionäre leisten. Und Karl und Anna waren keine Millionäre. Zusammen hatten sie mit ihren Umsatzprämien netto etwa 1 000 Mark. Das Auto stand aber mehr in Werkstätten als auf der Straße. Und Karl war mehr in fremden Gaststätten als in seiner eigenen. Frau Anna fühlte sich mehr zu einem Stammtisch von biederen Dachdeckermeistern hingezogen als zu Karl, dem oft angetrunkenen, also in jeder Weise fahruntüchtigen Gastwirt. Und so wurde ihm Anna mit einem aus der Runde untreu.

Mit den Kellnern und Serviererinnen rechnete Frau Anna jeden Tag sehr genau ab. Dafür gab es eine Registrierkasse, alles wurde gebont. Was aber an Zigaretten und Schnaps über die Theke verkauft wurde, ging über keine Kasse, wurde nicht gebont. Das verschwand in einer Schublade. Karl nahm daraus für sein Auto und seinen Durst. Frau Anna, die das sah, sagte nichts, nahm auch.

Montag war in der Gaststätte Ruhetag. Oft, allzuoft fuhr das veruneinigte Ehepaar in ein Dorf fern von Berlin, und da der alte »Adler« für Autoreisen nicht geeignet war, wurde jedesmal ein Leihwagen gemietet. Das kostete 100 Mark und mehr.

Der gute Ruf der Gaststätte war im Kreisbetrieb unerschüttert. Überraschungsinventuren brauchten Karl und Anna nicht zu fürchten. Sie kannten die Intervalle. Bevor eine Inventurgruppe kam, machten sie schnell eine Inventur über den Daumen. Sie schätzten ihr Manko, und dann pumpten sie sich Geld von ihren Angestellten, von der Putzfrau, von der Mamsell. Die wußten als Zeugen vor Gericht nicht, wofür das Ehepaar das Geld brauchte. Aber sie ahnten es.

Anfang November 1963 wurde eine Inventur gemacht, und da fehlten zum erstenmal in den Beständen Waren im Werte von über fünfhundert Mark. Herr Karl tat, als ob er verzweifelt sei, fand es unerklärlich. Schon am nächsten Tag hatte er die fehlende Summe eingezahlt. Das machte den HO-Kreisbetrieb zum erstenmal stutzig.

Er hätte schon eher stutzig werden müssen, denn direkt neben der Gaststätte hatte die Leitung des Handelsbereichs ihr Büro. Eine Instrukteurin wußte, daß Herr Karl immer häufiger betrunken war. Sie wußte, daß die Eheleute sich schlugen, daß Frau Anna sich nicht mehr nach Hause traute und bei der Mamsell übernachtete. Erstaunlich für mich war, daß das Gericht diese Instrukteurin nicht lud, obwohl in der Verhandlung Staatsanwältin und Verteidiger in seltener Übereinstimmung diese Ladung beantragt hatten. Es wäre bei der Vernehmung sicherlich einiges über die Mitverantwortung des HO-Kreisbetriebes an der Verlotterung der Gaststätte ermittelt worden.

In der Silversternacht hörten es die Kollegen vom betrunkenen Karl, der plötzlich lallte: »Wer soll bloß die sechstausend Mark bezahlen, woher soll ich sie nehmen, ich laß mich deswegen nicht einsperren.«

Am nächsten Tag schied Karl freiwillig aus dem Leben. Eine Inventur erbrachte ein Manko von über 5 600 Mark.

Frau Anna gibt zu, etwa 2 500 bis 3 000 Mark selber veruntreut zu haben. Sie hätte es sich leichter machen können, wenn sie alle Schuld und alle Unterschlagungen auf Karl geschoben hätte. Aber sie scheint jetzt ehrlich zu sein und hat sich damit abgefunden, die Hälfte der Schuld zu tragen. Auch das ist über den Daumen gepeilt; denn es gibt keine Möglichkeit, im einzelnen zu überprüfen, wann und wieviel Frau Anna genommen hat.

Die sechs guten, fleißigen Jahre in derselben Gaststätte wiegen das eine schlechte nicht auf. Aber sie mildern es. Und so entschied das Gericht, es müssen wieder drei gute, fleißige Jahre folgen, dann braucht sie das eine Jahr Gefängnis für die Untreue gegenüber der HO im Jahre 1963 nicht abzusitzen.

Die Geschichte dieser Verfehlung ist, wie schon gesagt, die Geschichte einer Ehe. Als die gegenseitige Zuneigung zerrann, da waren die Hemmungen, der Ehrgeiz, das Streben und die Lebensfreude weggespült. Eine andere Bindung hat für Frau Anna nicht bestanden, nicht an die Gesellschaft, nicht an die Kollegen oder an den Betrieb, in dem sie so viele Jahre erfolgreich und anerkannt war.

Die dämmernde Vermittlerin

1966

»Aber was ist Musik?« Diese Frage hat Heinrich Heine eines Abends vor dem Einschlafen beschäftigt, und er hat versucht, sie seinem Freund August Lewald zu erklären in einem Brief: »Es hat«, so meint der Briefschreiber, »mit der Musik eine wunderbare Bewandtnis. Ich möchte sagen, sie ist ein Wunder. Sie steht zwischen Gedanken und Erscheinung, als dämmernde Vermittlerin steht sie zwischen Geist und Materie.«

Die holde Kunst hat unserem Eduard eine goldene Violine in die Wiege gelegt, und diese Wiege stand im Jahre 1924 im Ruhrgebiet. Sie wurde geschaukelt von einer liebenden Mutter, Mutter einer polnischen Bergarbeiterfamilie, die in den Gründerjahren in das Ruhrgebiet gekommen war. So spricht Eduards Zunge wohl auch ein geläufiges, westfälisch gefärbtes Deutsch, aber sein Herz schlägt polnisch. Dieser Zwiespalt in seiner Seele ist sicher auch ein Grund für ein zerfahrenes, widerspruchsvolles, unglückliches Leben.

Er war, so erzählt er, in Hitlers Wehrmacht eingezogen, dann aber wegen Wehrkraftzersetzung zum Tode verurteilt worden. Die Nazikriegsmaschine ging mit dem zarten Musikantenkörper unseres Eduard grob um, er bekam Schläge mit einer Maschinenpistole auf den Kopf, und vieles, was ihm in seinem späteren Leben widerfuhr, rührt von dieser brutalen und scheußlichen Behandlung her. So wollen wir nach dem Rat des Nervenarztes nicht ganz so hart mit ihm ins Gericht gehen, wie er es eigentlich verdient hätte, wie wir es bei anderen, weniger zart besaiteten und weniger brutal mißhandelten Menschen tun müßten; denn seine Entscheidungskraft ist sehr erheblich eingeschränkt, sagt der Nervenarzt.

Und wenn immer der Zwiespalt seiner Seele ihn quälte, griff er zur Violine und zauberte mit ihr jenen süßen, heiligen Akkord hervor, der uns in eine bessere Welt versetzen kann, aber die tatsächlichen Gegebenheiten, die Disharmonien unserer wirklichen Welt nicht ändert.

Immer geschieht Eduard bitteres Unrecht, immer fühlt er sich verfolgt; die erste Richterin, die seinem Gericht vorsitzen sollte, lehnte er wegen Befangenheit ab. Sie hatte einen Brief aus der Haftanstalt zurückgehalten. Jetzt, bei der erneuten

Verhandlung, protestierte er gegen meine Anwesenheit. Der Grund: Ein Kollege von mir hatte in einer anderen Zeitung einen Vorbericht geschrieben, den Eduard für unrichtig hält. Also will er, so erklärt sein Rechtsanwalt, nichts aussagen, wenn ein Angehöriger unserer Zunft im Saale sitzt. Es gibt aber keinen Grund, die Öffentlichkeit auszuschließen oder gar eine Kollektivbestrafung gegen die Gerichtsberichterstatter auszusprechen. Ich bleibe, Eduard vergißt sein Stummsein-Wollen und nimmt zu all seinen Taten ausgiebig Stellung.

Sein Leben hat Höhen, glanzvolle Siege auf der Violine bei Wettbewerben und in Konzertsälen in Heidelberg, in Hamburg, in New York. Es hat auch Tiefen, lange Pausen in Pforzheim zum Beispiel, weil Eduard seine Musikalität in einem Radiogeschäft an den Mann bringen wollte und dann mit Konkurs, Verbrechen und Erpressung ganz woanders endete. So wechselhaft geht es in Eduards Leben zu, nicht immer in Konzertsälen in Dur und Moll, es gibt auch ein zweites und ein drittes Mal ein Kammersolo in kahlen Wänden mit schlechter Akustik. Auf dem Programm stand dann Betrug und Urkundenfälschung. Traurig endete auch ein Eheduett zwischen Eduard und der Hausdame eines Großindustriellen. Es endete sehr bald, eine Trennung wurde ausgesprochen, weil die Dame mehr dem Herrn von Stahl und Eisen zugeneigt war als dem ihr angetrauten Meister von Fiedel und Bogen. Sie neigte sich also schließlich mehr der Materie als dem Geiste zu.

Und nun kam Eduard zu uns. Der kleine Musiker mit der großen Hornbrille wurde mit offenen Armen aufgenommen, sofort wurde er als Konzertmeister in einem großen Symphonieorchester in einer mecklenburgischen Bezirkshauptstadt engagiert. Aber so harmonisch seine Geige sich in das Ensemble einfügte, der Charakter Eduards schlug Kapriolen, die nicht auf dem Notenblatt standen. Wegen Dissonanzen schied er nach kurzer Zeit aus, und dann schlossen sich auch bei uns hinter ihm die Gefängnistore: Rückfallbetrug; aber eine Amnestie machte aus diesem lang geplanten Satz nur ein kurzes Zwischenspiel.

Seitdem ist Eduard unserer Republik ein wenig böse, er hatte, so sagte er, beschlossen, uns nicht wieder mit seinen Violinklängen zu beglücken. Er fuhr nach Polen und hatte bald in Poznań ein Gastengagement als Erster Konzertmeister. Auch trägt er ein Plakat bei sich, darauf ist er als Solist in einem großen Konzert in Poznań angekündigt. Ob dieses Konzert je stattfand, wer weiß es? Jedenfalls endete in Poznań seine Gastrolle genau nach zwei Monaten, dieselben Disharmonien traten hier auf wie in Westdeutschland und in der DDR. Es liegt bei ihm also nicht an der Nation oder an der Gesellschaftsordnung, es liegt an ihm, er ist ein unruhiger Geist, ein ewiges Gefühl des Verfolgtseins wirft ihm selber Knüppel zwischen die Beine.

Unstet ist er in seinem Beruf, unstet ist er in seiner Ehe und in seinem Leben. Seine Frau und seine drei Kinder sitzen am Ostseestrand, sehen ihn nie und hören nur selten von ihm, und dann nicht viel Gutes. Auch spricht er über seine Frau nicht so, wie ein Mann von seiner Frau sprechen sollte. Ja, bei der Geburt seines dritten Kindes, dessen Ehelichkeit er anficht, widersteht er der Anfechtung des Fleisches nicht und macht in fremden Betten viel Federlesens.

Er war oft krank im letzten Jahr, und seine Violine hatte er an jenen Nagel gehängt, der an einer Wand im Pfandhaus eingeschlagen war. Auf einer Eisenbahnfahrt nach Berlin war er im Zug, als es zu einem kleinen Zusammenstoß kam. Die Eisenbahn kam gewaltsam zum Halten, und beim Aufprall verletzte sich Eduard an der linken Hand. Aber erst nach vier Wochen ging er zum Arzt, und der stellte eine Fraktur an seinem Daumen sowie Quetschungen an zwei Fingern fest. Erstaunlich, diese Säumigkeit bei einem Virtuosen, dessen Brillanz von der Beweglichkeit seiner linken Hand abhängt.

Er stellte Schadenersatzansprüche an die Reichsbahn, erst auf 20 000 Mark, dann erhöhte er sie auf 50 000 Mark. Er gab an, Gastkonzertmeister bei der Philharmonie in Poznań zu sein. Die tatsächliche Tätigkeit dort von zwei Monaten lag ein Jahr zurück. An Eduard zahlte die Reichsbahn sofort tausend Mark, verlangte aber für den restlichen Schadenersatz konkrete Unterlagen. Eduard verspricht sie, aber er kann sie nicht beibringen, weil es keine Verträge mehr mit Polen gab.

Mit dem Plakat, auf dem sein Bild ist, den Prospekten der Poznaner Philharmonie und der Korrespondenz wegen seines Schadensanspruchs, den er jetzt auf 65 000 Mark hochschraubt, betört er angesehene Männer und sehr wohlanzusehende Frauen. Dazu hat er noch ein Manuskript, seine Lebensbeichte, »Des Lebens Licht und Schatten«, aufzuweisen und dazu einen Brief eines bekannten Verlages, der das Buch als entwicklungsfähig beurteilt. Wer könnte einem so talentierten, so vielseitigen, so unglücklichen, schmeichelnden Mann widerstehen, seufzend mit dem halben gebrochenen Polenherz, unglücklich wie Chopin. Wer möchte da nicht George Sand sein?

Bei der temperamentvollen Frau Olga, die einen kleinen Schuß afrikanischer Wüstensonne ahnen läßt, legt er sich ins Zeug und später dann auch ins Bettzeug. Er winkte mit der Schadenersatzforderung, mit dem Plakat und mit dem überaus positiv beurteilten Manuskript. Er deutete an, daß sie die Frau seines Lebens sei und daß er, wenn er geschieden würde ... Und wenn er stöhnte über seine gerade etwas bedrängte, mißliche Lage, gab sie ihm Geld, bis zu 300 Mark.

Ein viel jüngeres Fräulein, Studentin der Medizin, lernte er in einem Konzert durch prominente Freunde kennen. Er legte sich noch mehr ins Zeug: wieder Plakate, Verlagsbriefe, Reichsbahnforderung und sein trauriges Herz. Hier ist er schon geschieden und sie die einzig Wahre, die Herzallerliebste. Mit ihr fuhr er für einige Tage nach Cecilienhof, und dann, als das Geld alle war, nur die Liebe blieb, gab sie ihm Geld. Später schickte sie ihm noch welches. Erst nach und nach erfuhr sie von ihm, daß die Scheidung nicht rechtskräftig, und dann, daß sie noch gar nicht eingeleitet sei. Und dann, als er nicht mehr zu den Verabredungen kam, wurde sie ihm ernstlich böse und spürte ihn bei der anderen auf. Sie alle bekamen ihr Geld wieder. Aber ein bleibendes Andenken ist dieser Studentin geblieben, ein Andenken an die Tage von Cecilienhof: ein kleiner, hoffnungsvoller Violinvirtuose liegt in ihrer Wiege.

Ich will sie nicht alle beschreiben, die Sekretärin, die er betörte, die Dolmetscherin, die ihm Kredit einräumte, als er durch einen Bekannten als kreditwürdiger Konzertmeister eingeführt wurde, die ihm ohne Heirat und Liebe und ohne jede Tändelei, einfach aus Gefälligkeit, tausend Mark lieh. Ja, er wirkt so bezaubernd, daß es ihm gelang, während seiner damaligen Haft einen Mithäftling als Impresario und Chauffeur zu engagieren, der aus der Haft seine Mutter bat, an Eduards Familie zweimal 500 Mark zu überweisen.

Hier schon verwischen sich die Grenzen zwischen Betrug und einfachem Pump. Es scheint manchmal so, als hätten ihm die Männer und Frauen das Geld einfach nachgeworfen. Auch die Rückzahlungen, die er schon in fast allen Fällen geleistet hat, stammen wieder von einer liebenden Frau.

Das Gericht hatte es nicht leicht mit dem Urteil. Rückfallbetrug ist sicher sehr erschwerend, aber der wird gemildert durch die ärztlich bescheinigte stark verminderte, geistig beschränkte Fähigkeit, nach seinen guten Einsichten und Absichten zu handeln: zwei und ein halbes Jahr Gefängnis.

Man ist vielleicht ein wenig zu streng mit Herrn Eduard zu Gericht gegangen. Die Reichsbahn muß ihm eine Summe zahlen, denn die Verletzung ist nachgewiesen, vielleicht ist die Höhe von tausend Mark nicht gerechtfertigt. Die Damen hat er betrogen, aber geschädigt fühlen sie sich meist nicht. Und der Leidensgenosse aus dem Gefängnis, der vergebens hoffte, Impresario zu werden, er wußte ja: Schuldlos saß ein Konzertmeister nicht neben ihm.

Sie alle haben sich betören lassen von dem nicht schuldlosen Musikanten, sich etwas vorgaukeln lassen von seiner Musik, halb Gedanke, halb Erscheinung, dämmernde Vermittlerin zwischen Geist und Materie.

Um
die Illusion

Der große Zauberring
1959

Einen langen Kampf hatte Otto ausgefochten – mit sich selbst. Schon fast ein Sechziger, hatte er nie ein Gesetz übertreten. Überall genoß er Vertrauen, Sympathie und Liebe, er war in einem großen staatlichen Betrieb als Kraftfahrer tätig, fuhr nicht irgendeinen Direktor, nicht irgendeine Ware, täglich mußte er gewaltige Geldsummen transportieren. Nie war er eine Minute zu spät gekommen, nie hatte auch nur ein Pfennig gefehlt.

Und dann kam ... nicht eine schöne, junge, blonde, betörende Frau, die ihn vom rechten Wege des Lebens abbrachte. Es waren viel schwerere, tiefere, menschliche Komplikationen.

Seit dreißig Jahren war seine Frau schwer leidend. Er hatte sie immer mit rührender Sorgfalt gepflegt, war mit ihr zu den besten Ärzten gegangen, in Bäder gefahren, aber sie siechte dahin. Die Frau blieb schwerkrank.

Irgend jemand hatte der kranken Frau einen Prospekt in die Hand gegeben und ihr einen Floh ins Ohr gesetzt. »Der große Zauberring, Bauers Zelement«, sei für sie die einzige Rettung.

Achtzig Krankheiten konnte dieser Metallring heilen, wenn nicht heilen, so doch lindern. Da hieß es in dem Prospekt: »Die Anwendung und Tragweise ist einfach und unsichtbar, da die Zelemente mit Hilfe eines Bändchens auf der nackten Haut getragen werden und somit auch bei der Arbeit und bei Nacht nicht stören können. Sie sind abends und morgens gut anzufeuchten. Das Tragen ist vollständig unschädlich, und man braucht nicht ängstlich zu sein. Vor allem, man fühlt sich nach wenigen Tagen wohler und frischer... Durch Entdeckung neuer Naturgesetze außergewöhnliche Heilerfolge.« Und dann folgte die Aufzählung der achtzig Krankheiten. Alles war mit Bauers Zelement heilbar, außer Cholera, Beulenpest und Pocken. Es kamen dann noch die Dankschreiben von Generalen a. D., Pastoren, einfachen Bauersleuten und Gelehrten. Das Zelement kostete 24 Mark 80 West, und bei Nichterfolg versprach Herr Bauer auch das Geld zurück.

Die Frau quälte ihren Mann Tag und Nacht: »Bring mir Bauers Zelement, wir müssen es haben«, schluchzte sie, »vielleicht hilft es. Bitte, Otto, tu mir doch diesen einzigen Gefallen.«

Aber woher sollte Otto 24 Mark 80 West nehmen? Er wußte es nicht. Und dann kam ihm der scheinbar rettende Einfall.

Er kaufte sechs Pfund Butter, dreieinhalb Pfund Rindfleisch, vier Pfund Schweinefleisch, Schabefleisch usw. Er rechnete sich genau aus: Wenn ich das in Westberlin verkaufe, wird es mir genau 25 Westmark einbringen.

Otto, der sehr ungewohnte Schieber, wurde mit dem ganzen Fleisch gestellt, mit dem guten Fleisch, für das er schlechtes Zelement eintauschen wollte.

Er kam vor Gericht. Und es war bald klar: Otto ist kein gewerbsmäßiger Schieber. Er wollte nur seiner Frau etwas Hoffnung kaufen. Sein Betrieb stellte ihm das beste Zeugnis aus, und viele seiner Kollegen begleiteten ihn auf dem schweren Gang zum Strafprozeß vor dem Stadtbezirksgericht Berlin-Mitte.

Hier wurde gelinde mit ihm umgegangen. Zwei Monate Gefängnis kamen auf sein Schuldkonto. Er braucht es aber nicht zu begleichen, wenn er sich zwei Jahre lang gut führt, was jeder von ihm erwartet. Otto hat eingesehen, daß kein Zauberring seiner Frau helfen kann.

Und er ist nicht unschädlich, dieser glänzende Zauberring aus Westberlin, entstanden aus dem gewissenlosen Streben nach Geld auf Kosten kranker Menschen. Dieser Zauberring, gewirkt aus leuchtendem Metall, dieser Betrug, gewirkt aus Halbwissen, Aberglauben, Hoffnung, Suggestion und Dummheit.

Die Aufklärungs- quote

1954

»Wir müssen auch wieder mal einen großen Einbruchsdiebstahl aufklären.« So ungefähr sprach der Chef des Einbruchsdezernats der Westberliner Stumm-Polizei.

»Die Aufklärungsquote muß endlich verbessert werden.« Die Beamten sahen ihren Chef an. »Machen Sie nicht so dumme Gesichter«, herrschte er sie an, »das ›Wie‹ überlasse ich natürlich ganz Ihnen.«

Den Rüffel nahmen sich die Einbruchsspezialisten in der Friesenstraße zu Herzen. Der Wunsch ihres Chefs war ihnen Befehl. Am leichtesten – so überlegten sich diese Herren – könnte die Polizei einen Einbruch aufklären, den sie selbst plant. Also gesagt – getan. Sie blätterten in ihrem Verbrecheralbum.

Da fielen ihnen drei Namen auf: Karl, August und Gustav, bewährte Geldschrankknacker der alten Schule, 55, 60 und 64 Jahre alt. Herren, die sich schon längst zur wohlverdienten Ruhe zurückgezogen hatten.

Zu ihnen sandten die Einbruchsspezialisten aus der Friesenstraße einen ihrer bewährten V-Männer (so bezeichnet die Stumm-Polizei diskret ihre Spitzel). »Kameraden«, sagte dieser Abgesandte von der Friesenstraße zu den ollen, ehrlichen Ganoven, »ich habe einen todsicheren Tip. Es gibt da in Charlottenburg eine Wurstfabrik. Dort steht ein Geldschrank mit 80 000 Mark.«

»Ach«, meinten die Herren, »wir sind zu alt, und an solch schwere Sachen machen wir uns nicht mehr heran.«

»Aber Freunde«, der V-Mann ließ nicht locker, »diesen Geldschrank öffnet ihr ja wie eine Konservenbüchse.«

»Und der Wächter?« stöhnten die in Unehren Ergrauten.

»Der ist mit von der Partie.«

»Und der Zugang?«

»Aber Jungens, ich bringe euch ja hier schon die Seifenabdrücke der Schlösser. Ich habe alles bis ins einzelne vorbereitet. Ihr braucht euch nur noch die Schlüssel machen zu lassen, dann spaziert ihr hinein wie der Bräutigam ins Standesamt.«

Die drei betrachteten den Lageplan, sie sprachen mit dem Wächter, sie sahen die Seifenabdrücke. Wer hätte da widerstehen können? Sie besorgten sich also Schneidbrenner und Brecheisen, ließen sich nach den fachmännischen Seifenabdrükken der Stumm-Polizei die Schlüssel machen, um die »Konservenbüchse« in der Charlottenburger Wurstfabrik zu knacken.

Als sie mitten in der schönsten Arbeit waren, krachten Pistolenschüsse. Das ganze Einbruchsdezernat samt einer Hundertschaft Stupos waren auf dem Plan. Die schossen wie wild auf die gänzlich Unbewaffneten, Karl, August und Gustav. Alle drei wurden schwer verletzt. Der Tip war wirklich todsicher für die Polizei des Herrn Stumm.

Die Sache wurde vor der III. Großen Strafkammer in Moabit verhandelt. Aber wenn Sie glauben, daß man die Dezernatsleiter wegen der Anstiftung zu schwerem Diebstahl oder gar wegen unbefugten Waffengebrauchs oder gar wegen schwerer Körperverletzung angeklagt hätte, dann irren Sie sich gewaltig. Vor den Richtern standen nur die drei betagten Zunftbrüder Karl, August und Gustav, die hier erfuhren, woher ihr todsicherer Tip stammte.

Ganz wohl war den ehrenwerten Richtern bei diesem Prozeß auch nicht. Sie gaben Karl und August nur je ein Jahr Gefängnis wegen schweren Diebstahls. Gustav hingegen zeigte dem Hohen Gericht in zu drastischer Weise und völlig unaufgefordert den Körperteil mit dem Durchschuß. Er bekam deswegen drei Monate mehr als die beiden anderen.

»Das Betragen von Gustav ist eine Provokation«, stellte das Gericht fest. Und Provokationen werden, wie die Geschichte beweist, in Moabit bestraft.

Der Perlonrausch

1959

An ihrer Station fuhren die D-Züge vorbei. Paris und Warschau stand dran. Auf ihrem kleinen Bahnhof war sie Königin. Sechsmal am Tage durfte sie den Stab heben, sonst mußte sie Karten verkaufen, abrechnen, ein etwas eintöniges Leben am Rande des großen Lebens und Erlebens. Jedoch unter ihrem kleinen Busen schlug ein großes Herz. Würde es ihr gelingen, aus dieser Anfangsstation ihres Lebens einmal abzubrausen, Anschluß zu gewinnen an jene große Welt, die täglich an ihr vorbeifuhr?

Mit Ketten war sie an diesen Ort geschmiedet. Hier lebte sie mit ihrer kranken Mutter. Und die war gut und streng. Alles Geld mußte sie abliefern. Von ihrem Verdienst mußten beide leben. Und die 360 M sind nicht gerade üppig, wenn die Sehnsucht so groß ist.

Allmonatlich holte ein junger Mann seine Fahrkarte. Ein hübscher Bursche mit einem Ausweis, darauf verzeichnet war, daß er immatrikuliert war an der Humboldt-Universität. Der junge Mann kam immer rechtzeitig zum Fahrkartenschalter. Und wenn ihr Geschäft abgeschlossen war, promenierten sie gemeinsam noch ein wenig auf dem Bahnsteig auf und ab. Sie plauderten, und dabei vergaß sie manchmal den Stab zu heben, so daß die Lokomotive sie zurechtpfeifen mußte.

Und als er einmal sonnabends aus Berlin zurückkam, da lud er sie zum nächsten Sonntag ein. Sie fuhren zusammen hinaus zum See. Sie wanderten und badeten, und am Abend war die kleine Zugabfertigerin mit der roten Mütze verlobt und voller Glückseligkeit.

Es hätte alles so gut sein können, aber sie schämte sich. Sie besaß nur ihre Dienstkleidung und ein leichtes Sommerkleid, aber was darunter war. – Sie besaß nur die Wäsche, die ihr die Mutter aus gutem, festem Baumwollstoff genäht hatte. Wie konnte das gut gehen! Als Braut eines Studenten, der täglich in Berlin war, in der Großstadt, wo alle Damen blaue, grüne, ja schwarze Perlonwäsche tragen.

Eines Tages hörte sie im Rundfunk, daß in Berlin ein verbilligter Verkauf durchgeführt würde. Sie hörte auch die Preise ihrer Traumwäsche. Sie bat und quälte die Mutter; es gelang ihr, 50 M herauszubekommen. Und frühmorgens fuhr sie nach Berlin in das Konsumkaufhaus in der Leipziger Straße. Und als sie dort ankam, war die ganze verbilligte Wäsche schon ausverkauft. Auf einem Wühltisch sah sie Perlongarnituren, aber leider zu dem regulären Preis.

Schnell steckte sie sich zwei hellgrüne Slips und eine hellblaue Garnitur in ihren Beutel und verschwand unbemerkt. Dann eilte sie ganz schnell zum Alex und holte sich – leider auf dieselbe Weise – hellgelbe, hellblaue und grüne Garnituren. Dazu noch einen Unterrock, im ganzen zehn verschiedene Zusammenstellungen. Später wurden noch acht Büstenhalter in genau passenden Farben eingepackt.

Zu Hause angekommen, erzählte sie der Mutter, daß jetzt in Berlin die ersehnten Garnituren mit 3,50 M verkauft würden. Die Mutter, weltfremd und der Tochter vertrauend, freute sich darüber. So, wie wir uns alle freuen würden. Ein zweites Mal fuhr sie wieder, in der Tasche noch immer die fünfzig Mark. Angeblich wollte sie Schuhe kaufen, jedoch sie kam von ihrem Rausch nicht los. Sie nahm zwei Nachthemden und eine warme Garnitur, schon für den Winter vorsorgend. Und für den Dienst eine kunstseidene Garnitur. Auch ein drittes Mal. Jetzt schon mit der Absicht: neun Büstenhalter, zwei Petticoats.

Da wurde sie erwischt. Wäsche für fünfhundert Mark wurde bei der 22jährigen gefunden, die bisher eine gewissenhafte, strebsame, tüchtige Bahnangestellte gewesen war, die sich weitergebildet hatte und eine eifrige Besucherin der Volkshochschule war. Für ihre Tat wußte sie nur ein Motiv: »Ich wollte auch Perlon haben.«

Vorgeführt aus dem Gefängnis vor die Richterin, wurde sie von einem Schöffen gefragt: »Haben Sie früher auch schon gestohlen?« Sie zauderte. »Als ich elf Jahre alt war, habe ich meinem älteren Bruder einmal Geld aus der Tasche genommen.« »Und dann nichts mehr?« Sie schüttelte den Kopf. Es war nichts bis zu diesem Rausch.

Sie kann sich selber nicht verstehen. Sie fürchtet, daß an ihren Taten auch ihre Liebe zerbricht. Aber das scheint ja nicht zu sein. Der Student war ihretwegen bei der Reichsbahn und sprach mit der Reichsbahndirektion. Ihm wurde erklärt, die Reichsbahn sei bereit, sie wieder einzustellen, wenn ihre Gefängnisstrafe verbüßt ist. Im ganzen muß die Reichsbahn acht Monate auf sie warten.

Wie schade, daß sie den Spruch des Dichters nicht gekannt hat:

> »Wer lieblich ist, wird nur durch Schmuck erdrückt,
> Ist ungeschmückt am herrlichsten geschmückt.«

Das sollte ihr einmal aus berufenem Mund – sagen wir, von einem gewissen Studenten der Humboldt-Universität – gesagt werden.

Tausend Mark und Frau Pfennig

1956

Der Bauer Max hatte Gewicht im Rat des Kreises und im Kreis der Rater. Er saß in der Wirtschaft Pfennig in Friedersdorf und hatte ein Rätsel aufgegeben: »Wieviel Mark trage ich, der Geltungs- und Geldbesitzer, heute bei mir?« Keiner kam auf die Summe. »Tausend Eier«, prahlte Max, und der Kreis der ratenden Zecher staunte. »Wenn einer von euch Hungerleidern die gleiche Summe auf den Stammtisch des Hauses legen kann, dann will ich eine Tonne Bier spendieren.«

Die Barschaft des Fleischermeisters Richard war geringer, aber durchaus nicht gering. »Moment mal«, sagte der dritte in der Runde, Gustav, der ehemalige Müller und derzeitige Prinzgemahl der anderen Frau Wirtin in Friedersdorf. Er ging ganz diskret auf den Hof, verrichtete aber nicht seine laufenden Geschäfte, was man mit Fug und Recht bei einer solchen Kneiperei von ihm erwaret hatte, sondern wanderte nach Müllerart und -lust in die Kneipe seines Weibes, entnahm der Kasse die Summe von 780 M und legte sie zu dem bescheidenen Sümmchen von 200 M, das er gerade bei sich trug. Dann pumpte er sich von Frau Pfennig noch 20 M, und siehe da, als Gustav von seinem vorgetäuschten Hofbesuch wieder in der Gaststätte erschien, zählte er dem erstaunten Max gleichfalls eine Summe von tausend Mark vor.

Wie freuten sich die Gäste, als nun Frau Wirtin, auf Maxens Geheiß, ein großes Faß aufmachte. Die 180 M zahlte Max sozusagen aus der Westentasche. Noch nie war in Friedersdorf so gezecht worden wie an diesem Abend. Das geschah vor mehr als einem Jahr, aber noch heute sind die Friedersdorfer voll davon. Es hatte einen gewaltigen Nachklang, ja sogar einen vor dem Kreisgericht in Königs Wusterhausen.

Aber beschäftigen wir uns mit den Vorgängen um Mark und Pfennig. Nach und nach sanken die beherzten Zecher unter den Tisch, und als Frau Pfennig morgens um halb sieben ihre Gaststube reinigen wollte, da lagen sie alle, der Bauer Max, der Prinzgemahl Gustav und der Fleischermeister Richard, und schliefen Arm in Arm. Und erwachten nur, weil sich der Besen um Frau Pfennig nicht um sie kehrte.

Nicht etwa, weil die drei in ihren ehelichen Betten Rechte

und Pflichten versäumt hatten und schwerste Gardinenpredigten zu erwarten waren, erschraken sie. Es entsetzte sie vielmehr die beschämende Tatsache, daß sie völlig voll geworden waren, während das Fäßchen noch immer halbvoll dastand. Was war zu tun?

Nun war Gustav, der Prinzgemahl, Mitglied der freiwilligen Feuerwehr. Mit halbem Verstand und lallender Zunge bat er Frau Pfennig, den stets hilfs- und einsatzbereiten Löschzug sofort zu alarmieren. Frau Wirtin, eingedenk des Umstandes, daß auf dem Dache ihres Hauses kein roter Hahn zu sehen, sondern die schrille Feuermeldesirene angebracht war, lehnte ab, die schlummernden Brandmeister zu wecken. Gustav schlug nun selber, mit erheblicher Schlagseite, die Scheibe zum Feuermelder ein. Da sprangen »zum Löschen und zum Retten wohl zwanzig Mann von ihren Betten« (frei nach Lessing). Erst wütend, dann erfreut, daß nur eine halbe Tonne Bier statt eines echten Brandes zu bekämpfen war, setzten sie sich auch an den Tisch und hielten tapfer mit. Vor Gericht wurde allerdings erzählt, sie hätten bei Frau Pfennig eine Umtauschaktion von Kaffee und Bockwurst gegen Bier eingeleitet, aber die Herren Zeugen blieben zu ihrem Seelenheil unvereidigt.

Wie schon erwähnt, liegt die Geschichte ein Jahr zurück, und damals hatte das Gericht sehr wenig Sinn für Humor und Sprachstil. Gustavs groben Unfug betrachtete das Gericht, und auch die Berufungsinstanz, als schwere Sachbeschädigung und setzte ihn vier Monate ins Gefängnis. Zitieren wir noch zur Abschreckung für alle Richter aus der Urteilsbegründung:

»Ausgehend von der Feststellung, daß es sich bei dem verhandelten Vergehen um einen im Kreismaßstab sich deutlich abzeichnenden Schwerpunkt handelt ... aus einem in seiner Natur liegenden Geltungsdrang habe der Angeklagte über die Sachbeschädigung hinaus jenen Personenkreis grundlos und mißbräuchlich alarmiert, welcher der allgemeinen Sicherheit diene und welcher, wie zu befürchten sei, im Ernstfalle einer Warnung nur zögernd Folge geben werde ... nur eine strenge Bestrafung vermöge den im Kreismaßstab erforderlichen Abschreckungszweck zu erreichen.«

Im »Kreismaßstabe« aber lacht man noch heute über die Wette. Man könnte gleichfalls über das schlechte Kanzleideutsch weinen.

Dreiecks-
verfahren
ohne echtes
Dreieck

1965

Lichtenberg, nicht der Berliner Stadtteil, sondern der Göttinger Naturwissenschaftler, würde über die Männlichkeit von Herrn Alex gesagt haben: »Er trägt immer Sporen, reitet aber nie.« Das ist bei einem siebzigjährigen alten Herrn bestimmt nichts Ehrenrühriges, und es gibt sehr viele Liebenswerte, die durch Geist, Charme, kurz durch jene Altersweisheit den nur zu natürlichen Schwund ihrer Männlichkeit ersetzen, und keine fühlende Frau, die Jahrzehnte mit ihm Glück und Not geteilt hat, wird ihm das verargen. Herrn Alex' Altersweisheit aber ist, großzügig ausgedrückt, auf ein Minimum gesunken; sarkastisch könnte man sagen, sie gleicht einem ausgeblasenen Ei, dem die Schale fehlt.

Seine Frau Carola, selber mehr dem tätigen Leben als der Kontemplation, der ruhigen Betrachtung, zugewandt, führt einen höchst intensiven täglichen Kleinkrieg gegen den stets nagenden Zahn der Zeit. Ihr gelingt es wohl, das ehrwürdig graue Haar hellblond zu färben, aber der rote Lippenstift kann die Falten auf der Lippe der Dame nicht mehr verdecken. Sie hat nicht die gemütlich runden Formen der mütterlichen Frau, ihre Eitelkeit hat sie zur Kostverächterin gemacht, so daß tatsächlich ihre Figur von weitem das Aussehen einer wenig entwickelten Abiturientin hat.

Man wäre geneigt zu glauben, daß dieses tiefinnerlich verfeindete Ehepaar als Prozeßgegner auftritt in einer Auseinandersetzung um Tisch und Bett. Das ist etwas vorweggegriffen, dieses Verfahren wird kommen, und große Ereignisse werfen eben Schatten voraus. Der Rechtsfall, über den hier zu berichten ist, ist ein solcher Schatten. Dieses verfeindete Ehepaar steht also gemeinsam auf der einen Seite der Barrikade, das heißt auf der einen Seite des großen Tisches, der zu diesem Prozeß im Gerichtssaal aufgestellt wurde. Frau Carola hat sich, um aus diesem Verfahren schon ihren Honig für das kommende Scheidungsverfahren zu saugen, das ihre wirklich vollkommen zerrüttete Ehe trennen soll, eines berühmten und angesehenen Rechtsanwalts versichert. Sein Name, Wolff, so glaubt Frau Carola, sei Gewähr genug, daß es sich bei diesem Herrn um einen gerissenen Advokaten handele. Ein Irrtum.

Denn es ist, logisch betrachtet, ebenso töricht, von einem gerissenen Wolf wie von einer melkenden Kuh zu sprechen.

Klägerin ist Frau Regina. Sie ist beleidigt worden. Diese Frau hat all das, was Frau Carola fehlt, die Ruhe des Gemüts, die Mütterlichkeit der Seele, die Rundlichkeit der Form, das Ungeschminkte ihres Wesens, ihrer Lippen und Wangen, den natürlichen Glanz ihres Haares.

In den langen Nächten, in denen Alex und Carola nebeneinander lagen, begann Herr Alex von Frau Regina zu sprechen. Sie waren zusammen in einem Betrieb der Filmbranche tätig. Mag sein, daß Herr Alex durch den ständigen Umgang mit den Produkten der Traumfabrik, der Welt des Scheins, des Als-ob ein wenig verwirrt worden war. Vielleicht war er überhaupt nicht mehr in der Lage, zwischen Wunsch und Wahrheit, Traum und Wirklichkeit, Wollen und Können zu unterscheiden. Er sprach in diesen Nächten davon, wie sehr ihm Frau Regina nachstelle, wie sie ihn an allen möglichen und fast unmöglichen Orten umarme, wie sie sich als Schwester von Carola ausgegeben habe, um bei einem Schlosser den Wohnungsschlüssel des Ehepaars zu bekommen. Mit dem sei sie nun, da sie gehört habe, Frau Carola sei verreist, in die Wohnung eingedrungen. Zu Herrn Alex. Und daß sie dann dem wehrlosen, völlig überraschten Herrn Alex Gewalt angetan habe, eine schwere, sittlich belastende Beschuldigung, von der ich bisher nur in umgekehrter Rollenverteilung gehört habe.

Frau Carola, nicht von der schwindenden Mannes- und Geisteskraft ihres Alex überzeugt, griff diese Beschuldigung auf wie ein Löschpapier nasse Tinte. Sie verbreitete sie in Wort und Schrift, nicht ohne Kommentar. Und der Kommentar war nicht von Pappe. Sie erzählte die haarsträubenden Dinge jedem, der es wissen, und auch denen, die es nicht wissen wollten. Sie ersparte nichts, sie war empört, daß Frau Regina das so reichlich genoß, wovon sie jahrelang ausgeschlossen war.

Bei der Konfliktkommission des Betriebes suchte Frau Regina ihr Recht, aber Herr Alex schied wegen Altersschwäche aus der Filmbranche aus. Der Schiedsmann konnte keine Einigung herbeiführen, da Herr Alex immer neue Einzelheiten auftischte. So kam der Streit als Privatklage vor das Gericht. Ein Dreiecksverfahren, dem es nur am Wesentlichsten fehlte, an der Liebesfähigkeit des Umstrittenen.

In der ersten Verhandlung brachte Frau Carola sogar das Kopfkissen ihres Ehebettes mit als Beweisstück für ihr geschändetes Familienglück. Herr Alex benannte Zeugen, die bekunden sollten, wie seine Mannesehre durch ein brutales und schamloses Weibsstück in den Dreck gezogen worden war.

Die junge, sehr real denkende Richterin vertagte.

Eine Reihe von Zeugen war aufmarschiert, zur Aussage bereit, da erhob sich ganz am Anfang des zweiten Verhandlungstages Herr Alex und nahm alle Behauptungen und Beleidigungen gegen Frau Regina mit dem Ausdruck des Bedauerns zurück. Frau Regina, die Beleidigte, war damit einverstanden, wenn diese Ehrenerklärung im Betrieb bekanntgemacht wurde.

Nur Frau Carola bebte innerlich. Sie wollte nichts zurücknehmen. Sie hätte gern jeden Zeugen gehört und jeden Zeugen gefragt, aber ihr Rechtsanwalt wollte da nicht mitmachen. Sie wisse doch nichts aus eigenem Erleben, sie habe doch nur den Erzählungen ihres Mannes Glauben geschenkt.

Sehr lange dauerte es, bis sie mit einem gequälten »Ja« die Zustimmung zu dem gerichtlichen Vergleich gab. »Aber ich unterschreibe nicht, daß ich mich entschuldige!« Das brauche sie nicht, sagte die Richterin, ihr Ja genüge dem Gericht.

Böse waren die Zeugen und die zahlreichen Zuhörer. Sie stürmten auf das Gericht zu, Frau Carola hätte eine Strafe verdient, sie habe eine immer ruhige, anständige Kollegin beschimpft. Es herrschte eine Aufregung wie bei dem Freispruch einer Mörderin.

Die Kosten des Verfahrens übernimmt Herr Alex – als Rentner ist er kaum zahlungsfähig und nicht pfändbar. Diese Bereitwilligkeit zu zahlen ist genauso zu werten wie die Erzählungen über seine Abenteuer. Platonisch, Ideen, Traum, nicht Wirklichkeit. Ein Dreieck ohne Ecken.

Als die Züge trocken wurden

1958

Nun fangen wir gleich an … mit der Geschichte von Otto, dem Ofensetzer.

»Otto«, sprach der Meister, »fahr mit dem Helfer in das Haus der Linienstraße und repariere bei allen Mietern die Öfen.«

»Da fangen wir gleich an«, sagte Otto. Er nahm sich etwas nach sieben Uhr den Handwagen aus der Werkstatt, beladen mit Kacheln, Lehm und Ofenrohr, gab seinem Gehilfen noch einige weise Lehren aus seinem langen Ofensetzerleben über die Anlage einer modernen Feuerung und nahm zur Unterstreichung der Theorie praktisch einige Schluck aus einer Branntweinflasche. Nachdem der junge Mann die Ratschläge weitgehend beherzigt hatte, sprach Otto noch einmal: »Nun fangen wir gleich an.«

Der Karren, von dem Gehilfen geschoben, verließ gegen acht Uhr die Werkstatt, Otto schritt hinterher, emsig spähend, in welchem Lokal er seinen Schulungskursus fortsetzen könnte.

Und richtig, ein Gastwirt, etwas abseits vom Wege, begann gerade die Stühle von den Tischen zu heben. Und da es sowieso schon ein Viertel vor neun war, konnte man dort die Neunuhrfrühstückspause einlegen. Um nun keine unnötigen Wartezeiten aufkommen zu lassen, kehrten die beiden den Wagen um und selber ein.

Die Butterbrote wurden trotz Ottos Abneigung gegen zu schwache Getränke mit Bockbier gewürzt. Die Fugen zwischen Essen und Trinken mit einigen Harten ausgeschmiert. Um elf Uhr glaubte Otto, seinem Schützling genügend über die Abdichtung mit flüssigem Brot beigebracht zu haben. Und es sprach Otto: »Nun fangen wir gleich an.«

Der Helfer setzte, ermüdet von der anstrengenden Belehrung, den Handwagen in Gang.

Die Schönhauser Allee, die die beiden zu überqueren hatten, war gesperrt, und eine Umlenkung erwies sich als notwendig. Als es zwölf Uhr schlug, befanden sie sich gerade vor dem Lokal, in dem Ottos Berufskollegen traditionsgemäß zu Mittag einzukehren pflegten. Otto und sein Helfer wurden von der fröhlichen Gesellschaft herzlich begrüßt. Und die Mittagspause mußte bis drei Uhr ausgedehnt werden, da Otto in

Fachgespräche verwickelt wurde. Daß dabei trocken gewordene Züge und Rohre gereinigt wurden, mit scharfen Essenzen und nicht mit Bier, lag in der Natur der Sache.

»Nun fangen wir gleich an.« Otto erhob sich und forderte seinen Helfer auf, mit ihm das begonnene Tagewerk fortzusetzen.

Um vier Uhr stand Otto mit seinem Begleiter vor dem Haus in der Linienstraße. »Meister, es ist Feierabend«, sagte der Helfer. »Nein«, sagte Otto, »du hast aber keinen Funken Arbeitsmoral, das dulde ich unter keinen Umständen. Wir machen Überstunden. Wir fangen gleich an.«

Otto klingelte bei allen sechs Mietern, ließ sich die bedürftigen Öfen zeigen, und zu jedem Mieter sagte er: »Wenn da nicht eine Flasche Schnaps auf dem Ofen steht, wird der nie richtigen Zug bekommen.« Die beglückten Mieter versprachen, das Ihrige zu tun. Otto empfahl sich mit dem Versprechen, in der nächsten Woche wiederzukommen.

Am anderen Tag schrieb Otto einen Zettel über die von ihm geleistete Arbeit. Züge waren gereinigt worden, moderne Fassungen eingesetzt, Roste erneuert und dergleichen mehr. Ein Tag Arbeit für ihn und den Helfer und zwei halbe Überstunden dazu. Der Meister, selber krank und nicht in der Lage, sich von Ottos Arbeit zu überzeugen, fragte ihn: »Ziehen die Öfen ordentlich?« Otto beteuerte: »Wie immer, Meister.« Und im Vertrauen auf seinen Gesellen schrieb der Meister eine detaillierte Rechnung an den Hausverwalter.

Bisher war ich in Versuchung, bei Ottos Arbeitsweise Otto Reutters Lied von dem Maurer zu zitieren.

Nun aber stimme ich den Kölner Karnevalsschlager an: »Kütt erop, kütt erop, bei Palms, da ist die Piep verstoppt. Nu hätt die ärm Frau Palm die janze Kök voll Qualm.«

Der Hausverwalter schrieb einen wütenden Brief an den Meister, der Meister kam und sah, daß nichts von alledem geschehen war, was Otto aufgeschrieben hatte, und entließ ihn mit Zustimmung der Gewerkschaft fristlos. Und zog ihm den zu Unrecht empfangenen Lohn von der Endabrechnung ab. Vor der Strafkammer des Stadtbezirksgerichts Prenzlauer Berg wurde Otto des Betruges beschuldigt.

Drei Monate Gefängnis hieß das Urteil. »Nun fangen wir gleich an«, sagte Otto und war bereit, sein neues Quartier sofort zu beziehen.

»Nein«, sagte das Gericht, »wir wollen ein wenig warten.«
Zwei Jahre soll Otto, der arbeitsträge, aber bisher unbescholtene Mann beweisen, daß er ein Ofensetzer ist, der mit der Arbeit voll zum Zuge kommt, aber nicht voll zur Arbeit.

Der Züchter und sine Fru

1957

Wer kennt nicht die Geschichte vom Fischer und siner Fru. Wenn einem Manne ein Wunsch, ein großer Wurf gelingt, dann ist er zufrieden. Wer kennt nicht die Frauen, die vom Glück immer mehr haben wollen, die so viele Wünsche haben, bis Mann und Frau – wie es im Märchen heißt – zum Schluß wieder im Pißpott sitzen.

Blütenweiß war die Wolle von des Mannes Angorakaninchen, blütenweiß sein Leumund und somit auch sein Strafregister. Seine Zucht und sein Ruf waren sein Stolz. Und voll Zufriedenheit blickte er abends daheim auf die vielen Pokale und Diplome, gewonnen auf Ausstellungen, die von Züchtern aller Kulturländer beschickt wurden. Wie seiden war die Angorawolle, wie schön waren die Pullover und Mützchen seiner Frau vom eigenen Vlies, vom Manne eigenhändig geschoren und von der Frau eigenhändig gestrickt. Wie fruchtbar auch der Dünger, den er aus seinen umfangreichen Stallungen gewann, auf dem so prächtig Markstammkohl und Sonnenblumen gedeihen, Futter wiederum, das die Kaninchen so gern knabbern und mit dessen Hilfe sie sich wiederum so zahlreich vermehren. Kurzum, Konrads Wirtschaft war ehrenvoll, ziemlich autark und ertragreich.

Aber – wie im Märchen – der Frau war dies alles noch nicht autark und ertragreich genug.

»Mann«, sprach die Frau eines Tages, »ich bräuchte für Sonntag einen Braten, schlachte ein Karnickel.«

Der Mann war arg betroffen. Einen seiner Zuchtrammler oder eine seiner Häsinnen sollte er schlachten? Unmöglich. Er rührte sich nicht.

»Mann«, sprach die Frau, »hast du mich nicht verstanden?«

Ob von Natur oder durch den jahrelangen Umgang mit Hasenfüßen, der Mann war ein wenig furchtsam. Er wagte keine Widerrede, nahm sein Rad und fuhr schweren Herzens auf sein Grundstück.

Lange stand er vor den Ställen. Würde er bei der nächsten Ausstellung bestehen können, wenn sein Bestand gelichtet war? Konnte er einen Rammler oder eine Häsin auf dem Altar des Ehefriedens opfern? Aber weder eine gute Fee noch ein Butt erschien. Er schwang sich auf sein Rad und fuhr planlos weiter. Bis er plötzlich vor dem Zaun eines anderen Züchters stand. Einer jener unseligen Dilettanten seines Fachs. Die englischen Widder, die er zur Ausstellung brachte, hatten steife Ohren, und seine deutschen Riesenscheckenkaninchen waren schneeweiß und winzig wie das rassereinste Hermelin. Kurzum, dieser Züchter war ein dunkler Punkt im Verein.

Der Mann lehnte sein Rad an den Zaun und schwang sich in den fremden Garten. Er griff nach einem der winzigen Riesenkaninchen und steckte es in seinen Rucksack. So war drei Menschen geholfen. Der Vereinsbruder konnte sich nicht auf der Ausstellung blamieren, er hingegen seine Aufzucht erfolgreich weiterführen. Die Frau, die nicht genug an der Wolle, dem Ruhm und dem Dung hatte, bekam ihren Braten.

Plötzlich hörte er Stimmen. Er, der ehrlichste Mensch, mit einem fremden Kaninchen im Rucksack. Entschlossen entfernte er sich, aber zum Hinterausgang hin, und eilte, sein Fahrrad im Stich lassend, nach Hause.

Dort angekommen, erzählte er seiner unersättlichen Frau, daß ihm auf seinem Grundstück das Fahrrad gestohlen sei.

Wäre die Frau nun zufrieden gewesen, dann wäre außer dem Kaninchendiebstahl nichts Schlimmes passiert. Aber sie gab keine Ruhe.

»Mann«, sprach sie, »du gehst zur Polizei und zeigst den Fahrraddieb an.«

Er versuchte Ausflüchte. Es sei zwecklos, das Fahrrad sei weg und verloren. Die Frau ließ nicht locker. Er tat etwas, wider Willen und besseren Wissens, erstattete Anzeige gegen Unbekannt wegen Diebstahls seines Fahrrads und hoffte insgeheim, es nie wiederzusehen.

Eines Tages klingelte es. Der Mann öffnete, ein Polizist stand vor der Tür.

»Ich komme ...«, so hub der Volkspolizist an.

»Ich weiß, es ist wegen des Kaninchendiebstahls. Ich will ja den Schaden wiedergutmachen.«

Der Polizist schüttelte den Kopf. »Davon weiß ich ja gar nichts. Ich wollte Ihnen nur das Fahrrad wiederbringen. Es ist von dem Dieb an einem Gartenzaun abgestellt und von ehrlichen Leuten bei uns abgeliefert worden.«

So kam der Fall in Weißensee vors Gericht. Dort saß keine Jury, die den Wert eines Angorakaninchens oder den Unwert eines englischen Widders mit steifen Ohren abschätzen konnte. Das Gericht kannte nur die Buchstaben des Gesetzes. Und weil der Mann in ein umfriedetes Gelände eingedrungen war, galt die Sache, obwohl sie so leicht erschien, als ein schwerer Diebstahl. Und Anschuldigung wider besseres Wissen – auch gegen Unbekannt – ist strafbar. Der Mann mußte, weil er der Unersättlichkeit seiner Frau in zwei Fällen nachkam, nicht mit seiner Frau lebendig in den Pißpott, sondern sollte für fünf Monate in den Kahn gehen. Aber damit seine Angorakaninchen doch alle drei Monate geschoren werden, wurde ihm Strafaussetzung zugebilligt.

Es war einmal ein Räuber

1950

Reinhard hieß der blaßblonde junge Mann von 26 Jahren, der, des schweren Raubes bezichtigt, in Moabit vor den Schöffen stand. Ein Räuber? Ein untüchtiger, ja miserabler Schwimmer im Strom der Westberliner Misere. Ein verzweifelter Don Quichotte, der zweimal vergeblich versuchte, sich vor dem naßkalten Todeswirbel der D-Mark zu retten.

Das erste Mal honorig. Mit dem Geld seiner Tante, mit 600 Westmark, eröffnete er ein Delikatessenlädchen im Bezirk Kreuzberg. Es war kein großes Kapital, ein winziger Laden nur und bestimmt kein kaufkräftiger Bezirk. Kreuzberg ist eben kein Kudamm. Auch ein Kredit von 2 000 Westmark, den ihm einige Fischgroßhändler einräumten, vergrößerte nur seine Misere. Denn die Ware ist leicht verderblich, die Schulden aber kann man nicht mit den verdorbenen Fischen in den Mülleimer werfen. So wurde aus dem erwerbslosen Arbeiter Reinhard ein verzweifelter Geschäftsmann. Das Geld der Tante war vertan, Schulden über Schulden aufgehäuft und das Elend nicht behoben. Honorig war der Krise nicht beizukommen.

Reinhard kramte eines Abends in seinem Werkzeugkasten. Ein altes Terzerol, eine zerlegbare Pistole, die im vorigen Jahrhundert in den Abruzzen, wo das Räubergeschäft in höchster Blüte stand, zu den modernsten Errungenschaften gehörte, fiel ihm in die Hände. Gedankenlos steckte er es in die Tasche; so sagte er wenigstens.

Auf dem Kudamm bewunderte er die Auslagen seiner bessergestellten und bessergelegenen Kollegen. Planlos irrte er umher, dreimal von der Gedächtniskirche bis zum Bahnhof Halensee. Bis er in der Nähe einer Würstchenbude ein Gespräch zweier Arbeitsloser belauschte.

»Da geht sie nun bald mit der dicken Marie.« Gemeint war damit Margarete, die bald darauf ihre bescheidene Tageseinnahme in die Handtasche steckte und die Bude verschloß.

Wie von einem inneren Drang getrieben, folgte er ihren Spuren. Mit der S-Bahn ging es nach Jungfernheide, und Fräulein Margarete strebte über die einsame Gegend ihrem Häuschen zu. Sie verschwand dort. Reinhard klingelte. »Würden Sie mir bitte Ihre Tasche geben?« Zitternd hält er das Terzerol, das in seine Bestandteile zu zerfallen droht, vor ihre Nase. Margarete ist verständlicherweise einverstanden. Er nimmt die Tasche und stürzt davon.

Und nun passiert etwas, das nur ein Amateurräuber erleben kann. Am Tegeler Weg – dort scheint so etwas ortsüblich zu sein – ist gerade eine schwere Keilerei im Gange. Ein Funkwagen der Stumm-Polizei hält den rasenden Reinhard fest. Er beteuert, er habe mit der Schlägerei nicht das mindeste zu tun.

Schon will man ihn laufen lassen, da meint ein Stupo, er könne doch sicherlich auf dem Revier eine Augenzeugendarstellung geben. Wohl oder übel muß er mit. Kaum sitzt er dort fünf Minuten, stürzt Fräulein Margarete herein. Atemlos erzählt sie den Vorfall und beschreibt den Täter, erkennt aber Reinhard nicht, behauptet, er habe ein dunkleres Hemd angehabt. Aber Reinhards Nerven sind am Ende. Er gesteht.

»Ich hätte nie gedacht, daß der Täter schon auf der Polizei ist«, meinte Margarete. Die Stumm-Polizei konnte auch wirklich nichts dafür, auch ein blinder Säufer trinkt manchmal einen Korn.

Die Fische verdarben, der Raub war ein Reinfall; das einzige, was es Reinhard einbrachte, war ein Jahr Gefängnis. Man kann eben mit einem kleinen Laden nicht gegen das Wirtschaftswunder konkurrieren und die Krise nicht mit Terzerolen bekämpfen.

Ein heller Sachse mit dunklen Geschäften

1950

»Wer den Schaden hat, spottet jeder Beschreibung«, möchte man dem Kaufmann aus Leipzig zurufen, der sich an einem Abend geradezu am laufenden Band von ein und derselben Gesellschaft auf sein bewundernswert widerstandsfähiges Kreuz legen ließ. Unnötig zu erwähnen, daß es in Westberlin war, wo sich die Schwindler und Schwarzhändler aller Nationen nach besten Kräften bemühen, mit einem Minimum an Tätigkeit ein Maximum an Vermögen zu erwerben.

Sächsische Kaufleute gelten im allgemeinen als helle, besonders wenn sie aus dunklen Geschäften 10 000 M in Westberlin anlegen wollen. Besagter Kaufmann nun erschien eines Abends mit dieser runden fünfstelligen Summe in der Schlüterstraße, wo flüsternde Baritone aus aller Herren Länder ihre Wechselkurse kundtun. Er entschied sich für ein Angebot eckenstehender Bankiers von Kreta, die in einem dunklen Hausflurlabyrinth sein Geld durchzählten. Leider hatte keiner der Herren einen entsprechend hohen Westmarkbetrag zur Hand. Für ihre Bemühungen entnahmen sie heimlich die unheimliche Summe von 2 000 M. Von den umzutauschenden zehn Tausendern blieben nur noch acht.

Unser Kaufmann aus Sachsen hatte nunmehr genug von den Herren von Kreta. Es fand sich auch sofort eine neue Gruppe, diesmal waren es, wie sie selbst sagten, Epikuräer, die unseren Kaufmann in ein nahegelegenes Gasthaus luden. Bevor man nun zum tatsächlichen Geschäft schritt, machten die Herren auf Grund ihrer lebensbejahenden Philosophie erst ein Spielchen. Unser Kaufmann aus Sachsen war humanistisch gebildet, und er machte mit. Das Glück lächelte ihm sogar. Aber als er nach Abschluß seinen Geldvorrat zählte, da waren es der Tausender nur noch sieben. Er machte gute Miene zum bösen Spiel. Aber er wurde energisch. Er wollte sein Geld gewechselt haben. Sofort wußten die Epikuräer Rat. Die kannten einen Athener, der hoch wie die Akropolis im vierten Stock in der Wilmersdorfer Straße wohnte, der könne ihn endlich von den lästigen 7 000 M befreien. Man ging zu ihm, der Name Kalmikides stand an der Tür. Den Namen wird man sich merken müssen. Ein bildschönes Mädchen öffnete die elegante Dreizimmerwohnung. Die Epikuräer betraten das eine Zimmer und ließen unseren Leipziger im zweiten warten. Der hörte noch eine Diskussion, aus der er entnahm, Kalmikides sei bereit, den Umtausch vorzunehmen. Und deswegen händigte er dem einen Epikuräer, der zu ihm kam, die restlichen 7 000 M aus.

Endlich war es unserem Sachsen gelungen, sich gänzlich von seinem Ostgeld zu befreien. Anscheinend aber war Kalmikides ein Schüler von Plato. Er war nur als Idee im zweiten Zimmer anwesend. Die materiell vorhandenen Epikuräer samt 7 000 M aber benutzten weise den Hinterausgang und sind seither in Westberlin nicht mehr aufzufinden.

Herr Kalmikides, der viel später nach Hause kam, wußte von nichts, als unser Kaufmann mit der Polizei erschien. Aber der Athener hatte Pech, er war zufällig dabeigewesen, als die Bankiers von Kreta die Geldzählerprovision im Hausflurlabyrinth kassiert hatten.

Es sei eine Verflechtung eines unentrinnbaren Geschicks, meinte Kalmikides vor Gericht, daß in seiner Wohnung auf ganz ähnliche Weise einem anderen Herrn Goldmünzen abhanden gekommen waren. Er konnte es auch nicht logisch erklären, sondern nur als tragisch bezeichnen.

Unentrinnbar kommt Kalmikides für 18 Monate ins Gefängnis, unbezahlbar wird allerdings die Geldstrafe von 2 000 Westmark sein. Er trug auch diesen Schicksalsschlag mit dem Gleichmut eines Stoikers. Befreit von der Last der irdischen Güter, die er so sicher im Sektor der Freiheit anlegen wollte, fuhr unser Sachse heim, um sich in Zukunft so redlich wie möglich zu nähren.

Frau Pingels Zauberlehrling

1955

Das also ist der Magier von Parchim. Ein freundlicher, dicklicher Mann, nichts Dämonisches an ihm, er könnte irgendein Gastwirt, ein Bäckermeister sein; richtig, er war ja Schneidermeister. Eine Armverletzung und ein Lungenleiden zwangen ihn, Schere und Elle an den Nagel zu hängen und sich – wie Faust – der Magie zu ergeben. Er hätte Goethe zitieren können:

>»Ob mir durch Geistes Kraft und Mund
Nicht manch Geheimnis würde kund.«

Der Hüter der geheimen Wissenschaft in Parchim, Kenner
vieler Beschwörungsformeln, Besprecher von Krankheiten aller Art, war eine Frau Pingel. Hier ging unser bisher so ehrba-
res Schneiderlein in die Zauberlehre, von ihr erfuhr er, »was
die Welt im Innersten zusammenhält«. Nach vierzehn Tagen
maßte er, der sein eigenes schweres Lungenleiden nicht »besprechen« konnte, sich an, alle Krankheiten zu heilen. Und
der Ruf der großen Magierin, Frau Pingel, war in Parchim und
Umgegend so groß, daß der von ihr eingesetzte Schüler nach
ihrem Tode ihre Zauberpraxis übernahm und nun, mit Hilfe
der von ihm beschworenen guten Geister, die Menschen von
den schlechten Säften und bösen Mächten heilte.

Das Schneiderlein von Parchim ging mit Macht an seine
neue Berufung. Er tat so, als ob er selbst von der Kraft seiner
Beschwörungen überzeugt sei. Vor der Strafkammer des
Kreisgerichts in Parchim berichtete er, er sei einmal zu einem
Jungen gerufen worden, der sich in Krämpfen wand und
Schaum vor dem Mund hatte – also mit großer Wahrscheinlichkeit an einem epileptischen Anfall litt. Der Zauberlehrling
aber behauptete, es sei ihm klar, der Junge wäre mit schwarzer
Magier- und Teufelskunst behext. Er also besprach ihn mit
weißer Magie, und als dann nach gewisser Zeit der Krampf
nachließ, war man in Parchim sowohl von der Hexerei wie von
der Kraft der weißen Magie fest überzeugt. Es war so, wie
man es mancher Patentmedizin nachsagt: nimmt man sie, so
ist man die Krankheit bestimmt in vierzehn Tagen los, nimmt
man sie nicht, dann dauert das Leiden mit Sicherheit zwei
Wochen.

Sein Ruf wuchs und also auch seine Praxis. Gewisse Erfolge
hatte er, das kann nicht geleugnet werden, mit dem Besprechen von Warzen, und in einigen Fällen heilte er auch das,
was man als »Rose« bezeichnet. Er war der Meinung, sein Zau-
berspruch »De witte Ros', schwatt Ros' und de ro'e Ros' sölle
vagahn« sei das einzig wirksame Mittel.

Nun haben Krankheitserscheinungen, die man gemeinhin
Rose oder Flechte nennt, verschiedene Ursachen. Es gibt Ro-
sen, die durch Bakterien hervorgerufen werden, und andere
wiederum, die ihren Grund in einer Störung des Nervensy-

stems haben – der Mediziner nennt es »Fehler in Bahnung und Hemmung«. Nur ein langjährig geschulter Arzt kann erkennen, um welche Art von Rose es sich in dem einzelnen Fall handelt. Wenn die Erkrankung auf eine nervöse Störung zurückzuführen ist, so ist eine psychotherapeutische Behandlungsmethode geboten. In solchen Fällen also ist auch eine Heilung durch Suggestion möglich. Die Fähigkeit, zwischen den verschiedenen Ursachen der Erkrankungen zu unterscheiden, kann nur eine Universität vermitteln, nicht aber ein vierzehntägiger Kurzlehrgang in Zauberei bei Frau Pingel.

Noch leichtsinniger, ja verbrecherischer waren des Schneiderleins Beschwörungsversuche bei Rachitis. Nachts um zwei Uhr wurden die Mütter mit ihren Kindern an den sogenannten Kreuzweg in Parchim bestellt. Nur bei abnehmendem Mond und bei »vollen« Tagen, das sind Tage wie der Sonntag und der Montag, die auf das Wort »Tag« enden. Der Mittwoch und der Sonnabend fielen als halbe Tage für die Betätigung der weißen Magie völlig aus.

Dreimal wurde das kranke Kind über den Kreuzweg getragen, und der ganze mittelalterliche Hokuspokus mußte in drei Nächten wiederholt werden. War das Honorar zu leicht, sagte das Schneiderlein die Zauberei ab mit der Begründung, das Kind sei ihm zu schwer.

Eine besonders magische Bewandtnis hatte es mit dem Geld. Der Zauberer verbreitete das Gerücht, sein Besprechen wäre überhaupt nur wirksam, wenn man ihn ordentlich bezahle. Von einem alten Bauern, dessen unheilbar kranker Frau und dessen unheilbar kranker Tocher der Magier ebensowenig helfen konnte wie die Ärzte, ließ er sich eine ganze Kücheneinrichtung und zwei Meter Holz für seinen Schwindel zahlen. Das Schneiderlein verstand es, Geld zu schneiden und Gold zu beschwören. Als festes Einkommen zahlte ihm die staatliche Versicherung eine monatliche Rente einschließlich einer Tbc-Beihilfe in Höhe von 157 M.

Einer Frau knöpfte er für die Kreuzwegbeschwörungen bei abnehmendem Mond an vollen Tagen 90 M ab. Hätte die Mutter dem Kind dafür lieber Lebertran gekauft oder es mit Höhensonne bestrahlen lassen. Denn nicht das Licht des abnehmenden Mondes, sondern die ultravioletten Strahlen der hellen Sonne erzeugen die Wirkstoffe, die die englische Krankheit heilen.

Das scheinen in Parchim noch nicht alle Leute zu wissen. Hier ist es leider so, daß die wenigen Fälle, die die Ärzte nicht heilen können, genauso bekannt werden wie die wenigen Fälle, die ein Kurpfuscher scheinbar durch Magie heilt. Es sprechen sich eben immer nur die Ausnahmen herum, nie die Regel.

Für ein Jahr wandert der Zauberlehrling von Parchim ins Gefängnis. Auch dieses Urteil besprach er, und zwar mit den Worten: »Ich nehme die Strafe an.«

Herr über Leben und Tod

1958

Jahrelang spielte er den lieben Gott. Und er lebte nach den Worten des Staatsanwalts wie Gott in Frankreich. Mit seinen 32 Jahren hatte er 44 Kinder geschaffen und 42 Menschen sterben lassen. So sorgte er wenigstens für einen Geburtenüberschuß – Geburten waren eben lukrativer. Diese Geschöpfe, die er erzeugte, und die, die er nach Bedarf sterben ließ, waren jedoch nicht aus Fleisch und Blut, wenn wir von den zwei wirklichen und hier nicht gezählten Kindern absehen, die er, Hans-Joachim, und seine Frau Ilse tatsächlich ihr eigen nannten. Die jedoch sind heute nicht sehr glücklich, obgleich das Ehepaar all das nur getan hatte, um ihren Kindern, wie beide vor Gericht sagten, eine gutbürgerliche und christliche Erziehung angedeihen zu lassen. Denn sie werden ihren Vater achtundeinhalb Jahre und ihre Mutter dreiundeinhalb Jahre nicht wiedersehen. Zuchthaus.

Dieser Hans-Joachim hatte das Äußere eines harmlosen kleinen Angestellten, diese gutbürgerliche Gewissenhaftigkeit, diese Beliebtheit bei allen seinen Kollegen. Nach 1945 fing er als ganz kleiner Angestellter bei der Sozialversicherung in Königs Wusterhausen an, fleißig arbeitete er sich empor und brachte es später im Kabelwerk Oberspree in Berlin zum Betriebswirtschaftler, gut bezahlt. Oft wurde er ausgezeichnet und vielfach prämiiert. Auffallend war an ihm nur, daß er flott lebte. Wenn manchmal seine Kollegen sich darob verwunderten, erzählte er ihnen von einer Erbschaft und dem damit verbundenen Konto in Westberlin. So sah das äußere Leben dieses kleinen Gottes von Angestelltenformat aus.

Hans-Joachim war jedoch nicht vergeblich einmal bei der SVK angestellt gewesen. Er kannte den Dienstbetrieb, er kannte die Bestimmungen, wann Unterstützungen zu zahlen sind; und er wußte vor allem etwas von der Forderung, daß allen werktätigen Menschen bei Familienereignissen so schnell und so unbürokratisch wie möglich zu helfen sei. Einem Kollegen, mit dem er den Garderobenschrank im Kabelwerk teilte, stahl er vor einigen Jahren den Personalausweis und veränderte den Namen Jüngling in Janglinger. Das Lichtbild ersetzte er durch sein eigenes. Und dieser Herr Janglinger trat bei achtzig verschiedenen Kassen der Sozialversicherung einmal als Vertreter eines Beerdigungsinstitutes, als Onkel der neugeborenen Zwillinge, als Vetter des glücklichen Vaters oder als Nachbar des Trauerhauses auf und hob Geld ab. Blanko-Sozialversicherungsausweise besaß er in Hülle und Fülle. Alle anderen Formulare, Urkunden über glückliche Geburten oder traurige Todesfälle ließ er sich in Westberlin bei einem Drukker in der Liegnitzer Straße haargenau nachmachen. Dumm war Herr Hans-Joachim gewiß nicht. Er bestellte sich in einer Werkstatt einen Metallstempel mit den unverfänglichen Buchstaben N. P. K. Königs Wusterhausen und entfernte kunstvoll aus dem Stempel den Aufstrich des N. Bei einer anderen Firma bestellte er sich haargenau dazu passend das benötigte Wappen der Volkspolizei, das er nun in den VPK-Stempel einfügte. So hatte er das täuschend ähnliche Siegel des Volkspolizeikreisamtes von Königs Wusterhausen.

Mit beglaubigten Vollmachten, mit allen amtlichen Papieren ausgestattet, erschien nun Herr Janglinger bei den achtzig Dienststellen der SVK und meldete den Tod eines oft gar nicht geborenen Bürgers an. Immer war es ein gut verdienender Mensch, dem ein Sterbegeld von 400 M zustehen mußte: gewissenlos ließ er aber auch Lebende sterben. Einmal kam er mit dem Totenschein von zwei Freunden, die mit dem Motorrad verunglückt waren. Als die Angestellte sich wunderte, weil sie von dem bedauerlichen Unfall gar nichts in der Presse gelesen hatte, behauptete Herr Janglinger, da dieser Unfall durch Militärfahrzeuge verursacht sei, würde darüber nicht in den Zeitungen berichtet werden.

Seine Papiere, die er vorlegte, waren in den Fällen so gut, seine Kenntnisse in den Fragen der Sozialversicherung so vollkommen, daß der sachverständige Revisor der Versicherungsanstalt vor Gericht erklärte, auch für ihn sei es unmöglich, auf den ersten Blick zu erkennen, ob diese Unterlagen echt oder falsch seien. Mit Hilfe seiner Frau hatte Hans-Joachim auf diese Weise 44 620 M an sich gebracht.

Trotz aller Schlauheit scheiterte er. Einer Angestellten fiel auf, daß eine junge Mutter, die entbunden hatte, ihr Stillgeld nicht abholte. Die sehr aufmerksame und gewissenhafte Kollegin schrieb ihr eine Karte und forderte sie auf, einmal zur Zahlstelle zu kommen. Die Karte wurde als unbestellbar zurückgegeben. Darauf sandte sie diese Aufforderung an den Friseur, bei dem diese junge Frau beschäftigt sein sollte. Der Friseur meldete sich ganz aufgeregt bei der SVK: weder bei ihm noch bei seinem Vater sei eine Angestellte dieses Namens je beschäftigt gewesen.

Zweimal hatte Hans-Joachim außerdem direkt gestohlen, einmal nahm er in einem Augenblick, als er bei seiner früheren Arbeitsstelle, der SVK in Königs Wusterhausen, erschien, aus der Kasse 1 500 M, und ein zweites Mal entwendete er im Kabelwerk Oberspree aus einer Kassette 2 500 M. Ein älterer Kollege, der diese Kasse zu verwalten hatte, regte sich über diesen ihm unerklärlichen Fehlbetrag so auf, daß er kurz darauf an einem Herzschlag verschied.

Und wozu das alles, wozu all diese Mühe, all diese Kombinationen? All diese Ängste jahrelang? Nur um im Fußball-Toto und im Zahlen-Lotto System zu spielen. Die Sucht nach Geld wurde bei Hans-Joachim und seiner Frau zu einer fürchterlichen, verbrecherischen Manie. Fast 50 000 M veruntreuten sie. Das Volkseigentum wurde in einer unerhörten Weise geschädigt, nur um mit diesem Geld noch mehr Geld zu machen. Der Wunsch, einmal mühelos reich zu werden, um dann, wie Hans-Joachim sagte, seinen Kindern – natürlich im Westen – eine gutbürgerliche und christliche Erziehung geben zu können, hat einen Menschen dazu gebracht, unser vorbildliches Versicherungswesen hemmungslos auszuplündern.

Das wenig tapfere Schneiderlein

1955

»An einem Sommermorgen saß ein Schneiderlein auf seinem Tisch am Fenster, war guter Dinge und nähte aus Leibeskräften.«

So fängt bei den Brüdern Grimm das Märchen vom tapferen Schneiderlein an, und ganz ähnlich beginnt auch unsere Geschichte vom nichttapferen Schneiderlein; nur nähte es nicht, sondern hatte sich als Bügler bei einer Frau Meisterin fest verdungen. Am Abend dieses schönes Sommertags stand statt der guten Hausfrau der Gerichtsvollzieher in seiner Klause. Er wollte Geld; unser Schneiderlein war nämlich einmal verheiratet gewesen, und sein Kind war bei Pflegeeltern im Westsektor Berlins untergebracht, für das er treu und bieder Geld einzahlte, auf daß es etwas zu beißen und zu brechen habe. Aber die Pflegeeltern hatten den Gerichtsvollzieher beauftragt, noch mehr Geld von unserem Schneiderlein einzutreiben, es sollte für die Schulden seiner geschiedenen Frau aufkommen.

Das Schneiderlein war sehr erzürnt. Wie sein Berufskollege bei Grimm schloß es seine Klause zu, zog aber nicht in die weite Welt, um für den Sieg der gerechten Sache tapfer zu streiten, sondern ging zu seiner Frau Meisterin und sprach: »Liebe Frau Meisterin, jeden Abend tragt Ihr die Kleider, die Wämse, die Beinkleider, die ich geplättet habe, von der Werkstatt hinauf in Eure Behausung. Das soll in Zukunft nicht mehr nötig sein. Wenn Ihr's zufrieden seid, werde ich in Eure Werkstatt ziehen und all die schönen Dinge wohl hüten.«

Die Meisterin ließ ihren wackeren Gesellen gewähren, der meldete sich, um vor den Nachstellungen der Pflegeeltern und des Gerichtsvollziehers sicher zu sein, ab und glaubte so, alle Sorgen abgetan zu haben.

Doch schon im nächten Monat bekam er keine Lebensmittelkarten mehr. Wenn er etwas zum Knabbern haben wollte, mußte er in die HO laufen. Das nahm er noch gerne in Kauf, weil er glaubte, den Pflegeeltern ein Schnippchen geschlagen zu haben. Aber es kam ärger. Die alten Personalausweise mußten umgetauscht werden; aber unser Schneiderlein wagte nicht, weil es eben kein tapfers war, zur Volkspolizei zu gehen, denn es war ja nirgends gemeldet. Und dann kam die

Verordnung, daß man im demokratischen Sektor nun gegen Vorlage des Personalausweises einkaufen durfte. Die Lage des Schneiderleins wurde immer bedrängter. Wohl ging es in Arbeitskleidung mal schnell in einen benachbarten Bäckerladen, dort kannte es der Meister schon jahrelang und begehrte nicht, seinen Ausweis zu sehen, auch ließ es sich hin und wieder etwas Wurst zum Belegen von der Frau Meisterin mitbringen. Aber schließlich lebt der Mensch ja nicht von Brot und Wurst allein.

Unser Schneiderlein war ein Mann von vierzig Jahren, es war ein Mensch mit Hunger und Durst, mit Sehnsucht und Liebe, mit Furcht und Hoffnung; aber leider war die Furcht größer als alle anderen Triebe. Er war ein lebender Mensch, aber juristisch war er nicht existent. Der Schneidergeselle hatte, um einen offenen Kampf zu vermeiden, dem Teufel seinen Paß – wie einstens Peter Schlemihl seinen Schatten – verkauft.

Manchmal, wenn sein Hunger stark war und sein Magen gar zu heftig knurrte, ging er in den Westsektor, tauschte sein ehrlich verdientes Geld um und zahlte den fünffachen Preis für ein Mahl.

Dann aber nahte die Katastrophe. Pfingsten, das liebliche Fest war gekommen, da sagte die Meisterin zu ihrem Gesellen: »Herr Geselle, Ihr habt gar lange treu und redlich gedient. Zu Pfingsten will ich für ein paar Tage zu meiner Muhme aufs Land fahren, die ich lange nicht gesehen habe. Hütet meinen Laden redlich, wie Ihr es immer getan habt, ich will es Euch auch später lohnen. Und das Geld, das Ihr vereinnahmt, bringt auf die Bank; denn so verlangt es Gesetz und Recht.«

Der Geselle war's zufrieden. Nach kurzer Zeit hatte er 250 M in der Kasse und wollte das Sümmchen einzahlen. Als er nun vor dem Schalter stand und die Dukaten aufzählen wollte, da sprach der Mann hinter dem Schalter: »Lieber Freund, laßt mich erst einen Blick in Euren Ausweis tun und dessen Nummer notieren, das erheischt meine Vorschrift.«

Das untapfere Schneiderlein hatte keinen solchen Ausweis, es konnte die Dukaten der Frau Meisterin übers Pfingstfest nicht loswerden, sie blieben in seiner Tasche, sie blieben bei ihm wie sein junges Herz und sein ewig knurrender Magen. Und nun unterlag es der Versuchung. Es überschritt die Sektorengrenze und damit die Grenze der Ehrsamkeit. In den

Wechselstuben des fünffachen Betruges fragte keiner nach Ausweis und Nummer. Es tauschte das gute Geld ein. Und nun tat das feige Schneiderlein sich an Gebratenem und Geselchtem, an Eingemachtem und Eingelegtem, an Gebrautem und Gegorenem gütlich.

Als das Geld verbraucht war, da weinte das Schneiderlein gar bitterlich. Es hatte seinen guten Namen, seine Stellung und vor allem die Achtung vor sich selbst verloren. Nun entschloß es sich endlich zu einer mutigen Tat. Es ging zur Volkspolizei und berichtete seine Untaten.

Vor den Richtern des Stadtbezirksgerichts des Prenzlauer Bergs sprach das Schneiderlein: »Machen Sie alles gleich zusammen ab. Auch daß ich keinen Stempel vom Arbeitsamt in meinem Arbeitsbuch habe. Daß ich wohnungslos bin durch eigne Schuld. Daß ich ausweislos bin durch eigne Feigheit. Auch daß ich meine Unterhaltspflicht versäumt habe. Ich will gerne vier Jahre sitzen, nur soll alles in einem Aufwasch abgetan sein.«

Die Richter hatten milde Herzen. Weil es gutes Geld in den Westsektor verbracht hatte, verurteilten sie das Schneiderlein zu zwei Monaten Gefängnis und wegen seiner Unterschlagung zu 300 M Geldstrafe. Alle anderen Delikte waren nicht angeklagt und blieben unbeachtet. Ja, die Meisterin verzichtete auch noch auf die abhandengeratenen 250 M, das wolle sie mit den Ferien verrechnen.

Hoffen wir, daß an diesem Sommertage das Schneiderlein wieder auf seinem Tisch am Fenster sitzt und aus Leibeskräften näht. Es ist hoffentlich guter Dinge, weil es eine Wohnung und einen Ausweis hat und wieder für sein Kind so sorgt, wie es Recht und Gesetz vorschreiben.

Der Tanz um den Ball

1954

Das war der Moment, von dem Frau Agathe geträumt hatte: im Strafverfahren gegen Frau Christine vor der Strafkammer 313 des Berliner Stadtbezirksgerichts Prenzlauer Berg einmal den Staatsanwalt spielen zu dürfen. An ihrer Fuchs-Stola sträubten sich vor Stolz und Wut die Haare, und ein roter Wattebausch in ihrer Nase bewies: sie hatte sich – mehr als ihren Blutgefäßen bekömmlich war –

mit starkem Kaffee stark gemacht, um die lang ersehnte Stunde würdig und aufrecht zu bestehen.

Ja, Ankläger sein, das kann man vor dem demokratischen Gericht, wenn die Staatsanwaltschaft von der Anklageerhebung Abstand nimmt, weil sie, und somit der Staat, an der Ahndung einer Tat oder Untat kein öffentliches Interesse hat.

Frau Christine war wesentlich gefaßter. Sie war die Beschuldigte und mußte vor den drei Richtern, Männern zudem, angeben, ob sie vorbestraft sei, was sie ebenso entschieden wie entrüstet verneinen konnte. In ihrem schlichten, braunen Mantel besaß sie zweifellos weibliche Reize, die ein tiefer schwarzer Nackenknoten noch betonte, und ihre Zunge benutzte sie wie ein florentinischer Duellant seinen Degen – schnell und spitz.

Frau Agathe erhob sich zur Anklagerede: Sie sei aufs tiefste getroffen von dem, was ihr Frau Christine auf der Straße vorgeworfen habe. Alles, was sie habe – habe sie behauptet –, sei nicht auf ihrem Mist gewachsen. Sie sei überhaupt eine große Lügnerin und Diebin. Ja, das hat sie gesagt, und Frau Abels kann es bestätigen. »Für Klauen und Stehlen sind Sie in der ganzen Stadt bekannt.« Das hat Frau Christine gesagt.

»Aber wo ist denn Ihre Zeugin Frau Abels«, fragte der Richter.

»Leider ist sie verreist, in Westdeutschland.«

»Und wie kam es zu der Auseinandersetzung?«

Große Dinge hatten sich vor dem Haus in der Dunckerstraße im Berliner Norden abgespielt. Der Hund, oder besser gesagt: die Hündin von Frau Agathe hatte den Ball der kleinen Doris – Tochter der Frau Christine – zerbissen.

In Wirklichkeit, nun legt Frau Agathe mit gesträubter Fuchs-Stola los, war es wahrscheinlich gar nicht der Hund. Die kleine Doris hatte sich mit dem Ball auf einen spitzen Stein gesetzt.

Nur ein sarkastisches Lachen hatte Frau Christine für diese Behauptung. »Die vier Zähne waren ja auf dem Ball genau zu sehen.«

»Aber wollten Sie den Ball denn nicht ersetzen?« – »Doch, das habe ich doch sofort getan.«

»Aber der Ersatzball war ja nicht so groß und so schön wie der alte.« Frau Christine war nicht bereit, einen halben Zentimeter zurückzuweichen.

»Übrigens, von Ihrem Kuchen ist meine Hündin, die gerade tragend war, noch tagelang krank gewesen.« Nun giftet Frau Christine los: »Wollen Sie vielleicht sagen, daß der Kuchen vergiftet war ...« Vom vergifteten Kuchen kam es dann zu einer geliehenen Kristallschale, die sich beide um die Ohren warfen. »Von Ihnen habe ich mir nie etwas gepumpt.«

»Das Fahrgeld, mit dem Sie in den Westsektor gefahren sind, vielleicht?«

Die Geschichte sollte jetzt einen weltpolitischen Charakter bekommen.

»Ich kann Zeugen bringen.«

»Ich kann noch viel mehr Zeugen bringen, den Hausvertrauensmann.«

»Den Straßenvertrauensmann.«

Der Oberbürgermeister wurde nicht benannt.

Der Vorsitzende versuchte zu besänftigen. »Aber Sie wollen doch den Ball ersetzen«, fragte er Frau Agathe.

»Natürlich«, Frau Agathe öffnete ihre Einkaufstasche, und ein schöner, großer, runder, brauner Kinderball hopste durch die nüchternen Räume in der Littenstraße.

Das wäre die Stunde des weisen Richters gewesen. Ein Lächeln sprang sogar über die herben und nicht ganz reizlosen Züge der Frau Christine. Das war ein Ball für die kleine Doris. Einen Moment war der Stunk des Hinterhauses in der Dunckerstraße gebannt. Ja, und der Richter machte sogar den Versuch zur Versöhnung, aber schüchtern, unerfahren.

Frau Christine wollte nicht so recht, sie habe nicht behauptet, Frau Agathe habe gestohlen. Sie habe nur gesagt, sie habe gelogen, und das könne sie beweisen. Bitte, man könne ja Zeugen laden, und für jeden Zeugen sei sie bereit, zehn Mark sofort auf den Tisch zu legen. Frau Agathe bestand darauf, den Prozeß zu vertagen, bis Frau Abels aus Westdeutschland zurückgekehrt sei.

Hier griff kein Richter ein, auch die beiden Laienrichter nicht. Keiner der drei Männer kam auf den Gedanken, die beiden Frauen zu fragen: Was machen eigentlich Ihre Männer? Wieviel Geld verdienen sie? Sind sie nicht Arbeiter oder Angestellte genau wie wir und müssen sie nicht genau wie wir mit jedem Pfennig rechnen? Und ist der Krach um den Ball nicht sinnlos? Haben Sie denn überhaupt Grund zu einer Feindschaft? Lassen denn Ihre Männer zu, daß Sie beide sich wegen dieses läppischen Prozesses um einen Kinderball in Gerichtskosten stürzen?

Nein, die Richter vertagen den Prozeß um den Kinderball. Mit dem die kleine Doris schon längst wieder auf der Dunckerstraße spielt und den eine kleine Hündin vergeblich zu schnappen sucht.

Kein Märchen aus uralten Zeiten

1955

Daß ein Mensch durch seine zauberhafte Erscheinung den Verkehr gefährdet und sich strafbar macht, erscheint auf den ersten Augenblick befremdlich. Aber eine solche Geschichte ist durchaus nicht neu. Ich verweise in diesem Zusammenhang auf jenen bedauerlichen Verkehrsunfall, der sich im Zuständigkeitsbereich des Amtsgerichts St. Goar zugetragen hat (vergleiche Heinrich Heine, Sämtliche Werke. In Sachen Lore Ley) und mit dem Totalverlust eines Schifferbootes und dem Ableben des Besitzers sein trauriges Ende fand.

Wie es schon dieser klassische Verkehrsunfall beweist, sind es gerade die Binnenwasserstraßen, deren Sicherheit durch das Übermaß an Schönheit besonders bedroht ist, wenn sich die unfallerregende Person auffällig benimmt.

Der Fall, der nun vor der Verkehrsstrafkammer des Stadtbezirks Mitte in Berlin verhandelt wurde, war eine moderne Version des sagenhaften Unglücks. Nicht ein blondes Mädchen namens Lore Ley frisierte sich in unmittelbarer Nähe der Binnenwasserstraße, sondern hier wirkte ein schwarzhaariger Jüngling namens Alfred auf einem sechs Meter langen Motorboot transportgefährdend.

Er fuhr mit seiner Motorjolle am 7. August 1955 auf den Gewässern in der Nähe der Rohrwallinseln bei Grünau, als sich ihm ein gewaltiger Dampfer näherte. Konnte der Arme ahnen, daß er an des Dampfers eisernem Leib genauso kläglich scheitern sollte wie der Fischer im einsamen Kahne am Felsenriff? Konnte er ahnen, daß sich auf diesem Boot 180 Berufsschul-Schülerinnen befanden?

Geahnt oder nicht geahnt, es zog ihn mit unwiderstehlicher Macht zu jenem verhängnisvollen Fahrgastschiff.

Und dann tat Alfred etwas, was er nie und nimmer hätte tun dürfen. Zweimal umschiffte er den alten Schraubendampfer mit den jungen Mädchen. Und siehe, der Schiffsriese schwankte von steuerbord nach backbord und von backbord nach steuerbord (auf deutsch: von links nach rechts). Denn alle 180 Mädchen wollten das so seltene Exemplar kreisender männlicher Schönheit besichtigen und schauten hinab in die Tiefe, und zwar alle 180 in Klumpen geballt auf einer Seite. Nun aber geschah, was ich eben andeutete: Alfreds Boot geriet in den Sog; so wie er von den lieblichen und leiblichen Mädchen, so wurde auch sein Kahn von dem gewaltigen Schiffskörper angezogen. Der Schöne verlor die Beherrschung über sich und sein Boot. Mit einem Sprung rettet er sich, die Wellen verschlingen allein den Kahn.

Und nun zum bösen Ende kam auch noch der Herr Staatsanwalt und klagte den schönen Herrn Alfred wegen fahrlässiger Transportgefährdung an. Wäre dieses Fahrgastschiff nicht dieses Fahrgastschiff, sondern ein etwas kleineres gewesen, so erklärte ein Wasserstraßenverkehrsspezialist (ich zitiere den Herrn Sachverständigen beileibe nicht wörtlich, sondern nur dem Sinne nach), und wären statt der 180 Berufsschul-Schülerinnen vollwertige Verkaufskräfte aus der Nahrungs- und Genußmittelbranche an Bord gewesen, dann hätte bei einer derartigen einseitigen Gewichtsverlagerung der Süßwasserkreuzer kentern können.

So mußte es wegen der fahrlässigen Transportgefährdung noch mal zum Freispruch kommen, und Alfred braucht nur wegen des verkehrswidrigen Verhaltens auf einer Binnenwasserstraße eine Geldstrafe von 100 M zu bezahlen

Diese Strafe, einen Großteil der Kosten des Verfahrens, die Gebühr von 700 M für das Heben und Bergen des Bootskörpers und das sicherlich nicht sehr bescheidene Honorar eines beschlagenen Rechtsanwalts sind wahrlich ein geringer Preis für den Ruhm, als schöner Mann eine ähnliche Rolle in der Gerichtsberichterstattung zu spielen, wie das »Märchen aus uralten Zeiten« in der Literatur.

Inhalts-
verzeichnis

Wenn die Liebe schwindet

Um die Illusion